XIANDAI NONGYE
QUANCHANYELIAN
BIAOZHUNHUA DE
LILUN YU SHIJIAN

现代农业全产业链
标准化的理论与实践

北京市农产品质量安全中心　组编

中国农业出版社
北　京

· 编 委 会 ·

主　　编　郝建强　沙品洁　李小凤

副主编　王　芳　张金轶　郭林宇　史东杰

编写人员（按姓名笔画排序）

马晓蕾　王文峰　王　芳　王　岚

王振雨　史东杰　吕　建　孙　敏

李小凤　李　浩　李跃超　李　琳

李　阔　李　想　杨玛丽　杨　超

肖　帅　肖江英　吴文钢　沙品洁

张　乐　张金轶　周绪宝　郑凤全

孟艳丽　郝建强　祖　恒　郭林宇

郭家锐

　　北京市 1983 年启动了农业标准化工作，2002 年正式启动"市级农业标准化生产示范基地建设"，确立了"区级建设、市级评定、动态管理、优级奖励"工作原则，颁布了地方标准《农业标准化基地等级划分与评定规范》，进一步规范了农业标准化基地的建设工作，取得了较好的建设成效。

　　近年来，国家不断加大对农业标准化发展的支持力度。2021 年，中央一号文件提出加快培育发展现代农业全产业链，把农业标准化发展推上了一个新的高度。北京积极响应，印发实施方案，提出到 2025 年集中打造一批现代农业全产业链标准化示范基地，培育一批质量过硬、品牌叫得响、带动能力强的绿色优质农产品。北京市农业标准化工作也进入全产业链建设时代。

　　几年来，北京市针对京郊农业产业链条短、附加值低等实际问题，结合供给侧结构性改革推进步伐，以全产业链标准化建设为统领，加快推进农业产业纵向、横向融合发展，努力做好"接二连三"延链、补链、强链的大文章。截至 2023 年底，全市备案农业标准化基地 1 092 家，其中良好级以上标准化基地 768 家，成为北京市绿色优质农产品生产的中流砥柱。在此基础上，市、区两级建成现代农业全产业链标准化生产基地 35 家，推荐国家级农业全产业链标准化生产基地 1 家。

　　本书分为上下两篇。上篇为理论篇，介绍了标准、标准化和农业标准化的基础知识，详细讲解了现代农业全产业链标准化的背景、建设意义、基本原则和建设方法等具体内容。下篇为实践篇，总结了北京市在现代农业标准体系构建、农业标准化基地建设管理和现代农业全产业链标准化建设方面的经验，分享了种植业、畜禽养殖业和水产养殖业现代农业全产业链标准化应用实例，为生产基地提供了可借鉴的建设方案。同时，本书的附录还汇总了最新的《中华人民共和国农产品质量安全法》等法律法规和农业标准化通用技术标准，便于基层工作体系和生产基地管理和技术人员查阅使用，具有极强的实用性与指导性。

编　者

2024 年 8 月

目 录
CONTENTS

下篇 实践篇

上篇　理论篇

第一章　标准概述

标准是标准化领域最基本的概念之一。对于从事标准化工作的人来说，首先要了解什么是标准，即要对标准的概念有一个正确的、专业的理解。

一、标准的概念

标准与我们的生活密切相关，时时处处在不知不觉中影响着我们的生活。让我们从下面的一件事儿来感受一下标准离我们的生活有多近。

（一）"新国标头盔"冲上头条

2023 年 7 月 1 日，"头盔"冲上了各大新闻媒体的头条，原因是 2023 年 7 月 1 日开始，国家标准《摩托车、电动自行车乘员头盔》（GB 811）正式实施，电动自行车乘员头盔首次被纳入标准。新标准对头盔的尺寸、类型进行了细化，更适合中国人的头部形状特征。

标准发布后，引起广大民众的热烈讨论，有人说通过网购平台搜索"新国标 头盔"，发现不少商品名称中有"新国标""3C 认证""交警推荐"等字样，但实际拿到手的商品仍然是"旧国标"的头盔；还有人问自己戴的头盔不符合国家标准是不是就要接受处罚。针对标准的具体要求和实施也是热议不断。

标准在日常生活中时时处处存在着，与人们的日常生活密不可分。大家对"标准"二字太熟悉了，但要是问大家到底什么是标准，标准的基本要求有哪些，标准是如何实施的，它是如何影响我们的日常生产生活的，就很少有人能说得清楚。下面的内容或许能解开大家的疑惑。

（二）标准的定义

标准的定义随着科技进步和社会发展而不断变化。一些国家和国际组织结合各自的研究和实践，给出了不同的标准定义。在我国，从法律层面和标准化工作层面对标准给出了相应的定义。

《中华人民共和国标准化法》（1988 年制定，2017 年修订，以下简称《标准化法》，见附录 1）中明确规定：标准（含标准样品），是指农业、工业、服务业以及社会事业等领域需要统一的技术要求。

《标准化工作指南　第 1 部分：标准化和相关活动的通用术语》（GB/T 20000.1）中对标准的定义是："通过标准化活动，按照规定的程序经协商一致制定，为各种活动或其结果提供规则、指南或特性，供共同使用和重复使用的文件。"在这一定义的后面有 3 个注释，对"标准"做了进一步的阐释。

一是标准宜以科学、技术和经验的综合成果为基础；二是规定的程序指制定标准的机构颁布的标准制定程序；三是诸如国际标准、区域标准、国家标准等，由于它们可以公开获得以及必要时通过修正或修订保持与最新技术水平同步，因此它们被视为构成了公认的技术规则。其他层次上通过的标准，诸如行业标准、企业标准等，在地域上可影响几个国家。

国际上权威的标准化组织 ISO/IEC 指南 2：2004《标准化和相关活动的通用术语》（简称 ISO/IEC 指南 2）中对标准的定义是"为在一定范围内获得最佳秩序，经协商一致建立并由公认机构批准，为活动及结果提供规则、指导或给出特性的文件，供共同使用和重复使用的文件"。由此可以看出，我国采用了 ISO/IEC 指南 2 对标准的定义并稍作修改，与国际上对标准的定义口径基本一致，具有广泛适用性。

（三）标准的特殊性

从以上对标准的定义可以看出，标准就是对重复性事物和概念所做的统一规定，它以科学、技术成果和实践经验的总结为基础，经协商一致，由公认机构批准，以特定形式发布，作为共同遵守的准则和依据。

标准实质上就是一种可提供规则、指南、特性的文件，是一种准则或依据，只不过是一种特殊的准则或依据，标准需具备以下特殊性。

第一，标准必须具备"共同使用和重复使用"的特点。所谓"共同使用"，就是你用、我用、他也用，大家都在使用；所谓"重复使用"，就是今天用、明天用、后天还在用，经常要用到。"共同使用"和"重复使用"必须同时具备，也就是说，只有大家共同使用并且多次重复使用，标准才有存在的意义。

第二，制定标准的目的是获得最佳秩序，以便促进共同的效益。这种最佳秩序的获得是有一定范围的。"一定范围"是指适用的人群和相应的事物。所谓"适用的人群"可以是全球范围的、某个区域的、某个国家的、某个地方的、某个行业的、某个集团的等，具体适用的人群取决于协商一致的范围；所谓"相应的事物"是指条款涉及的内容，可以是有形的，也可以是无形的，可以是硬件，也可以是软件的，例如有关安全的、环保的、能耗的、产品的、方法的等。

第三，制定标准的原则是协商一致。标准在制定的过程中需要广泛征求意见，以保证制定的标准能够广泛吸收各方面的意见和建议，这就决定了标准的制定过程必须经过协商一致，使科学、技术和实践经验能够在标准中有机结合。

第四，制定标准需要有一定规范化的程序，并且最终要由公认机构批准发布。制定标准的规范化程序不作过多的解释，这里所说的公认机构一般指标准机构。标准机构是在国家、区域或国际的层面上被承认的，以制定、通过或批准、公开发布标准为主要职能的标准化机构。

第五，标准产生的基础是科学、技术和经验的综合成果。标准这一规范性文件是一种技术类文件，它是在科学的基础上，充分考虑最新技术水平后制定的，是对人类实践经验的科学归纳、整理并规范化的结果。

二、标准分类

标准涉及的应用领域和使用范围各不相同，标准的分类方式也有所不同。一般来说，可以按标准的适用范围、法律约束性、标准化领域、标准化对象和标准内容的功能进行划分。

（一）按照适用范围划分

根据标准的制定者和管理层面范围的不同，也就是标准适用范围的不同，可将标准划分为国际标准、区域标准、国家标准、行业标准、地方标准、团体标准和企业标准。

1. 国际标准

国际标准是指"由国际标准化组织或国际标准组织通过并公开发布的标准"（引自GB/T 20000.1）。

国际标准化组织（ISO）、国际电工委员会（IEC）和国际电信联盟（ITU）是以制定国际标准为主要职能的三大国际组织，大部分国际标准都是由这三大组织制定并发布的。其他国际标准化组织虽不以制定标准为主要职能，但都发布类似于标准的规范性文件。

国际标准包括了这些机构发布的标准或规范性文件。国际标准发布后在世界范围内适用，作为世界各国进行贸易和技术交流的基本准则和统一要求。

2. 区域标准

区域标准是指"由区域标准化组织或区域标准组织通过并公开发布的标准"（引自GB/T 20000.1）。

区域标准化组织或区域标准组织可以由同一地理范围内的国家所组成，常见的区域组织有欧洲标准委员会（CEN）、太平洋地区标准会议（PASC）、亚洲标准咨询委员会（ASAC）、非洲地区标准化组织（ARSO）等。

广义来讲，一些国际合作组织也是区域标准化的重要组成部分，如20国集团（G20）和欧洲联盟、上海合作组织等。

由于区域标准容易形成贸易壁垒，现在许多区域标准化组织倾向于不制定区域标准，区域标准的影响力有逐渐削弱且数量有减少的态势。

3. 国家标准

国家标准是指"由国家标准机构通过并公开发布的标准"（引自GB/T 20000.1）。

我国的国家标准由全国专业标准化技术委员会负责起草、审查，并由国务院标准化行政主管部门统一审批、编号和发布。

各国的国家标准代号不同。我国的国家标准代号分为三类。强制性国家标准代号为GB，推荐性国家标准代号为GB/T，国家标准化指导性技术文件代号为GB/Z。

美国国家标准学会（American National Standard Institute，ANSI）是美国非营利性民间标准化团体、自愿性标准体系的协调中心，其所制定的标准被视为美国国家标准，标准代号为ANSI。英国政府将英国标准学会（British Standards Institution，BSI）所制定的标准视为英国标准，标准代号为 BS。德国标准化学会是德国最大的、具有广泛代表性的公益性标准化民间机构，其所制定颁布的标准为德国国家标准，标准代号为 DIN。日本工业标准调查会组织制定和审议日本国家标准，涉及最重要最权威的基础、通用和工业标准，标准代号为 JIS。

4. 行业标准

行业标准是指"由行业机构通过并公开发布的标准"（引自 GB/T 20000.1）。

在我国，行业标准的发布部门须由国务院标准化行政主管部门审查确定。国家标准化主管机构对行业标准规定统一的标准代号。例如，我国农业行业标准的代号为 NY，水产行业标准的代号为 SC。

行业标准由行业标准归口部门审批、编号和发布。行业标准发布后，行业标准归口部门应将已发布的行业标准送国务院标准化行政主管部门备案。

5. 地方标准

地方标准是指"在国家的某个地区通过并公开发布的标准"（引自 GB/T 20000.1）。

在我国，地方标准由省、自治区、直辖市标准化行政主管部门统一编制计划、组织制定、审批、编号和发布。

地方标准发布后，省、自治区、直辖市标准化行政主管部门应分别向国务院标准化行政主管部门和有关行政主管部门备案。

6. 团体标准

团体标准是指"由团体按照团体确立的标准制定程序自主制定发布，由社会自愿采用的标准"。

团体是指具有法人资格，且具备相应专业技术能力、标准化工作能力和组织管理能力的学会、协会、商会、联合会和产业技术联盟等社会团体。

团体标准以满足市场和创新需求为目标，由团体协调相关市场主体共同制定。标准制定后，由本团体成员约定采用或者按照本团体的规定供社会自愿采用。

7. 企业标准

企业标准是指"由企业通过供该企业使用的标准"（引自 GB/T 20000.1）。

企业标准是针对企业范围内需要协调、统一的技术要求、管理要求和工作要求所制定的标准。企业标准是企业组织生产、经营活动的依据。企业标准虽然只在某企业适用，但在地域上可能会影响到多个国家。

企业标准由企业制定，由企业法人代表或法人代表授权的主管领导批准、发布，由企业法人代表授权的部门统一管理。企业标准一般是不公开的。但是，作为组织生产一方合格评定依据的企业产品标准发布后，企业应将企业标准报当地标准化行政主管部门或有关行政主管部门备案。

企业标准是规范企业内部生产经营活动的各种要求的规范性文件。企业标准中大部分是"过程"标准，主要是对技术人员、管理人员等各类人员如何开展工作做出规定；少部分是"结果"标准，主要针对采购的原材料、半成品、最终产品等各类"物品"的技术要求做出规定。

（二）按照法律约束性划分

《标准化法》规定，我国的标准按其约束力的强弱可以分为强制性国家标准和推荐性国家标准，将强制性国家标准严格限定为保障人身健康和生命财产安全、国家安全、生态环境安全以及满足经济社会管理基本需要的技术要求。

我国的国家标准和行业标准分为强制性标准和推荐性标准，地方标准都是推荐性标准。强制性标准必须执行，推荐性标准鼓励采用。

按照国际惯例，绝大多数标准都是推荐性的，标准的使用者可以根据自己的需求自愿执行。但在一些条件下，推荐性标准与强制性标准一样必须执行。例如，绿色食品系列标准为农业行业标准，对绝大多数企业来说是推荐性标准，但是对于获得绿色食品标志许可权的企业来说，这一系列标准即为该企业必须执行的标准。

（三）按照标准化领域划分

标准可以按照专业领域进行分类，国际上广泛使用的是国际标准分类法（ICS），我国使用的是中国标准文献分类法（CCS）。

1. 国际标准分类法

ICS 是 ISO 于 1992 年发布的标准文献专用分类法，根据标准化对象所属的领域和学科特点，划分出三级类目。第一级设 40 个大类，例如机械制造、电气工程、电信、农业、化工技术等；第一级大类被分为 407 个二级类，其中的 134 个又被进一步细分为 896 个三级类。

国际标准分类法采用数字编号。第一级和第三级采用双位数，第二级采用三位数表示，各级分类号之间以实圆点相隔。例如，65.020.20 为植物栽培类标准，其一级分类为农业，二级分类为农业和林业，三级分类为植物栽培。

2. 中国标准文献分类法

我国除了使用 ICS 对标准进行分类外，还同时使用中国标准文献分类法。CCS 是由我国组织编制的专用于标准文献的分类法，发布于 1989 年。该分类法将全部专业分为 24 个一级类目，1 606 个二级类目。其中，一级类目用大写拉丁字母表示大类，例如 B 表示农业、X 表示食品等；二级类目用双位数表示，例如 B10 表示农业中的土壤和肥料。

（四）按照标准化对象划分

不同标准涉及的对象类型不同，按照标准化对象，可将标准划分为产品标准、过程标准、服务标准等。

1. 产品标准

产品标准是指"规定产品需要满足的要求以保证其适用性的标准"〔引自《标准化工作导则第一部分：标准化文件的结构和起草规则》（GB/T 1.1）〕。

产品标准的主要内容是规定产品应该满足的要求，主要包括适用性的要求。这些要求通常用性能特性表示。依据产品的不同特性，又可以将其分为不同类别的标准，例如尺寸标准、材料类标准等。

在计划经济时期，产品标准是国家组织企业进行现代化生产的依据；在市场经济中，产品标准主要为贸易和交流提供依据。随着市场经济的发展，贸易和交流中离不开产品标准，产品标准也越来越成为人们关注的焦点。

2. 过程标准

过程标准是指"规定过程需要满足的要求以保证其适用性的标准"（引自 GB/T 1.1）。

过程标准主要是规定如何做的标准。人类的活动中大多经历的是过程，因而标准化活动中制定的标准大部分也是过程标准。

过程标准中可以规定具体的操作，也可以推荐首选的惯例。因此，过程标准中的推荐型条款比产品标准中的要多。产品标准以规定要求型条款为主，而过程标准中既有规定要求型条款，也有推荐惯例的条款。

3. 服务标准

服务标准是指"规定服务需要满足的要求以保证其适用性的标准"（引自 GB/T 1.1）。

服务标准与产品标准有许多共同之处，服务标准的主要内容是规定服务应该满足的要求，目的是要保证服务这一产品的适用性。

服务指为满足顾客的要求，供方和顾客之间接触的活动以及供方内部活动所产生的结果。服务作为产品，除了具有与其他产品相同的商品特性外，还具有以下特点。一是服务具有无形性。它的形式可以是完全的劳务，即无形产品，但它的表现形式又往往与有形产品的制造和提供结合在一起，如餐饮服务标准。二是服务基本是一次性的。服务的生产和消费常常是同时的。三是服务不能贮存，也不能运输。四是服务一般具有不可逆性。

由于服务具有以上特点，使得有些服务标准中的规定过程要比规定结果更加具有可检验性。

（五）按照标准内容的功能划分

不同标准内容规定的功能不同，按照标准内容的功能，可将标准划分为术语标准、符号标准、分类标准、试验标准、接口标准、规范标准、规程标准和指南标准。

1. 术语标准

术语标准是指"界定特定领域或学科中使用的概念的指称及其定义的标准"（引自 GB/T 1.1）。

术语标准界定的是人们交流需要的最基本的内容——术语，如果术语不统一，人们将无法无障碍地进行交流。可以说，术语标准中规范的术语是人类活动，尤其是科学技术活动中相互交流的基础。

术语标准是按照专业范围划分的，包含了某领域内某个专业的许多术语。术语标准通常包含术语及其定义，有些还附有示意图、注、示例等。术语标准中的条目一般按照概念体系排列。

2. 符号标准

符号标准是指"界定特定领域或学科中使用的符号的表现形式及其含义或名称的标准"（引自 GB/T 1.1）。

符号通常分为文字符号和图形符号。文字符号又可分为字母符号、数字符号、汉字符号或它们组合而成的符号；图形符号又可分为产品技术文件用图形符号、设备用图形符号、标志用图形符号。

3. 分类标准

分类标准是指"基于诸如来源、构成、性能或用途等相似特性对产品、过程或服务进行有规律的排列或者划分的标准"（引自 GB/T 1.1）。分类标准有时会给出或含有分类原则。

4. 试验标准

试验标准是指"在适合指定目的的密度范围内和给定环境下，全面描述试验活动以及得出结论的方式的标准"（引自 GB/T 1.1）。

试验标准是规定试验过程的标准，是典型的过程标准。试验标准有时附有与测试有关的其他条款，例如取样、统计方法的应用、多个试验的先后顺序等。适当的时候，试验标准可说明从事试验活动要求的设备和工具。

在规定结果的产品标准中，所要求的结果需要通过试验来检验。一般来讲，每项要求都应有其对应的试验方法。因此试验标准的数量较多，是被其他标准引用频率较高的标准。

5. 接口标准

接口标准是指"规定产品或系统在其互连部位与兼容性有关的要求的标准"（引自 GB/T 20000.1）。

接口标准针对的是一个产品与其他产品连接使用时，其相互连接的界面的标准化问题。通过接口标准的规定，保证产品或系统与其他产品或系统连接后的兼容性。接口标准往往涉及两个方面的要求，即尺寸匹配要求和性能匹配要求。

接口标准是在产品标准这个大类下的一个小类，它的内容与产品有关。随着时代的发展，市场上的商品，尤其是电子产品越来越丰富，品种也越来越多。在这种情况下，接口标准就显得越来越重要了。

6. 规范标准

规范标准是指"为产品、过程或服务规定需要满足的要求并且描述用于判定该要求是否得到满足的证实方法的标准"（引自 GB/T 1.1）。

几乎所有的标准化对象都可以成为"规范"的对象。这类标准有一个共同的特点，即它规定的是各类标准化对象需要满足的要求，同时要求明确可以判定其要求是否得到满足的证实方法，也就是说规范中应该有由要求型条款组成的"要求"一章。

7. 规程标准

规程标准是指"为活动的过程规定明确的程序并且描述用于判定该程序是否得到履行的追溯/证实方法的标准"（引自 GB/T 1.1）。

规程标准所针对的标准化对象是设备、构件或产品。规程标准和规范标准的区别是多方面的：规程标准的标准化对象较规范标准来说更加具体；规程标准的内容是"推荐"惯例或程序，规范标准是"规定"技术要求；规程标准中推荐的是"过程"，而规范规定的是"结果"；规程标准中大部分条款是推荐型条款，规范必定有由要求型条款组成的"要求"一章。因此，从内容和力度上来看，规程标准与规范标准之间都存在着明显的差异。

8. 指南标准

指南标准是指"以适当的背景知识提供某主题的普遍性、原则性、方向性的指导，或者同时给出相关建议或信息的标准"（引自 GB/T 1.1）。

指南标准的标准化对象较广泛，但具体到每一个特定的指南，其标准化对象则集中到某一主题的特定方面，这些特定方面是有共性的，即普遍性、原则性或方向性的内容。指南标准的具体内容限定在信息、指导或建议等方面，而不会涉及要求或程序。可见，指南标准的内容与规范标准和规程标准有着本质的区别。

三、标准制定

制定标准是标准化活动的首要任务。标准需要按照规定的程序经协商一致制定。一系列的原则和明确的程序可以保证标准的制定能够以科学、技术和经验的综合成果为基础，充分考虑最新技术水平，并吸收相关方的意见。

（一）标准制定的原则

标准制定需要遵守一系列基本原则。世界贸易组织（WTO）从制定国际标准的角度出发，在《关于制定国际标准、指南和建议的原则的决定》中提出应遵守透明、开放性、公正性和协商一致、有效性和相关性、一致性、发展中国家的有效参与等六项原则，并解决发展中国家关切的标准制定原则。我国学者白殿一等提出，在确立标准制定程序时通常会考虑开放、协商一致、透明和可追溯四方面原则。综合以上的原则，田世宏等在《标准化理论与实践》一书中，将标准制定的原则概括为以下六个方面。

1. 透明原则

透明原则是指在标准制定过程中，有关的信息能够被标准化机构的成员和成员的代表，甚至标准化机构外感兴趣的有关方面获得。信息的公开是实现透明原则的核心。标准制定过程中的信息包括：草案、工作文件等文件信息，立项、征求意见、发布等决议信息，工作组会、技术委员会全体会、技术研讨会等会议信息，以及标准必要专利制度、标准版权制度等信息。这些信息都需要在恰当的时机，以最为便捷的形式，向特定的范围公布或发送。只有这样，各有关方才能及时准确地获取有关信息，掌握标准制定的进度安排，确定参与标准制定的计划，从而充分参与到标准制定活动的全过程，使标准在尽可能大的范围内得到公众支持和参与。

2. 开放原则

开放原则是指在标准制定过程中，要保证成员或成员的代表能够有效地参与标准的制定。一般而言，这些成员和成员的代表是生产者、经营者、使用者、消费者、公共利益方等相关方。每个相关方都希望标准化机构在制定标准时充分考虑他们的利益，从而实现他们的目标。但这些目标往往存在很大的差别，甚至互有矛盾。因此，对于标准化机构而言，最有效的办法就是在标准制定过程中，通过设立相应的规则，让这些相关方都参与进来。既合作完成标准的编写，又有就不同观点进行充分讨论的机会，从而尽可能在早期解决对标准中技术内容的各种分歧，避免标准制定后期或发布后的争议和不适用。

3. 公正和协商一致原则

公正和协商一致原则是指标准化机构开展标准化活动时首先要确保公正性，包括参与机会、对草案意见的综合考虑、协商一致的决定、获取信息和文件等方面。其次，协商一致是指普遍同意，即重要利益相关方对于实质性问题没有坚持反对意见，同时按照程序考虑了有关各方的观点并且协调了所有争议。需要注意的是，协商一致并不意味着全体一致同意。

4. 有效性和相关性原则

有效性和相关性原则是指在制定标准时，充分考虑相关的监管需要或市场需求，以及社会、科学和技术的发展水平，制定的标准要能够支持开放和公平的市场，支持公平竞争，支持创新和技术发展，避免对环境的影响，支持产品、过程或服务的广泛推广应用，符合可持续发展目标，有利于确保用户的利益。只有满足上述有效性和相关性要求，符合国家政策、法律法规、规章制度等的相关规定的标准，才具有应用的价值，通过相关方的共同使用和重复使用，最终实现标准化活动的目标。

5. 协调性原则

协调性原则是指在制定标准时，标准之间要相互协调，没有矛盾，以利于使用。为了避免不同标准化机构所制定标准的交叉和重复，标准化机构要努力解决潜在的冲突。例如，在拟开展新工作项目之前，宜组织全面研究，以了解是否存在交叉或重复的在研项目或现行标准；新工作项目的评估审核通过后，应及时公开标准工作计划，以支持相关方尽早参与。通过遵守协调性原则，可以避免标准的交叉、重复，甚至冲突，并充分利用有限的标准化工作资源。

6. 可追溯原则

可追溯原则是指标准制定程序应是可控、可追溯的，确保每个程序阶段的规定被执行，并形成相关的记录。在可追溯原则的指导下，标准化机构要制定并发布标准制定程序，划分标准制定阶段，并设置阶段之间转化的条件。同时，标准化机构需要借助信息化和网络化技术，建立一套适用于每个标准的控制系统，供标准化技术组织内的技术机构进行标准制定程序的管理和控制。标准化机构一般不对标准的具体技术内容进行判断，但会确保标准制定程序被严格履行，只有履行了制定程序的标准才能被发布应用。

（二）标准制定的程序

标准制定程序是所有参与方在制定标准的活动中，所必须遵守的步骤和顺序。为了遵循标准形成的规律和获得不同层面认可，标准制定程序通常会被划分为不同的阶段。我国的国家标准制定程序分为预备、立项、起草、征求意见、审查、批准和发布7个阶段，我国其他各级标准的制定程序也基本一致，只在具体的阶段设置略有不同。

1. 预备阶段

预备阶段是标准化机构开始制定标准的起点，主要工作目标是提出标准立项提案。技术委员会是这一阶段的主体，负责研究和评估个人、利益相关方及标准化机构的成员等提交的项目建议的必要性和可行性，形成项目提案，随后向标准化机构报送。

2. 立项阶段

立项阶段是标准化机构正式赋予一个新工作项目的阶段，主要工作目标是完成对新工作项目的评估审核和立项。标准化机构是这一阶段的主体，其将项目提案分发给标准评审机构对项目提案进行专家评审，登记通过立项审查的项目提案，分配一个正式的编号，并通过下达标准工作计划或者通过决议等形式，授权提交项目提案的技术委员会负责标准的编制。

3. 起草阶段

起草阶段的主要工作目标是明确标准技术内容并起草工作组草案，主要工作目标是实现专家对技术标准内容的认同，完成最终工作组草案。工作组是这一阶段的主体，专家们共同起草标准的内容，并通过在工作组成员之间达成协商一致完成最终工作组草案。

4. 征求意见阶段

征求意见阶段的主要工作是面向利益相关方征求意见，主要目标是检验委员会草案能否被利益相关方所接受，形成新的委员会草案。技术委员会是这一阶段的主体，对于我国的强制性国家标准，这一阶段的主体是国务院有关行政主管部门。技术委员会负责将委员会草案及相关文件分发给所有技术委员会成员以及利益相关方，并通过公开渠道征求意见。技术委员会将收到的委员及各利益相关方意见进行汇总和处理，形成汇总处理表和新的委员会草案。在我国，这一阶段完成后形成的草案也被称为送审稿。

5. 审查阶段

审查阶段是推进委员会草案进一步获得利益相关方的认同，主要工作目标是获得利益相关方对标准内容的认同，从而形成最终委员会草案。技术委员会是这一阶段的主体，负责分发草案并进行投票，通过达成利益相关方之间的协商一致完成最终委员会草案。审查的主要方式是召开标准审查会议，如需投票表决，则要按照标准化机构的有关规则组织投票。当委员会草案在技术委员会范围内获得认同后，形成了最终委员会草案。在我国，这一阶段草案也被称为报批稿。

6. 批准阶段

批准阶段是报批稿进一步获得标准化机构认同的过程。标准化机构是这一阶段的主体，将报批稿分发给所属的标准审评机构，对程序符合性与文本规范性进行审核和修正，确认该标准的制定经过和必要的程序，是否遵循了相关的规定。

7. 发布阶段

发布阶段是标准化机构将待发布标准正式对外发布为"标准"的阶段。可以将标准通过在标准化机构网站上对外发布公告予以公布，也可以在标准化机构的标准数据库中予以发布。出版机构受标准化机构委托出版印刷标准文本。除了印刷发行纸质版本之外，发布电子版本也是使标准使用者更方便地获取标准的一种重要方式。标准发布后，标准化机构往往会按照利益相关方的使用要求，定期组织对标准的复审，以决定标准继续有效、需要修订或者废止。对于需要修订的标准，将重新按照上述程序进行修订。

四、标准的获取

各级标准覆盖的范围可能很广，可以分为多个专业。每个专业涉及的标准数量庞大，如此庞大的标准文本以往都是由各专业标准化技术委员会的标准化管理人员保存并管理，由各标准出版机构出版并享有版权。各级标准化管理部门虽然有自己的标准获取途径，但相对分散，企业实际采用过程中往往需要多渠道、多次获取，费时费力。

2017 年，由国家市场监督管理总局、国家标准化管理委员会主管，国家市场监督管理总局国家标准技术评审中心主办的全国标准信息公共服务平台（https：//std. samr. gov. cn）正式上线。该平台提供了包括国家标准、行业标准、地方标准、团体标准、国际标准、国外标准等在内的超过十万条标准信息，是目前国内较权威且全面的标准检索系统。该系统绝大部分标准仅支持在线阅览，不支持下载。

一些专业网站支持标准的在线阅读及下载，如食典通-食品标准免费下载网（https：//www. sdtdata. com/）提供食品安全相关标准的下载阅读。标准涉及食品安全国际标准、农业农村部发布的行业标准、国家市场监督管理总局发布的标准、国家粮食和物资储备局发布的标准、商务部发布的标准以及其他部门发布的涉及食品安全的相关标准。

地方标准可以通过省级市场监督管理部门的相关网站查询获得。

五、标准体系的概念

《标准体系构建原则和要求》（GB/T 13016）第 2.4 条将"标准体系"定义为"一定范围内的标准按其内在联系形成的科学的有机整体"。理解标准体系的概念，需要结合以下几点：

"一定范围"是标准体系所涵盖的范围，该范围的大小与标准体系建立的目的和预期达到的目标有直接关系，但也与组织情况、机构框架、人员情况、所处环境、设施设备的选择运行、使用保养以及技术的熟悉掌握情况等因素有关，所以标准体系中标准的选择和使用不尽相同，不能一概而论、照抄照搬。标准体系建立的目的是确定在一定范围内最终解决什么问题，目标是解决这些问题的过程，如在哪些关键控制点需要由标准来进行规范。

"内在联系"主要体现在标准体系构建原则上，根据《标准体系构建原则和要求》，标准体系构建基本原则为"目标明确、全面成套、层次适当、划分清晰"，围绕标准体系的目标展开，体系的子体系及子子体系全面完整，标准明细表所列标准全面完善，标准体系表应有恰当的层次，且子体系的范围和边界的确定应以行业、专业或门类等标准化活动性质的同一性为标准，不宜按行政机构的管辖范围而划分。

标准体系构建时应充分考虑和分析该领域（技术、生产、管理）所涉及内容的全过程，并在此基础上充分考虑该领域特点、标准化现状与标准需求、内外部环境因素的影响和相关方的需求与期望等。标准体系的构建类似于标准的"拼图"，通过标准拼图，找到标准合适的位置，从而使标准体系（也就是拼成的图案）达到最佳状态。标准体系的组成元素是标准，而不是产品、过程、服务或管理项目，确定标准体系的组成元素，就是确定标准体系应该包含哪几类标准或哪些子体系，这需要对标准体系的目标、标准化范围进行深入的调研、分析，找出恰当的标准化角度，设置相应的标准子体系。

六、标准体系表

标准体系表是反映标准体系结构特点和标准间相互关联关系的模型。

（一）标准体系表概念

《标准体系构建原则和要求》（GB/T 13016）对标准体系表的定义是："一种标准体系模型，通常包括标准体系结构图、标准明细表，还可以包含标准统计表和编制说明。"

标准明细表中的标准体系结构图、标准明细表、编制说明及标准统计表可以被类比为一个生命体，标准体系结构图（框架）是骨架，标准明细表是"血肉"，编制说明及统计表是灵魂。标准体系结构的确定是编制标准体系表最重要的工作，确定了标准体系框架才能为后期标准"选位置"提供依据。标准明细表包括现行有效标准、在编标准和待编标准，主要内容包括：①一定时期内应有的全部标准；②各类标准以至各项标准之间相互连接、相互制约的内在联系；③标准的优先顺序（时间结构）；④与其他行业的配合关系以及需要与其他行业配合制定的标准；⑤继续使用的现有标准以及一定日期应制定、修订和更新的标准。编制说明则是对标准体系的编制原则、依据、背景、目标，各子体系的划分原则、依据、内容以及与其他体系的关系协调意见等进行说明，是标准体系使用者、学习者认识、学习和理解所编标准体系的一个重要文件。

（二）标准体系表结构类型

由于标准化对象的复杂性，体系内不同的标准子系统的逻辑结构可能具有不同的表现形式，主要有以下两种结构类型：

1. 层次结构

这是对标准化对象内部上级与下级、共性与个性等关系的良好表达形式。层次结构的父节点层次的标准相较子节点层次的标准，更能反映标准化对象的抽象性和共性；反之，子节点层次的标准更多反映事物的具体性和个性。

2. 线性结构

线性结构又称为程序结构，指各标准按照过程的内在联系和顺序关系进行结合的形式。该结构主要体现了标准化对象在活动流程中的时间性。例如，农业标准体系表可以按照农业生产的产前、产中、产后全产业链形式构建标准体系。

第二章　标准化概述

标准化活动可以追溯到原始社会生活中，人类为了生存，创造了语言、文字和工具，这就是标准化活动的萌芽。秦始皇统一中国后，推行"车同轨、书同文"等，通过发布律令对度量衡、文字、货币、道路、兵器进行大规模的标准化。工业革命后，标准化进入了一个新的阶段，标准化活动更加有组织和系统化。19世纪末至20世纪初，多个国家成立了标准化组织，标志着标准化活动的全球化和专业化。标准化在农业领域的应用和探索就是农业标准化。

一、标准化的概念

《标准化工作指南　第1部分：标准化和相关活动的通用术语》（GB/T 20000.1）对标准化的定义：为了在既定范围内获得最佳秩序，促进共同效益，对现实问题或潜在问题确立共同使用和重复使用的条款以及编制、发布和应用文件的活动。

定义有两条注释，一是标准化活动确立的条款，可形成标准化文件，包括标准和其他标准化文件；二是标准化的主要目标在于为了达到产品、过程或服务的预期目的而改变它们的适用性，促进贸易、交流以及技术合作。

从标准化的定义和注释，我们可以看到，标准化内涵主要集中在标准化的目的、对象和内容上。下面，我们结合秦始皇推行文字统一的事迹来更好地理解标准化的目的、对象和内容。

标准化的目的是"为了在既定范围内获得最佳秩序，促进共同效益"，为使产品、过程或服务适合其用途，标准化活动可以有一个或多个目的，且这些目的可能相互重叠。秦朝建立初期，为了最快实现秦朝社会稳定，秦始皇要快速实现权力的集中，这亟须解决文字不统一、政令无法顺利下达的问题，这是标准化的目标。

标准化对象是"具有重复使用和共同使用特点的事项，主要包括术语、方法、产品、过程和服务等"。秦始皇统一的汉字是小篆，小篆就成为秦始皇统一文字需要进行标准化的对象。

标准化的内容主要是标准化活动围绕的编制、发布、应用标准和其他标准化文件的过程。秦始皇通过推行秦国的小篆为官方文字，废除各国的旧文字，发布政令，制定一些措施保证汉字统一的顺利开展，这是标准化的内容。

二、标准化的原理

针对标准化的原理，国内外都进行了相关探索。其中较有影响的有英国桑德斯的《标准化的目的与原理》和日本松浦四郎的《工业标准化原理》，在我国以李春田的《标准化概论》对标准化原理研究得较为深入。

（一）桑德斯的"七原理"

桑德斯从标准化的目的、作用和方法上提炼了标准化的"七原理"，阐明标准化的本质就是有意识地努力达到简化，以减少当前和预防以后的复杂性。"七原理"主要包括：①标准化从本质上看是社会有意识地努力达到简化的行为；②标准化活动不仅是经济活动，也是社会活动；③标准的发布是为了实施，不实施就没有任何价值；④制定标准时要慎重地选择对象和时机，并保持相对稳定，不能朝令夕改；⑤标准在规定的时间内要进行复审和必要的修订；⑥在标准中规定产品性能和其他特性时，必须规定测试方法和必要的试验装置；⑦关于国家标准以法律形式强制实施的必要性，应根据标准的性质、社会工业化程度、现行法律情况和客观形势等情况，慎重考虑。

（二）松浦四郎的 19 条原理

松浦四郎的《工业标准化原理》围绕标准化的本质、标准化的目的、标准制定过程、标准化方法、标准化效果的评价等方面提出了 19 条原理。松浦四郎提出的标准化原理基本涵盖了桑德斯对标准化原理的概括，并作了一些局部调整和进一步拓展，他在标准化效益、生产者和消费者的关系、标准的互换性、企业标准化经济效果的评价等诸多方面进行了论述，丰富了标准化基础理论。

（三）李春田的"四原理"

李春田于 1982 年主编的《标准化概论（第一版）》中提出了简化、统一、协调和最优化四项标准化的原理。简化是标准化最古老、最一般的形式；统一既影响深远，又要把握尺度；协调是使标准系统的整体功能达到最佳的方法；最优化的目的是获得最佳的效益。

1. 简化原理

简化在事物多样性发展到一定程度之后才进行，去除芜杂的事物，使事物更容易统一，同时节约社会资源。简化通过忽略个性化需求，组织规模化生产，提高生产效率。标准化就是对事物进行简化的一种手段，在一定范围内精简标准化对象类型数量至相对合理的程度，以此来满足社会的一般需求。

2. 统一原理

统一的目的在于消除歧义和混乱，是相互理解和建立良好秩序的前提。在标准化领域，统一的着眼点在于通过提炼共性实现一致性，即用标准的形式使标准化对象的特征具有一致性，例如，对名词术语、符号、图形、指标、单位等采用标准的形式进行统一规定。

3. 协调原理

标准与标准体系与各相关方面必须保持协调一致。例如，标准与政策法规、标准与标准、标准与标准体系等都应保持一致，不能发生抵触，如若存在矛盾或抵触，会给使用者带来迷惑、不便甚至产生恶劣的影响。

4. 最优化原理

按照特定的目标，在一定的限制条件下，对标准系统的构成因素及其关系进行选择、设计或调整，使之达到最理想的效果，这样的标准化原理称为最优化原理。只有不断最优化才能取得最佳效益。

三、标准化文件

标准化文件是标准化活动的产物。前面提到的小篆就是秦始皇统一文字的产物，也是标准化活动的产物。

（一）标准化文件概述

《标准化工作指南 第1部分：标准化和相关活动的通用术语》（GB/T 20000.1）指出标准化文件是通过标准化活动制定的文件，凡是标准化活动形成的文件都称为标准化文件。总体来说，标准化文件包括标准和其他类型的标准化文件。标准与其他标准化文件之间的主要区别就在于是否履行了协商一致程序并且达到了形成标准所要求的协商一致程度。标准化文件中大部分为标准，按照表现形式可以将标准分为文字标准和标准样品。文字标准是以纸张/电子标准为介质的。文字标准涉及的范围十分广泛，依据不同的维度将文字标准划分为不同的类别，发挥不同的作用。标准样品是指以实物形态存在的标准，是保证标准在不同时间和空间实施结果一致性的参照物，是实施文字标准的重要实物基础。

（二）标准化文件的分类

ISO 和 IEC 将其制定发布的标准化文件分为标准（IS）和其他类型标准化文件。其他类型标准化文件主要包括技术规范（TS）、可公开获得规范（PAS）、技术报告（TR）和指南（Guide）等。

我国的标准化文件其代号为 GB/Z，分为标准和标准化指导性技术文件。

四、标准化的基本形式

为了达到标准化的既定目标，我们会根据标准化对象的特点，选择和运用适宜的标准化形式。常用的标准化形式主要有简化、统一化、通用化、系列化、组合化和模块化六种形式，每种形式表现不同的标准化内容，针对不同的标准化任务，实现不同的目的。

（一）简化

简化是指在一定范围内缩减对象或事物的类型、数目，使之在一定时间内满足一般需要的标准化形式。简化并不是简单的"做减法"。一定范围内，缩减对象的数目和类型需要有度，对象的类型、数目并非越少越好，越简越优；简化一般是事后进行的，也就是事物的多样性在一定时间内发展到一定规模后，才对事物的类型、数目加以缩减。简化的直接目的是控制标准化对象类型的过度膨胀，最终目的是实现系统总体功能最佳。

1. 简化的原则

简化的实质是对客观系统的结构加以调整，并使之最优化的一种有目的的标准化活动。它是在事物多样化的发展超过一定界限后才发生的。进行简化时需要遵循以下原则。

（1）简化时要防止过分压缩。只有在多样化的发展规模超出了必要范围时，才允许简化。

（2）简化要合理、适度。合理的简化必须符合两个条件：一是必须保证在规定的时间内足以满足一般的需要，不能因简化而导致必需品的短缺；二是简化后产品系列的总体功能最佳。

（3）简化应以确定的时间和空间范围为前提。简化的结果必须保证在既定的时间内足以满足消费者的一般需要，不能限制和损害消费者的需求和利益。

（4）产品简化要形成系列。其参数组合应符合数值分级制度的基本原则和要求。

2. 简化的应用

简化的应用主要体现在六个方面。

（1）种类的简化。主要体现在生产企业品种规格的归并。通过简化，有效控制产品品种，提高产品质量，提高经济效益。

（2）原材料的简化。企业采购的品种规格过多、过杂，势必给企业造成巨大的成本负担。通过简化，有利于材料管理，为企业生产、供应的正常稳定创造条件。

（3）工艺装备的简化。企业通过工艺文件审查和使用统计，可将通用性差和可替代的工艺装备进行简化，进而统一标准工具的型式，减少工具的种类、规格、数量。

（4）零部件的简化。企业将产品中功能近似的零部件进行归类并简化，可显著提高设计和制造效率。

（5）数值的简化。在设计过程中有意识地简化参数的数值，可以有效地控制产品品种的规格数量和相应工具量具的种类数量。

（6）结构要素（形面要素）的简化。例如，孔径、螺纹直径等要素的简化，可以减少不同加工过程的数量，降低生产成本。

（二）统一化

统一化是指将同类事物两种以上的表现形态归并为一种或限定在一定范围内的标准化形式。统一化同简化一样，都是古老的标准化形式。统一化的实质是使对象的形式、功能（效用）或者其他技术特征具有一致性，并把这种一致性通过标准确定下来。统一化的目的是消除由于不必要的多样化而造成的混乱，为人类的正常活动建立共同遵循的秩序。秦始皇统一文字就是统一化的典型事例。

统一化的概念与简化的概念是有区别的，统一化着眼于取得一致，即从个性中提炼共性，其结果是取得一致性，遵循等效原则；而简化则是在肯定某些个性的同时，着眼于精练，简化的目的并不是简化为一种，而是在简化过程中保存若干合理的种类，以少胜多，遵循优化原则。

统一化有两种类型。一是绝对统一，是指不允许有灵活性，如标志、编码、代号、名称、运动方向（开关的旋转方向、螺纹的旋转方向、交通规则）等。二是相对统一，是指出发点或总趋势是统一的，但统一中还有一定的灵活性，可以根据情况区别对待，如产品质量标准是对质量要求的统一化，但具体指标（包括分级规定、公差范围等）却具有一定的灵活性。

1. 统一化的原则

统一化遵循以下原则。

（1）适时原则，就是把握好统一的时机。过早统一，有可能将尚不完善、不稳定、不成熟的类型以标准的形式固定下来，不利于技术的发展和更优异类型的产生；过迟统一，当低效能的类型大量出现并已形成习惯，这时统一的难度加大，要付出较大的经济代价。

（2）适度原则，就是要合理地确定统一化的范围和指标水平。也就是说，总的方向是统一的，但统一中又有灵活性，尤其以产品质量、工作质量为对象的统一化常需施以灵活度。

（3）等效原则，就是把同类事物两种以上的表现形式归并为一种（或限定在某一范围）时，被确定的"一致性"与被取代的事物之间必须具有功能上的可替代性，也就是说被确定的对象所具备的功能应包含被淘汰对象所具备的必要功能。

（4）先进性原则，就是确定的一致性（或所做的统一规定）应有利于促进生产发展和技术进步，有利于社会需求得到更好的满足，不能迁就落后，保存落后。

2. 统一化的应用

统一化的应用主要体现在四个方面。

（1）计量单位、名词、术语、符号、代码、图形、标志、编码等的统一。

（2）产品规格的统一。

（3）数值和参数的统一。

（4）程序和方法的统一。

（三）通用化

通用化是指在互换性的基础上，尽可能地扩大同一对象（包括零件、部件、构件）的使用范围的一种标准化方法，或在互相独立的系统中，选择和确定具有功能互换性或尺寸互换性的子系统或功能单元的标准化方法。

通用化是以互换性为基础的。互换性是指产品（或零部件）的本质特性以一定的精确度重复再现，从而保证一个产品（或零部件）可以用另一个产品（或零部件）来替换的特性。或者说在不同时间、地点制造出来的产品（或零部件），在装配、维修时，不必经过修整就能任意替换使用的性能。

通用化的本质是统一。这种统一性体现在两个方面：一方面是功能的统一，即具有功能互换性；另一方面是尺寸的统一，即具有尺寸互换性。通用化的对象有两类：一是物，如产品及其零部件的通用化；二是事，如方法、规程、技术要求等的通用化。要使零部件成为具有互换性的通用件必须具备以下条件：尺寸上具备互换性；功能上具备一致性；使用上具备重复性；结构上具备先进性。

1. 通用化的目的和作用

通用化的目的是最大限度地扩大同一产品的使用范围，从而最大限度地减少产品（或零部件）在制造过程中的重复劳动。其效果体现为简化管理程序、缩短产品设计周期、扩大生产批量、提高专业化生产水平和产品质量，最终实现各种活劳动和物化劳动的节约，为企业带来一系列经济效益。

具有功能互换性的复杂产品，通用化的意义更为突出。例如，一个生产柴油机的企业，如果它所设计的柴油机既可用于拖拉机，又可用于汽车、推土机和挖掘机等，则表示该机械的通用性很强。就是说产品的通用性越强，销路就越广，生产的积极性就越高，对市场的适应性就越强。发展这样的产品，对组织专业化生产、提高经济效益都有很大意义。

2. 通用化的一般方法

通用化的实施应从产品开发设计时开始，这是通用化的一个重要指导思想。通用化设计通常有三种情况。

一是系列开发的通用设计。在对产品进行系列开发时，通过分析产品系列中零部件的共性与个性，从中找出具有共性的零部件，能够通用的尽量通用，这是最基本和最常用的通用方法。如有可能，还可以发展系列间的产品和零部件的通用。

二是设计单独产品时，也要尽量采用已有的通用件。即使是新设计的零部件，也要充分考虑其是否能为以后的新产品所采用，逐步发展成为通用件。

三是在改进老产品时，根据产品在生产、使用、维修过程中暴露出来的问题，对可以实现通用互换的零部件，尽可能通用化，以降低生产成本，保证可靠性，焕发老产品的青春。老产品技改时，应充分考虑新设计的零部件是否能为以后的产品所采用。

（四）系列化

系列化是对同一类产品中的一组产品通盘规划的标准化形式。它通过对同一类产品产需发展趋势的预测，结合自身的生产技术条件，经过全面的技术经济比较，将产品的主要参数、型式、尺寸等做出合理的安排和规划，以协调系列产品和配套产品之间的关系。

1. 产品系列化的作用

通过系列化可以减少不必要的多样性，这与简化的目的是完全一致的。产品的系列化通常是在简化的基础上进行的，即通过简化，将产品的多样化发展由无序状态变成有序状态。因此，系列化是简化的延伸。系列化摆脱了标准化最初独立地、逐个地制定单项产品标准的传统方式，可从全局考虑问题。简化是在品种盲目泛滥超过一般需要之后才进行的，而系列化则是为防止这种盲目的品种泛滥而预先做出的科学安排。所以系列化源于简化但高于简化，它不仅能够简化现存的不必要的多样性，而且还能够有效地预防未来不合理的多样性的产生，使同类产品的系统结构保持在一个相对稳定的最佳状态。

2. 产品系列化的内容

产品系列化包括制定产品参数系列、编制系列型谱和开展系列设计三方面的内容。

（1）制定产品参数系列。制定产品参数系列，就是对产品主要参数或基本参数的数值分级。确定参数系列的目的就是要将产品的主要参数或基本参数按数值进行合理分档，以便于经济合理地发展产品的品种规格。制定产品参数系列包括选择主参数和基本参数、确定主参数和基本参数的上下限及确定参数系列等。

（2）编制系列型谱。根据用户和市场的需要，依据对国内外同类产品生产状况的分析，对基本参数系列所限定的产品进行型式规划，把基型产品与变型产品的关系以及品种发展的总趋势用简明的图表反映出来，这样的图表就是系列型谱。型谱的形式不尽一致，要依情况而定。

产品系列型谱的作用主要有四个方面。一是指导产品发展方向、制定产品和技术发展规划的依据。二是根据型谱的产品品种，合理安排产品的发展计划和同类产品企业间的生产分工，充分发挥系列产品的优越性，提高专业化水平。三是既可以防止各企业盲目设计落后的、没有发展前途的品种，也可以避免不同企业同时设计同一型式的产品。四是可以起到整顿现有产品的作用，迅速发展新品种，满足社会多样性的要求，防止产品品种杂乱，使产品走向系列化的轨道。

（3）开展系列设计。对系列型谱所规定的各种结构型式，各个品种规格的同类产品进行集中统一的设计。它是以系列内最具有代表性、规格适中、用量较大、生产较稳定、结构较先进、结构和性能较可靠、有发展前途的型号为基础，对整个系列产品的总体设计和详细设计。

（五）组合化

组合化是按照统一化、系列化的原则，设计并制造出一系列通用性很强且能多次重复应用的单元，根据需要拼合成不同用途的物品的一种标准化方法。组合化是一种古老的标准化形式，它的特点是可以多次重复应用统一化单元，根据需要拼合成不同用途的物品。这种统一化单元，称为组合元，即在产品设计、生产过程中选择和设计的，独立存在的，可以通用、互换的，并具备特定功能的标准单元和通用单元。

1. 组合化的理论基础

组合化是建立在系统的分解与组合的基础上，即以系统论的观点为指导，把一个具有一定功能的产品视为一个系统。这个系统又可以分解成若干个功能单元。分解出来的某些功能单元不仅具有某种特定的功能，而且与其他系统的某些功能单元可以通用、互换，于是这类功能单元便可以分离出来，以标准单元、通用单元的形式存在，这就是分解。为了满足一定的要求，把事先准备好的标准单元、通用单元等组合元，按照新系统的要求进行有机地结合，组成一个具有一定功能的新系统，这就是组合。所以组合化既包括分解，又包括组合，是分解组合的统一。

组合化的本质是将组合元组合为物体，这些组合元又可重新拆装，组成具有新功能的新物体或新结构，而组合元可被重新利用。因此，组合化的应变机理就是以组合元的变化来应对需求的变化，可以通过改变组合元的种类或者组合方式，来实现不同的组合功能或结构。

2. 组合化的步骤

组合化设计主要由以下四个步骤构成。

（1）分析用户对产品的需求。可以通过树状图、质量功能展开等方法，结合产品标准确定产品的品种类型和结构。

（2）根据用户需求和产品结构，进行产品功能单元划分。

（3）组合设计。根据产品功能单元的划分，尽量从标准化件、通用件和其他可继承的结构和单元中选择新产品所需要的零件，尽量选用标准的结构要素，将原有技术和新技术进行组合，提高标准化成果的重复利用率。

（4）设计审查评价。对图纸等设计方案进行评审，保证设计的可用性。

组合化的原理和方法已被广泛应用于机械产品、仪表产品、工艺装备、家具等的设计与制造中，其中也采用了组合式建筑结构，在编码系统和计算机软件中，组合化得到了更为广泛的应用。

（六）模块化

模块化是综合了通用化、系列化、组合化的特点，用以解决复杂系统快速应变的标准化方法。把复杂的系统分拆成不同模块，并使模块之间通过标准化接口进行信息沟通的动态整合过程就称为模块化。

模块化有狭义和广义之分。狭义模块化是指产品生产和工艺设计的模块化。广义模块化是指把一系列产品、生产组织和过程等进行模块分解与模块集中的动态整合过程。

模块是模块化的基础，模块通常是由元件或子模块组合而成的、具有独立功能的、可成系列单独制造的标准化单元，通过不同形式的接口与其他单元组成产品，且可分、可合、可互换。

1. 模块化过程

模块化过程通常包括模块化设计、模块化生产和模块化装配。

（1）模块化设计。模块化设计包括现有模块改进、专用模块设计及其接口设计两种情形。

（2）模块化生产。模块化生产是指模块的制造。其制造过程中可能采用成组技术、计算机辅助制造技术、柔性制造系统等先进、高效的制造技术。

（3）模块化装配。模块化装配即先通过零部件的组合装配出具有不同功能的模块，再根据产品的结构和功能选择满足要求的模块，通过模块组合装配出满足顾客要求的产品。

2. 模块化的应用领域

模块化最初是制造业提出来的，组合机床可以说是模块化机床的雏形，后来推广到电器制造、仪器仪表制造和各种高精度测试设备的制造。当前，模块化已经扩展到工程等领域，模块化工程体现出"多、快、好、省"的优越性，模块化系统已经开始应用，模块化企业、模块化产业结构、模块化产业集群网络等已经成为经济学界的研究热点。

五、综合标准化

标准化的各种形式不是相互独立的，它们之间存在密切的关系。随着全球经济的快速发展和产业模块化发展，生产、经营各个环节之间的相互衔接、配套与支撑越来越重要，现代化生产、经营活动中的问题也表现出一定的系统性、多环节、多部门和多因素的特征，这就要求我们在实践应用中，围绕确定的目标，通过系统分析、统筹谋划、分步实施，综合运用各种标准化的基本形式，这也就形成了综合标准化方法。

（一）综合标准化的概念

1. 综合标准化产生的原因

标准化在技术与生产组织发生根本性变化的条件下，所面临的任务是必须解决新问题，寻求新的标准化形式和方法，使之与新的要求相适应，这样就提出了综合标准化这一现实的问题。

综合标准化理论起源于苏联，综合标准化的产生还有体制上的因素。我国标准化学者认为高度计划经济时代基本上是按行政系统、行政区划、行政层次来进行标准化管理。由于计划的不完善，加上行政管理的弊病，使标准之间经常不协调，这是不能完全适应生产力的发展的。特别是当代科技发展中，生产的组织管理、技术和经济等方面的联系日益复杂，急需解决许多对国民经济发展有重大影响的跨部门问题，要求各有关部门在较少地消耗劳动力资源、物质资源和财政资源的条件下，更充分地满足社会需要。在这样的情况下，提高标准的科学技术水平的任务，显然不能在一个部门范围内解决。这个问题在我国目前的情况下也很突出，要克服这一困难必须从根本上有一个转变。综合标准化的理论正好适应了这一需要，它从国民经济的整体利益出发，来处理和解决标准化问题。在工作方式上，它撇开了原有的行政部门的管理系统，按标准化对象的关系来组织标准化工作。

2. 综合标准化的定义

综合标准化理论于 20 世纪 60 年代诞生于苏联。1968 年苏联专家对综合标准化的定义是"综合标准化——使成为标准化对象的各相关要素的指标协调一致，并使综合标准化的实施日期相互配合以实现标准化，从而保证最全面、最佳地满足各有关部门和企业的要求。使用编制标准化计划的方法来保证综合标准化，计划中应包括制品、装配部件、半成品材料、原料、技术手段、生产准备和组织方法等。"

经过发展，1985 年苏联提出采用系统分析的方法建立标准综合体，并将综合标准化的定义修改为"综合标准化就是用系统分析方法建立的期限、执行者和以标准化方法为措施手段的相关综合体，在综合成就的基础上，不断提高满足社会需求的水平。"

《综合标准化工作指南》（GB/T 12366）对综合标准化的定义为："为了达到确定的目标，运用系统分析方法，建立标准综合体，并贯彻实施的标准化活动。"根据这一定义可知，实施综合标准化一是要确定明确的目标；二是要运用系统分析的方法；三是要建立标准综合体并贯彻实施。

3. 标准综合体的含义

标准综合体在《综合标准化工作指南》中定义为："综合标准化对象及其相关要素按其内在联系或功能要求以整体效益最佳为目标形成的相关指标协调优化、相互配合的成套标准。"

从上述定义可以看出，标准综合体具有如下特征。

（1）标准综合体是成套标准。标准综合体是紧紧围绕综合标准化对象及综合目标制定的系列标准，不是由少数一两个标准构成的，是与实现综合标准化目标有关的全部标准的集合，它所解决的问题是个既定的目标，围绕目标分解若干指标，形成协调、相互配合的一系列标准，这一系列标准缺一不可，具有成套性。

（2）标准综合体是综合标准化对象标准与相关要素标准的集合。标准综合体的编制依据是综合标准化对象及其相关要素。在编制标准综合体前需要制定与综合标准化对象相关的标准；同时为实现综合目标也需要制定相关要素标准进行规范。简言之，综合标准化对象标准是直接影响综合目标实现的要素标准，如原料、材料、配件、设备、基础设施等标准；综合标准化相关要素标准是间接影响综合目标实现的要素标准，如试验方法、设计、工艺方法等标准。

（3）标准综合体具有较强的整体性。标准综合体建立的依据是既定综合目标，因此综合标准体中的相关标准有一定的内在联系，每个标准都要服务于既定综合目标来进行制定，且均具备特殊功能，标准之间是相互协调、相互配合、缺一不可的。只有这些标准整体推进实施时，方可实现最终的综合目标，具有极强的整体性。

（二）综合标准化的方法论

综合标准化不仅是全新的标准化形式，更是全新的标准化方法。20世纪中期苏联在标准化实践中发现传统标准化工作难以解决遇到的新问题，特别是大量的复杂系统性问题，因此标准化工作者在标准化工作过程中积极探索，寻求新方法，也随之尝试将新发展的系统科学的思想应用到标准化工作中，最终解决了在实践中遇到的各种系统的、复杂的问题。经过不断总结实践，形成了综合标准化的思想，并应用这种思想不断指导新时代的标准化工作，逐步形成了标准化工作的新方法。

我国著名标准化专家李春田从"目标导向、系统分析和整体协调"三个方面总结了综合标准化的方法。

1. 目标导向

目标导向就是将标准化目的转化为标准化目标，并以目标为先导引领标准化全过程。综合标准化是以系统地解决综合性问题为目的，综合标准化处理的对象是由多个部分组成的整体系统，因此需要有由多个有机协调、相互支撑、互相呼应、优化配套的，具有特定功能的标准组成的一套标准方可实现，并使这个系统中的每个标准都能充分地发挥其功能，这就是目标导向。

2. 系统分析

系统分析方法是指把要解决的问题作为一个系统进行综合分析，找出解决问题的方法。系统分析的对象是整体系统，以整体效益为目标，寻求解决问题的最佳可行方案。而综合标准化工作的特点也是如此，在综合标准化的过程中不断伴随着分析、决策的交替发生。

3. 整体协调

整体协调就是为实现目标整体最佳，根据总的目标，要求标准之间相互协调配套，实现整体优化。整体性和最优化是系统科学的主要特点，其最优化就要依靠协调进行统一。而综合标准化的基础理论是系统科学，因此综合标准化工作应从需要解决问题的整体立场出发，用协调统一的方法，综合掌握标准化对象内部之间及与外部之间的关系，以实现最优化为原则来制定标准，搭建标准综合体。而传统标准化则就某一问题制定一个标准进行解决，当系统出现众多问题时，靠制定一系列标准来解决问题。表面上这些标准既不重复也不矛盾，但在实现最终目标时往往都存在偏差，甚至出现新的问题。20 世纪 60 年代苏联的实践充分证明了简单累加往往不能达到累加效应，根本原因就是简单累加忽视了整体和系统这两个概念，所以最终得到的结果也只是单一的，而不是系统的。

（三）综合标准化的基本原则

《综合标准化工作指南》（GB/T 12366）中明确指出综合标准化的基本原则包括以下四点。

一是将综合标准化对象及其相关要素作为一个系统开展标准化工作，范围明确并相对完整。

二是综合标准化的全过程应有计划、有组织地进行，以系统的整体效益（包括技术、经济、社会三方面的综合效益）最佳为目标，保证整体协调一致与最佳性，局部效益服从整体效益。

三是标准综合体内各项标准的制定与实施应相互配合，所包含的标准可以是不同层次的，但标准的数量应当适中，而且各标准之间应贯彻低层次服从高层次的要求。

四是充分选用现行标准，必要时可对现行标准提出修订或补充要求。积极采用国际标准和国外先进标准。标准综合体应根据产品的生命周期及时修订。

（四）综合标准化的特点

从综合标准化的定义以及综合标准化基础理论可以看出，相对于传统标准化而言，综合标准化具有目的性、成套性、整体性、敏感性、全过程管理、计划性和风险性的特点。

1. 目的性

综合标准化的定义充分体现了综合标准化最基本的属性——目的性。这里说综合标准化有目的性，不是说传统标准化就没有目的性，两者只是实现途径和范围不一样。传统标准化相对孤立分散，通过制定实施单一标准来实现。而综合标准化是根据综合标准化对象的分解，制定、实施多个标准来实现各个具体目标，是紧紧围绕综合标准化的总目标进行的，不是像传统标准化那样一味追求个别标准最佳，而是追求 $1+1 \geqslant 2$ 的综合效应。

2. 成套性

标准综合体是一套标准，它的建立和实施是综合标准化的关键。同时，综合标准化的综合目标得以实现，是需要制定一套标准并整体推进的。

系统学认为解决一个综合问题，需要将这个综合问题看成一个整体、一个系统。因为任何一个事物都是与其他事物存在普遍联系的，要解决一个事物的本质问题，不仅需要处理这个事物本身的问题，还需要处理好与之相联系的影响因素，全方位分析这个事物的问题，并制定解决方案。综合标准化，在确定综合对象和综合目标之后，经过对综合目标进行系统分析、分解，制定相关标准并一起实施。

3. 整体性

综合标准化的基础理论是系统学，系统学的首要特点就是整体性，整体性是综合标准化的主要特点之一。从综合标准化工作的核心内容看，综合标准化就是建立标准综合体，而标准综合体建立的依据是既定的综合目标，标准综合体中每个标准制定的依据是根据综合目标分解的分目标。因此，尽管从表面上看综合标准体是多个标准的集合体，但实质上这个标准综合体不是简单的传统标准的累加集合体，而是各具特殊功能、能够确保综合目标实现的标准的集合。其中每个标准如果单独来看可能还不是最佳的，但在一个综合体中却是最佳的。

4. 敏感性

整体性产生敏感性。标准综合体是一套整体协调、相互配套的标准组合，其中任何一个标准发生变化必然导致相关标准的作用产生偏离，最终影响整个标准综合体。为了确保整个系统相互协调，必须对其他标准进行相应调整，从而保证最后总目标不产生偏差。

因为敏感性使标准综合体具有对环境的动态适应性，所以在实施综合标准化时要充分考虑环境的要求。而且为确保最终目标得以实现，还必须密切关注环境变化，要根据环境变化随时进行标准综合体的调整。

5. 全过程管理

标准化的定义告诉我们，标准化是一个活动过程，这个过程是由一系列相互关联的活动组成，且每项活动是由一系列更具体的活动组成的子过程。传统标准化是由标准制定、标准实施和标准反馈三个环节组成。

综合标准化全过程管理是指通过对标准制修订建立的标准综合体实施后的监督检查反馈信息的调整和修订来实现最终目标的活动。

这个"全过程"实质上是个螺旋式上升的闭环管理，即是一个完整的策划—实施—检查—改进（PDCA）的循环过程。正是因为这个特点，综合标准化工作符合认识问题、分析问题和解决问题的一般规律，故能真正地解决很多复杂的问题。

6. 计划性和风险性

计划性是由综合标准化各个阶段所固有特性决定的。其实传统标准化也是有很强计划性的，但与综合标准化的计划性相比，在深度和广度上有着很大的差异，在前期的标准规划、中期的标准制修订和后期的标准实施方面尤为明显。综合标准化的每个阶段都有前后呼应的计划，每个计划均是每项工作的依据。

综合标准化也具有较强的风险性。因为综合标准化的工作过程是建立在对对象进行分析的基础上的，且随着环境变化要做出调整的。同时综合标准化的对象和目标不是标准制定者提出的。此外，综合标准化涉及众多环节，还要跨部门分工协作，涉及多人，一旦计划失控或某一环节脱节，风险性极大。加之综合标准化本身还具有敏感性，极易受环境变化的影响，一旦调整不及时或不到位，也会产生很大的问题。

（五）综合标准化的工作程序

《综合标准化工作指南》（GB/T 12366）中明确指出综合标准化工作程序分为准备阶段、规划阶段、制定阶段和实施阶段。

1. 准备阶段

准备阶段主要工作是确定综合标准化的对象和建立协调机构。在此阶段对综合标准化对象的现状、标准化状况及相关方基本情况进行调研，根据需要对选择的对象情况和需要的投入及预期产出进行可行性分析，并为确保后三个阶段的有效实施，根据综合标准化对象建立由相关方组成的协调机构。

（1）确定对象。综合标准化首先要选择工作对象。应结合科学技术发展与国民经济建设的需要，以经济性为原则，选择具有重大技术、经济意义和明显效益的对象，在一定范围内功能互相关联，通过纵横向协作解决相关参数指标协调与优化组合的问题。一个简单的、经济效益和相关效益不大的、用传统标准化即可解决的问题，使用综合标准化方法将造成资源的巨大浪费，甚至会将简单问题复杂化，变成了形式主义。

（2）调研。在综合标准化对象确定后，应调查对象的国内外发展现状、生产经营水平、标准化状况、所处的状态、与之相关因素的基本情况、相关因素之间关联性、存在哪些问题等。只有充分了解后，再进行有效性、意义性分析，才能合理确定相关目标和制定对策。

（3）可行性分析。根据调研的情况进行下列分析，为最终确定对象和目标做支撑：

——对象的意义是否重大。

——是否必须运用综合标准化方法。

——实施过程中所需人力、物力和财力情况。

——预期产生什么样的技术、经济、社会和生态等效益。

（4）建立协调机构。综合标准化有很强的计划性和全过程性，需要有领导、有组织地开展，因此需要建立有力的协调机构，并建立协调工作制度。同时综合标准化涉及的过程较多，涉及部门庞大，涉及的学科较广，还要跨行业，需要多方协助配合和支持方可有效实施。

2. 规划阶段

规划阶段主要是根据确定的综合标准化对象和情况，确定综合标准化的目标，再根据目标编制标准综合体规划。

（1）确定目标。任何一种活动都有自己的目的，有目的就要有目标。综合标准化相对传统标准化来说具有很明显的目的性，综合标准化本身就是以解决问题为目标的标准化活动。在确定综合标准化对象的过程中，实际上就要系统分析和确定：

——存在哪些主要问题。

——哪些影响因素需要解决。

——拟采取哪些方法解决哪些问题。

——最终要达到什么程度。

——预测发展的结果和实际可能。

——通过实施综合标准化后主要问题和影响因素达到什么样的理想状态。

——目标实现过程中的管理和考核等，确定的目标要明确化、具体化、可量化。

在综合目标确定过程中要用系统分析和系统论证的方法，在充分调查、研究、分析的基础上拿出多套方案，经过多方论证，最后确定一套多方认可的整体效益最佳的方案。

（2）编制标准综合体规划。综合标准化目标的综合性较强，单靠制定一个标准是无法实现的，需要制定一个标准综合体（一套标准）才能保证最终目标的实现。制定标准综合体需要事先谋划，各方工作才能有序开展。

编制标准综合体规划的基本原则如下：

——应由各有关部门共同参加编制。

——应同各部门的具体工作与计划任务相结合。

——应考虑所需的物资资源、劳动资源和经费。

——应附有编制说明和实施大纲。

编制标准综合体规划的程序如下：

——确定对象系统。根据对综合标准化对象的分析，确定对象总目标。

——对综合标准化对象及目标进行系统分析。明确综合标准化对象与相关要素及相关要素之间的内在联系与功能要求，并合理确定二者的范围，绘制综合标准化对象相关要素图或给出文字说明，说明其系统关系。

——确定系统的综合范围和深度，选择最佳方案。按工作流程确定标准综合体规划结构，列出综合标准化直接相关要素和间接相关要素，编制相关要素图。

——根据相关要素图，确定标准项目。编制跨部门实施计划，拟定需要制修订标准的内容和数量，并编制标准制修订规划和年度计划。

——编制标准综合体规划草案，明确标准综合体的构成。草案应包括能保证综合标准化对象整体最佳的所有标准，按照标准性质、范围系统地处理其分类。

——组织专家对标准综合体规划草案审议、认定，形成标准综合体规划。主要评审目标是否能保证，构成是否合理，标准是否配套，总体是否协调。

3. 制定阶段

制定阶段就是根据标准综合体的规划，通过制修订标准建成标准综合体。制定阶段的主要工作分为制定工作计划和建立标准综合体。

（1）制订工作计划。协调机构应根据标准综合体的规划，审查协调现有标准，在考虑标准之间的配套性、技术指标的合理性和时间的衔接性的基础上，制定统一的包括标准名称、标准主要内容和要求、适用范围、与其他标准的关系、标准主要起草单位和参加人员、标准实施起止时间等内容的标准制修订计划。

（2）建立标准综合体。建立标准综合体是综合标准化工作的关键步骤，此步骤主要是落实相关工作计划，确保实施阶段有标可依。为确保工作落实及时有效，协调机构做以下工作：

——应建立规章制度，确保各单位步调一致、信息共享、行动协调。

——督查分解目标使其在标准中得以落实。

——对标准制修订计划进行调整时，应不影响总体目标的实现。

——对标准验证时出现的问题应及时调整，直到符合总体目标要求。

——全部工作完成后，应总结建立标准综合体的全部工作。

4. 实施阶段

实施阶段就是将建立的标准综合体整体推进落实，并对综合标准化进行评价与验收。

（1）组织实施。协调机构应组织有关单位或部门，按规定的时间进行整体实施，实现综合标准化目标。

　　根据综合标准化的特点，在标准正式实施前，协调机构要编制好实施计划，做好标准宣贯、人员培训工作，准备好标准实施的必要条件，并细化分工，责任到单位或部门甚至到个人。在实施过程中，协调机构要做好跟踪检查将完整记录工作，及时反馈信息并处理相关问题，不断更新和充实标准综合体，确保标准综合体稳定运行。

　　（2）评价和验收。主管部门应组织评价和验收综合标准化工作取得的技术、经济、社会、生态等成果，分析总结实现目标的程度，系统分析未实现预期目标的原因并制定措施，有必要时再次实施。

第三章　农业标准化

农业标准化是标准化学科的一个分支，是标准化问题在农业领域中的应用与探索。农业标准化是为获得最大利益、保护环境和满足可持续发展要求，通过研制和集成标准，形成协调、统一的整体并落实到农业过程的活动。

一、农业标准化概述

我国是传统农业大国，农业生产关系国计民生，影响着社会和谐与稳定。随着各种新技术、新方法的出现，农业生产中需要通过农业标准化来解决农业科学实践和管理问题，以促进农业经济全面发展，提高农业综合效益，促进农业自然资源合理利用，提高可持续发展能力，解决农产品质量安全问题，提高农产品质量安全水平。

（一）农业标准化的概念

结合农业和农业标准的概念来理解农业标准化概念。

1. 农业

农业是人类通过社会生产劳动，利用自然环境提供的条件，通过生物（包括植物、动物和微生物）的生命活动过程取得人类社会所需要的产品的产业。

2. 农业标准

农业标准突出了标准的产业属性，根据标准的定义，农业标准是指在涉及农业领域内所形成的符合标准概念要求的规范性文件。

农业标准的适用范围，可以是一个企业、一个区域、一个国家或全球；农业标准是对农业活动或活动的结果规定的，是需要农业活动或活动的结果统一遵守的具有重复性的准则；其目的是使农业领域内的生产经营获得最佳秩序，实现社会最大效益。

按《标准化法》的规定，根据农业标准的适用范围和管理主体，农业标准分为国家标准、行业标准、地方标准、团体标准和企业标准五级。按农业标准的作用，农业标准分为技术标准、管理标准和工作标准三类。

3. 农业标准化

农业标准化是运用"统一、简化、协调、优化"的标准化原则，针对农业生产的产前、产中、产后全过程，通过制定标准、实施标准和监督检查，促进先进的农业成果和经验的推广，确保农产品的质量和安全，促进农产品的流通，规范农产品市场秩序，指导生产，引导消费，从而取得良好的经济、社会和生态效益，以提高农业生产水平和竞争力为目的的一系列活动过程。

农业标准化的对象就是农业。随着农业概念的逐步扩展和延伸、农业所属领域的扩大，农业标准化的对象范围也逐渐扩大。早期农业只包含种植业，然后逐渐扩大到养殖业（含畜牧业和渔业）和初级农产品加工业，随后又进一步扩展到为农业服务的其他部门，如农业行政管理、农业科研、农业教育、农村建设、农村综合改革和农业社会化服务等。概括起来说，农业标准化的对象包括种植业、养殖业、初级农产品加工业等农业行业以及农业行政管理和农业服务。标准主要表现在以下方面：

——农产品、种子的品种、规格、质量、等级、安全、卫生要求。

——试验、检验、包装、储存、运输、使用方法。

——生产技术、管理技术、术语、符号、代号等。

（二）农业标准化的特点

农业生产相较于工业生产而言，由于其对生命有机体的依赖性、农业过程的灰色性（如过程质量点的不确定性、农产品质量上的多层次性和标准操作上的弹性等）以及农业自然再生产与经济再生产的混融性等因素影响，农业标准化与工业标准化有着明显的不同，有其独特的特点。

1. 遵从生命有机规律性

农业的生命、有机过程一旦被启动，就由生命体、有机体自身以运行的固有规律（遗传规定），对环境进行感知和调节适应，内外通道的信息传递、平衡和应用由自身完成而且十分复杂，人们只能通过改变外部环境因素而间接调整生命体、有机体的运行过程和发展速度，在过程内没有任何机会使其长期停止或者使某个环节退回重来，即具有不可逆性。也因为这种特殊性，生命体和有机体的良好发育，又与相适应的环境密切地联系在一起，形成了生态选择上的不可分割体。如果为了加速发展而超越了其固有的规律，就会产生相反的结果。

2. 标准化过程的宽容性

农业生产与工业生产的重要区别在于：工业系统是由人类创造、在再发明和再创造的基础上提升人类发展能力的平台，因此工业标准化中的标准是不能有误差的，是精度极高的量化代表，落实标准的过程也具有极高精度；而农业系统是人类在自然基础上从事基本劳动的过程，农业标准化达到具体的标准水平时，不是工业中的"标准"概念，而是以"规程"（code）、"规范"（specification）、"要求"（demand）、"准则"（norm）、"制度"（regime）、"指南"（guide）等明显容许一定范围内误差的概念出现的，这在标准化上就表现出了相当大的宽容性。

3. 标准化管理的特殊性

与工业标准化相比，农业标准化在管理方面必将受到更多未知因素的限制，农业管理过程的严格性低、精度低，所以农业标准化管理不能只讲形式、轻视内容，一方面要注重内容的发展、配套形式的跟进；另一方面对于农业标准化过程要进行时刻研究和记录，提纯经验和做法，凝练因素和数据，以便对标准的精度和系统性进行迅速提高。

（三）农业标准化的基本原则

根据农业标准化方法原理，农业标准化应遵守超前预防、协商一致、统一有度、变动有序、互相兼容、系列优化、阶梯发展和滞阻即废八项原则。

1. 超前预防原则

农业标准化是解决在农业生产过程中实际发生或已被发现的问题，但农业问题的作用原理、问题的表现和问题发生的时间等极其复杂，在标准制定过程中和农业生产经营过程中往往仅注重解决已发生的问题，造成很多非标准化损失。因此，在农业标准化活动中尤其是农业标准制定过程中要充分将农业生产经营的经验与科学技术结合，系统思考。对环境保护、动植物安全等复杂的农业问题要超前预防，减少不必要的损失。

2. 协商一致原则

标准的定义说明标准是经相关方协商一致的结果，故从某种意义上讲，农业标准化活动具有一定的自愿性和协商性，在活动过程中相关方不能将标准强加给任何一方，这样农业标准才能真正得到贯彻实施，农业标准化才能在真正意义上发挥应有的作用，这也体现了为什么相关强制性标准在国际上需要在 WTO 成员之间进行公示并征求意见。同时，尽管某些发达国家和地区对农产品安全质量指标设置很高，但不会直接影响我国等发展中国家的农业生产，但如果我们的农产品要出口到这些发达国家和地区，事先未协商达成一致，则相关贸易活动将无法按标准执行。

3. 统一有度原则

标准的属性告诉我们，标准具有一定的统一性、可操作性。农业标准化具有很强的区域性，受自然因素影响较大，而标准还要反映生产水平，相关技术指标确定要依据科学技术和生产水平，如果简单一刀切必然导致两极分化。不同区域检测技术手段因区域经济条件不一致而不同，相关检测水平也各不相同，因此农业标准不能为了追求统一而丢弃适用，需要根据生产经营实际坚持统一有度的原则。

4. 变动有序原则

气候环境变化对农业生产有着根本性影响，同时随着经济的快速发展，科研能力的不断提升，农业科技成果日新月异。农业生产经营模式变化周期相对工业生产来说较短，只有按照程序适时对标准进行调整才能有效保证农业标准的科学性和适用性。如未按照程序进行充分论证分析，简单地调整个别指标或程序，还是无法起到应有的标准化作用。

5. 互相兼容原则

农业标准只有尽可能让不同产品、过程或服务实现互换和兼容，农业标准化才能产生更大的经济效益和社会效益。在标准制定过程中，对计量单位等基础性的项目应使用统一认可的制度，其技术指标使标准在使用过程中节省很多精力和资源。同时任何一个标准在某个方面单独起的作用往往不是很大，而放入一个体系中所起的作用可能会很关键，尤其是农业标准，如果互不兼容，将会导致系统紊乱，甚至造成巨大障碍与损失。

6. 系列优化原则

农业生产经营活动往往是综合性活动，涉及的环节较多。在这些活动中需要多个标准支撑，这些标准需要前后衔接、互相兼容、相互配套，才能使得整个生产经营活动顺利进行。只有这些标准达到系列优化，才能避免人力、物力、财力等资源的浪费。

7. 阶梯发展原则

农业标准化是集标准制定、标准实施和标准信息反馈处理于一体的闭环活动。随着生产方式等科学技术不断提高，人们对标准化、生产经营的认识水平也不断提高，经验积累越来越多，对标准的要求也越来越高，所以标准水平也应不断提高，长期下去必然呈阶梯式地促进经济发展。因此在标准化活动中不能破坏此原则，否则将是"拔苗助长"。

8. 滞阻即废原则

农业标准是农业生产经营的结果，是农业生产经营实践与科学技术结合的产物。哲学告诉我们，事物是不断发展的，科学技术是不断进步的，新生产经营方式也是不断产生和更替的。当生产经营活动变化到一定程度的时候，如果农业标准不进行更正或修订甚至废止，将严重制约生产力的发展，因此在从事标准化活动时务必坚持滞阻即废原则。

二、农业标准体系构成

农业标准按其作用分为农业技术标准、农业管理标准和农业工作标准。

（一）农业技术标准

农业技术标准是指在农业领域中为了技术规范和技术要求的协调统一而制定的标准。分为农业产品标准、农业技术规程、农业方法标准、农业物流标准、农业技术基础标准。

1. 农业产品标准

农业产品标准主要规定了农产品与农业投入品等的质量与安全要求、检验方法、判定规则及包装、运输、贮存等技术要求。

2. 农业技术规程

农业技术规程主要规定了农业投入品使用方法、农业生产方法、农产品加工方法，如施肥方法、病虫草害防治、繁殖等技术内容。

3. 农业方法标准

农业方法标准主要是指围绕检验农业产品质量等的检测方法、检疫方法、抽样方法、计算方法、操作规程等而制定的标准，如蔬菜中铜的测定方法。

4. 农业物流标准

农业物流标准主要是指对农业产品（农产品和农业投入品）包装、标志、运输、贮存等规定的技术要求。如对农产品保鲜设定场所及温度等的要求。

5. 农业技术基础标准

农业技术基础标准主要是指农业领域中通用的术语、符号和代号等。

（二）农业管理标准

农业管理标准是指为农业标准化领域中管理事项的协调统一而制定的标准，主要包括农业生产经营等活动过程中所涉及的人为资源、基础设施及安全卫生管理要求等。

管理标准的范畴主要涉及管理职责、管理程序、管理方法、管理内容、报告和记录等。

（三）农业工作标准

农业工作标准是指为农业生产经营涉及的工作岗位、岗位工作人员基本素质、工作内容、工作方法、岗位考核与奖惩等制定的标准。这些标准是为技术标准和管理标准服务的，这类标准的水平也反映了农业生产经营单位或部门的生产经营技术水平和管理水平，同时也是促进整个生产经营单位或部门生产经营科学性提高的关键。

三、农业标准化工作程序

农业标准化工作可分为准备阶段、规划阶段、制定标准阶段、实施阶段、评价阶段和总结改进阶段六个步骤。

（一）准备阶段

准备阶段的主要工作是确定对象、开展可行性分析和建立协调机构。

1. 确定对象

针对市场、竞争、管理、生态环境等方面的需求开展调研和分析。在调研的基础上，发现和识别需要通过农业综合标准化方法解决的问题。

针对提出的农业综合性问题，以经济性、社会性和生态性为重要准则，从国民经济和社会发展需要出发，结合当地农业产业发展规划，优先选择对国民经济建设和人民生活影响大的，具有重大技术意义和显著经济、社会及生态效益的农产品生产、农业经营活动和与农业直接相关的服务为综合标准化对象。

2. 开展可行性分析

针对提出的综合标准化问题与初步选定的综合标准化对象，开展系统分析和综合论证。可行性分析内容包括：技术的科学性与合理性；人力、物力和财力等客观条件；项目实施过程中可能存在的风险和困难；能否获得预期的经济、社会及生态效益等情况。

3. 建立协调机构

根据确定的农业综合标准化对象的范围和特点，建立由管理部门、科研部门、标准化部门和企事业单位的专业技术人员与管理人员组成的、有权威性的协调机构。协调机构根据工作需要，成立领导小组和若干工作小组，如标准制定工作组、宣贯工作组等。标准制修订和宣贯人员应有相应的资质，具备一定的专业技术能力和组织协调能力，人员组成结构合理。协调机构应在农业综合标准化项目立项后正式成立。在选题立项时，可先成立一个筹备协调小组，开展立项的可行性论证等工作。

协调机构负责农业综合标准化的准备、规划、制定、实施、评价、总结改进等全部活动的协调工作，包括组织协调、计划协调和技术协调。协调机构应根据农业综合标准化对象的特点和工作要求，建立有效的监督、激励和反馈等机制。

（二）规划阶段

规划阶段的主要工作是确定目标、设计标准综合体和编制标准综合体规划。

1. 确定目标

针对拟解决的农业综合标准化问题，以经济、社会和生态发展需求为导向，充分考虑农业的区域性、生物性、季节性等特点，选择一定时期和一定区域内的综合标准化对象应达到的总目标。

总目标水平应显著高于项目实施前的水平，同时高于全国同类项目目标的平均水平。在系统分析的基础上确定几个总目标备选方案，经过分析论证和比较，从中选出最佳的对象系统总目标。必要时建立数学模型，运用最佳化的方法和技术，进行各种目标的量化比较研究。

2. 设计标准综合体

根据确定的农业综合标准化对象与总体目标，系统分析相关要素、分解目标、确定标准项目，系统设计农业标准综合体框架，合理构成标准综合体。

（1）相关要素分析。找出相关要素，厘清相关要素关系，绘制出相关要素图。

（2）目标分解。根据综合标准化对象及其相关要素的内在联系和功能要求，考虑农业发展的实际需求和农业特性，结合当地技术和资源条件，对总目标进行分解，确定各相关要素达到的具体分目标。对各种可能的目标分解方案进行充分论证，从中选择和确定目标分解的最佳方案。通过科研项目、试验、技术措施等加以验证，根据验证结果，不断优化目标分解方案。

（3）选择整体最佳方案。系统地综合分析和评价"对象—目标—要素"系统各种可能方案的科学性、合理性与适用性以及预期综合效益，选择系统的整体最佳方案。

（4）确定标准项目。针对相关要素图和确定的要素具体目标，系统成套地列出所需要的全部相关标准。运用标准化的原理和方法，尽量减少标准层次。合理确定适当的标准数量，保证标准综合体中仅包含必需的标准。合理设置标准的相关指标，保证每项标准均能得到实施。对纳入标准综合体的全部标准逐项进行适用性和有效性分析，根据分析结果，提出继续有效、需要修订及需要新制定的标准项目清单。

（5）构成标准综合体。依据整体最佳方案，系统设计农业标准综合体结构框架。依据所确定的标准项目清单，按各项标准的性质、范围、内在联系及功能要求进行适当分类；对照农业标准综合体结构框架，成套配置相关标准，包括整个农业产业链及相关领域所需的全部现行标准和拟制修订标准，最终构成一个标准之间相互配套、相互协调、层次分明、功能完备的农业标准综合体。

3. 编制标准综合体规划

（1）编制规划草案。由协调机构组织编制标准综合体规划，作为协调解决跨部门综合标准化工作的依据，为编制标准制修订计划、建立标准综合体和确定相关科研项目等活动提供指南。

（2）审定标准综合体规划。协调机构组织有关专家对标准综合体规划草案进行审议、认定，形成正式的标准综合体规划。

（三）制定标准阶段

1. 制订标准制修订计划

由协调机构根据标准综合体中各项标准的相互关系和轻重缓急，制订统一的标准制修订工作计划，确定标准制定、修订的最佳时间顺序和工作进度。

2. 建立标准综合体

根据标准制修订工作计划要求，由协调机构统一组织需要制修订的全部具体标准的起草和审定工作，签订计划任务书，整体开展标准制修订活动，建立标准综合体。根据标准制修订工作的进展情况，通过试验、试用或示范工作进行标准整体验证。必要时，对一些技术难点开展技术攻关活动。

（四）实施阶段

制订标准综合体的整体实施方案和实施计划，提出标准整体实施要求，科学合理地明确实施进度，落实标准综合体实施所需的各项条件。

有关部门或单位应根据规定的各项目标准实施时间，实施进度安排，将各项标准及时贯彻，落地实施。

在实施后定期进行审查与修订，不断更新与充实标准综合体。应指定专人在标准实施过程中跟踪检查，记录实施过程中有关数据，做好信息反馈，为后期标准评价改进做好支撑。

（五）评价阶段

项目评价宜采取自我评价和外部评价两种方式结合进行。评价内容一般包括农业综合标准化过程评价和农业综合标准化效果评价。实施效果评价可重点从社会效果、经济效果和生态效果等方面进行。可采用定量分析与定性判断相结合的方法评价农业综合标准化项目。

（六）总结改进阶段

农业综合标准化项目实施完成后由协调机构组织项目总结和评估。根据项目考核评价结果，分析和总结项目实施活动过程中存在的问题与成功经验，进一步完善和提高农业综合标准化水平。在项目评价和总结的基础上，充分调查项目实施过程各环节中存在的主要问题和不足，找出问题产生的主要原因，有针对性地提出解决方法和改进措施。

四、农业综合标准化

农业综合标准化作为农业标准化重要的形式与方法，是农业标准化的最主要特征之一，其突出的特点是整体性和系统性。

（一）农业综合标准化概念

《农业综合标准化工作指南》（GB/T 31600）中对农业综合标准化的定义是："为了达到确定的目标，运用系统分析方法，建立农业标准综合体，并贯彻实施的农业标准化活动。"

农业综合标准化有两个关键环节：一是要制定一整套农业标准，这一整套农业标准就是农业标准综合体，是由密切相关的标准形成的有机整体；二是这一整套标准综合体制定出来之后，要按照其内在联系统一安排贯彻实施，否则便不可能收到农业综合标准化的效果。农业综合标准化以农业综合标准化示范区的形式进行示范与推广。

（二）农业综合标准化基本原则

农业综合标准化要遵循以下基本原则。

1. 目标导向原则

以目标为导向，针对目标来开展影响农业综合标准化及目标实现的相关要素分析、标准综合体规划、标准综合体建立与实施等一系列综合标准化活动，实现预期目标。

2. 系统优化原则

运用系统理论和方法，综合考虑和系统分析农业综合标准化各种相关要素，优化调整相关要素和具体指标参数，以系统整体效益最佳为目标，寻求解决农业综合标准化问题的最佳方案。

3. 整体协调原则

整体协调对象、要素、指标之间的相互关系，调整农业综合标准化对象及要素的相关内容和指标参数，确定最佳方案，保证标准综合体实施的整体效益大于各标准单个实施的累加效益。

4. 因地制宜原则

综合考虑农业的区域性、生物性、季节性等特性，依据农业资源条件、经济与技术发展水平、产业链长度等因素和条件，合理确定综合标准化的对象、目标和指标参数等。

（三）农业标准体系与农业标准综合体的关系

前面提到标准体系的概念为"一定范围内的标准按其内在联系形成的科学有机整体"，推而广之，农业标准体系即为"一定范围内的农业标准按其内在联系形成的科学有机整体"，也可以说农业标准体系是一种由农业标准组成的系统。农业标准体系与农业标准综合体均有由标准组成的系统的含义，表示标准之间的层次结构与相互之间的关系，但二者又有本质的区别，其中最主要的区别是出发点、编制原则、贯彻实施力度不同。

1. 从出发点来看

编制农业标准体系是为了加强对标准化工作的全面计划管理，对农业范围内的标准进行总体规划。从某种意义上说，它是把标准按照标准化管理层次进行分类汇总。从标准化管理的角度来说，编制农业标准体系是加强标准顶层设计的一项重要的基础性工作，也是标准化工作的重要手段，为实现标准管理决策提供一定的依据。编制农业标准综合体规划，则是通过编制规划，合理地确定综合标准化的范围和深度，以保证其目标的实现。

2. 从编制原则来看

农业标准体系编制在于追求一定范围内的标准的完整性。但是标准体系并不能保证相关标准之间的内在协调关系，不能产生总体效果。因而，无法保证解决整体是否最佳的问题。编制标准综合体规划，在于追求实现标准综合体内各项标准之间的协调优化和指标之间的有机联系。综合标准化不仅包括编制标准综合体规划，还包括标准综合体的制定、修订与实施，并围绕这一中心来开展农业标准化工作。农业标准综合体不但要求标准完备，而且标准之间要具有相容性、协调性，以保证达到总体最佳效果。而对于与总体目标没有直接联系的标准，不应纳入标准综合体。

3. 从标准贯彻实施来看

农业标准体系更多的是指导农业标准的顶层设计，其对标准的贯彻实施力度要求不大，即使没有深入贯彻实施标准体系，也并不影响标准体系的构建运行。而农业标准综合体则注重标准的贯彻实施以及对实施效果进行评价，从而实现农业综合标准化的目标。

第四章　现代农业全产业链标准化

2021年，党中央、国务院印发《国家标准化发展纲要》《中共中央　国务院关于全面推进乡村振兴加快农业农村现代化的意见》，要求加快健全现代农业全产业链标准体系。2022年，农业农村部启动现代农业全产业链标准化示范基地建设，2023年公布了第一批178个国家现代农业全产业链标准化示范基地创建单位名单。

一、现代农业全产业链标准化工作背景

2018年以来，中央一号文件中多次提及全产业链并不断丰富完善，逐步形成农业全产业链标准化的概念，农业农村部探索细化了全产业链标准化的重点工作，开展现代农业全产业链标准化试点工作，创建国家现代农业全产业链标准化示范基地，引领农业产业高质量发展。

（一）中央一号文件多次提及全产业链

2018年的中央一号文件提出：构建农村一二三产业融合发展体系，大力开发农业多种功能，延长产业链、提升价值链、完善利益链，通过保底分红、股份合作、利润返还等多种形式，让农民合理分享全产业链增值收益。

2020年的中央一号文件提出：发展富民乡村产业，支持各地立足资源优势打造各具特色的农业全产业链，建立健全农民分享产业链增值收益机制，形成有竞争力的产业集群，推动农村一二三产业融合发展。

2021年的中央一号文件中首次提出全产业链标准体系，明确要求：加快健全现代农业全产业链标准体系，推动新型农业经营主体按标生产，培育农业龙头企业标准"领跑者"，立足县域布局特色农产品产地初加工和精深加工，建设现代农业产业园、农业产业强镇、优势特色产业集群。

2021年11月，国务院印发的《"十四五"推进农业农村现代化规划》提出，推进中国特色农业农村现代化必须坚持十个战略导向，要立足国内基本解决我国人民吃饭问题，巩固和完善农村基本经营制度，引导小农户进入现代农业发展轨道，强化农业科技和装备支撑，推进农业全产业链开发，有序推进乡村建设，加强和创新乡村治理，推动城乡融合发展，促进农业农村可持续发展，促进农民农村共同富裕；强调提升农业标准化水平，建立健全农业高质量发展标准体系，制修订粮食安全、种业发展、耕地保护、产地环境、农业投入品、农药兽药残留等标准，强化农产品营养品质评价和分等分级。开展农业标准化示范创建，加快现代农业全产业链标准化。

（二）农业农村部细化了全产业链标准化的重点工作

农业农村部根据中央一号文件精神，启动了现代农业全产业链标准化试点工作，并细化了"十四五"末的建设目标。

1. 开展现代农业全产业链标准化体系建设工作

2021 年 3 月，农业农村部印发了《农业生产"三品一标"提升行动实施方案》，以加快选育推广高产优质多抗新品种，提高农产品品质，创建农业品牌，全产业链拓展增值空间，提升农业质量效益和竞争力。明确推动现代农业全产业链标准化，按照"有标采标、无标创标、全程贯标"的要求，加快产地环境、投入品管控、农兽药残留、产品加工、储运保鲜、品牌打造、分等分级关键环节标准的制修订，推动建立现代农业全产业链标准体系，开展 30 个产品全产业链标准化试点，建设 300 个现代农业全产业链标准集成应用基地，培育一批农业企业标准"领跑者"。至此，试点开启现代农业全产业链标准化体系建设工作。

2. 开展现代农业全产业链标准化试点工作

2021 年 4 月 19 日，农业农村部印发《农业农村部关于开展现代农业全产业链标准化试点工作的通知》，将现代农业全产业链标准化试点工作的指导思想、总体目标、实施重点、实施方式和工作要求等内容进行了具体安排，明确了四项重点工作。

（1）指导思想。以习近平新时代中国特色社会主义思想为指引，深入贯彻党的十九大，十九届二中、三中、四中、五中全会和中央农村工作会议精神，全面落实习近平总书记关于"四个最严""产出来""管出来"重要指示精神，立足新发展阶段、贯彻新发展理念、构建新发展格局，以高质量发展为主题，以提升农业质量效益和竞争力为主攻方向，突出品种培优、品质提升、品牌打造和标准化生产，构建以产品为主线、全程质量控制为核心的现代农业全产业链标准体系，试点打造一批全产业链标准化基地，培育一批高标准引领的绿色优质农产品精品，选树一批标准化带动特色农产品产业发展和质量提升的示范典型，为保障农产品质量安全、增加绿色优质农产品供给和推动农业高质量发展提供有力支撑。

（2）总体目标。"十四五"期间，试点构建 30 个农产品全产业链标准体系及相关标准综合体，制修订相关标准 200 项，遴选命名现代农业全产业链标准化基地 300 个，按标生产培训 5 万人次，培育一批全国知名的绿色、有机和地理标志农产品，全产业链标准化协同推进机制基本形成。

（3）实施重点。

一是构建以产品为主线的全产业链标准体系。选择一批影响力大、带动力强、产业基础好的农产品，以产品为主线，以强化全程质量控制、提升全要素生产率、促进产业融合发展为导向，开展全产业链标准体系梳理、比对分析和跟踪评价。按照"有标贯标、缺标补标、低标提标"的原则，编制全产业链标准体系表，加快产地环境、品种种质、投入品管控、产品加工、储运保鲜、包装标识、分等分级等关键环节标准的制修订，逐步建成布局合理、指标科学、协调配套的全产业链标准体系。

二是集成与各地生产模式相配套的标准综合体。结合各地优势产区的种养品种和生产模式，以全产业链标准体系表为指引，按照国家标准《农业综合标准化工作指南》（GB/T 31600）及有关要求，因地制宜集成一批特色鲜明、先进适用、操作性强的标准综合体。支持各地以地方、团体或企业标准等适当形式发布标准综合体。指导推动各地将标准综合体转化为简便易懂的生产模式图、操作明白纸和风险管控手册，确保生产经营和管理者识标、懂标、用标。

三是打造以质量提升为导向的全产业链标准化基地。聚焦优势产业产区，充分发挥农业技术优势单位的技术支撑和各级农业农村部门的组织协调作用，遴选命名一批基础好、技术水平高、产业带动力强的全产业链标准化基地。严格落实农业绿色发展、全程质量控制等相关标准，强化生产档案记录和质量追溯管理，推行食用农产品达标合格证制度，加强绿色、有机和地理标志农产品认证，培育一批质量过硬、品牌叫得响、带动能力强的绿色优质农产品精品。

四是构建以基地为载体的全产业链标准实施机制。以标准化基地为主体依托，组织开展"四个一"贯标活动，即编制一套简明适用的标准宣贯材料，组建一支根植基层的标准专家服务队伍，组织一批有影响力的观摩培训活动，培育一批绿色优质农产品精品。充分发挥基地示范带动作用，提升新型农业经营主体标准化生产能力，带动小农户按标生产。组织开展全产业链标准体系及相关标准综合体的实施应用跟踪评价，不断优化标准体系，提升标准实施水平。

3. 创建国家现代农业全产业链标准化示范基地

2022年，农业农村部持续推动现代农业全产业链标准化相关工作，印发《农业农村部关于开展国家现代农业全产业链标准化示范基地创建的通知》，开展国家现代农业全产业链标准化示范基地创建，统一纳入农业高质量发展标准化示范项目管理。

（1）总体目标。到"十四五"末，在全国创建300个左右国家现代农业全产业链标准化示范基地，打造标准化引领农产品质量效益竞争力提升的发展典型和两个"三品一标"协同发展的示范样板。

（2）重点任务。一是构建现代农业全产业链标准体系。以产品为主线，以强化全程质量控制、提升全要素生产率、促进融合发展为目标，聚焦产业链关键环节，开展标准梳理、比对分析和跟踪评价。按照"有标贯标、缺标补标、低标提标"的原则，加快产地环境、品种种质、投入品管控、产品加工、储运保鲜、包装标识、分等分级、品牌营销等方面标准的制修订，着力构建布局合理、指标科学、协调配套的现代农业全产业链标准体系。

二是提升基地按标生产能力。建立健全基地标准化制度体系和实施激励机制。支持基地开展生产、加工、储运、保鲜等环节设施设备标准化改造，改善标准化生产条件。推行绿色生产技术和生态循环模式，制定与技术模式相配套的标准综合体，编制简明易懂的模式图、明白纸和风险管控手册。建立标准化专家队伍，开展标准宣贯培训，推动标准规程"进企入户"。构建产加销一体的全链条生产经营模式，提升各环节数字化、标准化水平。

三是加强产品质量安全监管。强化生产者主体责任，加强产地环境和投入品使用管理。建立生产记录制度，完善农事操作和种植养殖用药记录档案，建立基地内检员队伍，落实自控自检要求，规范出具承诺达标合格证。推行质量追溯和信用管理，推动建立信息化质量控制体系。实施网格化管理，加强基地日常巡查检查，鼓励基地设立标牌，明示种养品种、地域范围、技术模式、责任主体等内容，推动质量安全情况公示上墙。

四是打造绿色优质农产品精品。以绿色、有机、地理标志、良好农业规范等农产品为重点，培育绿色优质农产品精品。建立农产品营养品质指标体系，开展特征品质指标检测与评价，推动分等分级和包装标识。打造绿色优质农产品区域公用品牌、企业品牌和产品品牌，加强农批、商超、电商、餐饮、集采等单位与基地对接，培育专业化市场，建立健全优质优价机制。

五是提升辐射带动作用和综合效益。支持基地采取"公司＋合作社＋农户"、订单农业等模式，通过统一品种、统一技术、统一管理，带动区域标准化生产和产业升级。开展专业化全程化生产技术服务，将小农户纳入标准化生产体系，建立利益联结机制，促进农民增收，巩固脱贫攻坚成果。依托产业化龙头企业，培育标准化领军主体，促进标准与产业、技术、品牌、服务深度融合，提升经济、社会和生态效益。

国家现代农业全产业链标准化示范基地创建工作进一步强化了现代农业全产业链标准体系建设，细化了目标任务，突出了绿色优质和辐射带动，将现代农业全产业链建设目标进一步细化，强调了辐射带动小农户，促进农民增收，巩固脱贫攻坚成果，有效衔接全面推进乡村振兴，格局和视野得到了更高层次的升华。

二、现代农业全产业链标准化的概念

《现代农业全产业链标准化技术导则》（NY/T 4164）中对全产业链的定义是：指研发、生产、加工、储运、销售、品牌、体验、消费、服务等全链条各环节和主体紧密关联、有效衔接、耦合配套、协同发展形成的有机整体。

现代农业全产业链就是农业研发、生产、加工、储运、销售、品牌、体验、消费、服务等全链条各环节和主体紧密关联、有效衔接、耦合配套、协同发展形成的有机整体，且全链条各环节、各主体按照相应的标准规范操作，提升农业质量效益。

三、现代农业全产业链标准化的意义

在"三农"工作重心转向全面推进乡村振兴、全面推进实施乡村振兴战略的大背景下，推动现代农业全产业链标准化工作，有利于推进农业现代化，提升粮食等重要农产品供给保障水平，提升农业质量效益和竞争力，提升产业链供应链现代化水平；推进农村现代化，建设宜居宜业乡村，建设绿色美丽乡村，建设文明和谐乡村；推进巩固拓展脱贫攻坚成果，有效衔接全面推进乡村振兴。

四、现代农业全产业链标准化基本原则

结合《现代农业全产业链标准化工作指南（试行）》和《现代农业全产业链标准化技

术导则》（NY/T 4164），现代农业全产业链标准化遵循以下四个原则。

（一）先进引领

以资源节约、绿色生态、产出高效、产品高质为导向构建现代农业全产业链标准综合体，注重先进技术、模式、经验的转化应用，充分发挥标准引领作用，促进提升农业质量效益和竞争力。

（二）系统全面

以产品为主线，系统考虑全产业链标准化相关要素，以整体效益最佳为目标确定各要素的内容与指标，形成涵盖标准研究、制定、应用的协同实施机制，促进提升现代农业全产业链标准综合体实施的整体效益。

（三）整体协调

全链条各环节、各要素、各指标之间的关系应整体协调，调整农业综合标准化对象及要素的相关内容和指标参数，保证全产业链标准综合体实施的整体效益大于各标准单个实施的累加效益。

（四）因地制宜

综合考虑区域特色、产业水平、发展需求和基础条件，合理确定现代农业全产业链标准化的预期成效和适用措施，保持标准综合体动态跟踪评价，确保标准的适用性和可操作性。

五、现代农业全产业链标准化建设方法

现代农业全产业链标准化按照以下步骤建设。

（一）标准化项目选择

选择标准化项目应充分考虑产品、区域和目标，经评估论证后确认选择的项目。

1. 标准化项目提出

（1）产品选择。优先选择影响力大、带动力强、产业基础好的农产品。选择时可着重考虑是否为影响国计民生的粮食和重要农产品；是否为满足人民多样需要的优势特色农产品；是否为区域产业链条完整的农产品；是否为具有多功能性的农产品；是否为标准化基础好、集约化程度高的农产品。

（2）区域选择。结合产业特色、区域主推品种和生产模式，优先选择主导产业地位突出、生态环境良好、技术创新能力强、基础设施完善的代表性和典型性区域。

（3）目标确定。结合相关产业国内外发展状况、技术发展趋势、产业发展需求和实施区域产业基础条件及创新能力，合理确定全产业链标准化应达到的总体目标。总体目标可包括产业链发展水平优化提升；产品产量和质量安全水平提升；产业标准化实施能力提升；产品认证数量和品牌影响力提升；经济、社会和生态效益提升等。

2. 标准化项目确定

对提出的标准化项目的内容与目标，所需的人力、物力、财力等以及实施过程中可能存在的风险和困难等进行分析评估，通过可行性论证后，确定项目任务。

（二）标准综合体构建

确定标准化项目后，要构建标准综合体。

1. 提出关键要素清单

围绕产品全产业链条的各环节和相关主体，系统分析影响全产业链标准化实施目标的相关要素及其内在联系，明确相关要素的作用、功能与层次，提出关键要素清单。

2. 制定标准体系表

根据国家标准《标准体系构建原则和要求》（GB/T 13016）的规定，制定标准体系表包括编制标准体系结构图、标准明细表、标准统计表和标准体系表编制说明。编制标准体系表时应综合考虑产业特点、发展状况、技术条件和资源条件，以各关键要素协同实现全产业链标准化实施目标的整体最佳方案为基础确立标准体系表。整体最佳方案的选择方法参考国家标准《农业综合标准化工作指南》（GB/T 31600）和《综合标准化工作指南》（GB/T 12366）。以全产业链各环节为主要维度构建标准体系框架，编制标准体系结构图，合理设置标准体系的各子体系。广泛收集相关领域的国际标准、国家标准、行业标准、地方标准、团体标准、企业标准，对相关标准逐项进行适用性和有效性分析，提出拟采用的现行标准、需要制定或修订的标准，编制标准明细表。

3. 组织标准制修订

根据标准体系表中列出的标准制修订需求制定标准预研和制修订计划，整体推进标准制修订工作。已有现行标准且能满足实施目标要求的，应直接采用现行标准；现行标准不能满足实施目标要求或没有相应现行标准时，应修订或制定相应的标准。针对标准制修订的技术难点，应设立科研攻关项目，确保标准研制的实效和质量水平。

4. 集成标准综合体

标准制修订工作完成后，根据标准体系表成套配置相关标准，建立全产业链标准综合体。针对不同行业，确立适宜的综合体要素。

（1）以种植业产品为对象的全产业链标准综合体，可包括产地环境、品种选育、投入品使用、田间管理、病虫害防治、产品采收、采后商品化处理、储运保鲜、生产加工、包装标识、废弃物资源化利用、产品质量、检测方法、品牌建设、休闲农业、社会化服务等标准。

（2）以畜禽养殖业产品为对象的全产业链标准综合体，可包括养殖环境、品种选育、投入品管控、养殖管理、疫病防治、生产加工、包装标识、储存运输、废弃物资源化利用、产品质量、检测方法、品牌建设、休闲农业、社会化服务等标准。

（3）以水产养殖业产品为对象的全产业链标准综合体，可包括养殖环境、品种选育、投入品管控、养殖管理、疫病防治、捕捞、生产加工、包装标识、储存运输、废弃物资源化利用、产品质量、检测方法、品牌建设、休闲农业、社会化服务等标准。

5. 评审标准综合体

全产业链标准综合体建立后，应组织专家对全产业链标准综合体的科学性、协调性、先进性、适用性等进行评审。

6. 发布标准综合体

以地方标准、团体标准或企业标准等形式发布全产业链标准综合体。

（三）标准综合体实施

通过加强宣贯和组织实施等方式，确保建立的标准综合体落地落实。

1. 标准宣贯

将全产业链标准综合体转化为简明易懂的生产模式图、操作明白纸和风险管控手册等宣贯材料，通过多种形式开展全产业链标准化宣贯培训，鼓励结合农业社会化服务开展标准宣贯和推广指导。

2. 组织实施

选择标准化基础好、技术引领性高、产业带动力强的新型农业经营主体，作为全产业链标准综合体的实施示范主体，开展全产业链标准化示范基地创建，带动实施区域内其他新型农业经营主体开展全产业链标准化。

（四）标准综合体评价与提升

通过跟踪评价的方式，及时收集标准综合体运行过程中发现的问题，并针对性地进行改进提升，确保标准综合体科学有效，助力产业提质增效。

1. 跟踪评价

一是在全产业链标准综合体实施过程中，实施主体应实时跟踪验证标准综合体的适用性和可操作性，收集记录问题及意见建议。二是全产业链标准综合体实施两年后，应组织对实施目标完成情况、经济效益、社会效益和生态效益等方面进行整体评价。分别按照《标准化效益评价 第1部分：经济效益评价通则》（GB/T 3533.1）和《标准化效益评价 第2部分：社会效益评价通则》（GB/T 3533.2）规定的原则和方法进行经济效益、社会效益的评价。

2. 改进提升

根据全产业链标准综合体实施过程中的跟踪反馈情况与实施后的评价结果，分析和总结存在的问题与成功经验，不断优化完善全产业链标准综合体，改进全产业链标准综合体实施措施，持续提升现代农业全产业链标准化水平。

六、现代农业全产业链标准化评价与提升

客观评价现代农业全产业链标准化作为推进现代农业全产业链标准化的重点工作之一，要根据评价对象的特点，构建科学合理的农业标准化实施效益评价体系，完善效益评价程序，客观评价全产业链标准化产生的经济效益、社会效益和生态效益。

（一）评价原则

1. 全面性原则

评价与提升要着眼于生产领域和非生产领域，全面考虑经济效益、社会效益、生态效益发生的环节。

2. 简易性原则

评价和计算方法应通俗、可操作、简便易行。

3. 准确性原则

依据准确可靠的数据，避免同一效益在不同环节上的重复计算。

4. 实用性原则

强调明确评价的目的、范围、对象和目标受众、结果的应用。

（二）评价程序

张星联、钱永忠等认为，现代农业全产业链标准化综合效益评估要结合传统的标准评价程序，主要包括构建综合效益评价指标体系、开展产业调研和数据收集、量化综合效益评价模型和给出综合效益评价结论和政策建议。

1. 构建综合效益评价指标体系

构建一个科学、合理的评价指标体系是客观评价现代农业全产业链标准化综合效益的关键。在设计和筛选具体的指标时，应当考虑评价指标数量要总体适中，行之有效，且能够在一定指标数量范围内最有效地客观反映现代农业全产业链标准化效益的特征性和目标性。对现代农业全产业链标准化的综合效益评价涉及经济效益评价、社会效益评价和生态效益评价三个主要部分。

评价指标是整个评价指标体系的基础要素，高质量的评价指标体系源于科学合理的评价指标。因此，在细化综合效益评价指标时，要遵循科学性、代表性、系统性、可操作性等原则对评价指标进行筛选和整合。科学性体现在以科学的方法分析并提出指标，且指标有针对性，能够真实反映三方面的效益，具有明确的评价意义；代表性体现在筛选出的指标能够客观、全面、真实地反映全产业链标准化带来的各种影响，具有代表性；系统性体现在指标的选择应考虑单个评价指标和整个指标体系的关系，要从系统整体出发选择合适的评价指标，同时指标之间的界限要清晰，避免相互干扰；此外，指标还应便于收集和量化，具有可操作性。

2. 开展产业调研和数据收集

产业调研和数据的收集梳理是全产业链标准化综合效益评价中的重要一环，深入全面的产业调研和真实数据的收集处理是准确、客观评价现代农业全产业链标准化综合效益的重要基础。根据现代农业全产业链标准化综合效益评价指标体系中的指标设定，围绕产业实际，开展农业产业调研，深入了解产业特点，采取抽样问卷调查、专家调查、实地调研等方法，以获取完整、准确的数据。

3. 量化综合效益评价模型

由于在调查统计中既涉及定量指标也涉及定性指标，因此可采取常用的概率统计法、层次分析法、模糊综合评价法、灰色综合评价法等方法进行综合评价。在实际评价过程中，当定量指标较少，且专家给出的评价指标期望最优时，可采用灰色理论结合层次分析法进行半定量的综合评价，以获得相对客观、全面的评价结论。

层次分析法

层次分析法（Analytic Hierarchy Process，AHP），本质上是一种决策思维方式，它把复杂的问题分解为各个组成因素，将这些要素按支配关系分组形成有序的递阶层次结构。通过两两比较的方式确定层次中诸因素的相对重要性，然后结合人的判断以决定诸因素相对重要性的顺序。

基本步骤：

（a）递阶层次的建立，即要把问题条理化、层次化。构造出一个层次分析的结构模型。

（b）构造两两比较判断矩阵。层次分析法所采用的导出权重的方法是两两比较的方法。

（c）单一准则下元素相对权重的计算。根据判断矩阵计算相对权重，宜采用和法、根法、特征根法和最小平方等方法计算。

（d）计算各层元素对目标层的合成权重。

（e）对方案进行综合评价。

优点：层次分析法的优点在于其决策过程体现了人们的决策思维的基本特征及其发展过程，即分解、判断、排序、综合，从而可充分利用人的经验与判断，并采用一定的数量计算方法来解决一些半结构化决策问题和无结构化决策问题。该方法特别适用于具有定性的或定性、定量兼有的决策分析，其核心功能是对方案进行排序达优。

应用上的局限性：

（a）层次分析法主要针对基本方案确定的决策问题。

（b）层次分析法得出的结果是粗略的方案排序。

（c）人的主观判断、选择对层次分析法的分析结果影响较大，使得利用层次分析法进行决策的主观成分较大。

4. 给出综合效益评价结论和政策建议

依据数据量化的结果，采用多级评价方法对经济效益、社会效益和生态效益进行描述。按照 Likert 五点尺度量表法，将效益评价分为非常不显著、不显著、一般、较显著、显著 5 个等级。评价分数越高，说明效益越显著。实践中，还可根据需要，将系统层的经济效益、社会效益和生态效益进行赋权，以获得综合效益评价得分及等级结果。根据三方面的效益评价结论，结合产业实际，针对性地提出改进措施和建议，以动态调整全产业链标准综合体，从而提升现代农业全产业链标准化水平。

（三）评价指标

1. 经济效益评价指标

在经济效益评价中，主要通过营运指标来量化全产业链标准化带来的影响，并将这些影响按照各环节功能进行分类合并。其中，大部分评价指标为定量指标，需将各环节标准化对营运指标的影响进一步转化为对利润的贡献，即将影响转化为货币形式，一般用息税前利润（EBIT）来表示。并在此基础上，整合获得全产业链标准化的贡献率，得到全产业链标准化经济效益评价结果。

经济效益评价指标是衡量全产业链标准化实施后产生的经济效益。借鉴国际标准化组织方法论和国家标准《标准化效益评价第 1 部分：经济效益评价通则》（GB/T 3533.1）中价值链分析法开展经济效益评价。首先，明确示范基地的关键价值驱动因素；其次，全面分析全产业链标准化在基地价值链中的应用环节，并识别标准综合体对基地产业全链条相关活动的影响，如规范了基地环境质量、改善了基地苗木质量和技术管理水平等；最后，筛选出标准化综合体影响基地价值链的关键营运指标，即经济效益评价指标。一般地，从生产全链条来看，关键营运指标包括投入品成本、单位耗能、生产加工效率、采后损耗、产品合格率、单位面积产量、产品质量等级等。可以分阶段重点评价以下指标。

（1）管理阶段：招聘费用的减少；员工培训时间的缩短；员工培训费用的减少；人力资源管理的人力成本的节约；流动资金占用的减少等。

（2）研发阶段：新产品研发时间的缩短；工艺设计时间的缩短；设计误差的减少；设计成本的降低；实验、试验费用的减少等。

（3）采购阶段：采购产品质量的提高；采购时间的减少；采购人员成本的减少等。

（4）入厂物流阶段：库存周转率的增加；仓库面积利用率的增加；仓库容积利用率的增加；原材料入库时间的缩短、入库成本的降低；信息沟通时间的缩短等。

（5）生产或运营阶段：产品合格率的提高；产品合格率提高获得的节约；材料费的节约；劳动生产率的提高；生产准备时间的减少；生产周期的缩短；设备故障率的降低；生产批量的增加等。

（6）出厂物流阶段：产品仓储费用的减少；库存周转率的增加；仓库面积利用率的增加；仓库容积利用率的增加；产品包装费用的节约；产品运输成本的减少；产品出厂运输准备时间的减少；信息沟通时间的缩短；包装容器周转次数增加获得的节约；产品运输中损耗的节约；员工培训时间的缩短等。

（7）营销和销售阶段：销售量的增加；销售额的增加；销售费用的节约；内部信息沟通效率的提高；员工培训时间的缩短；渠道关系维护成本的降低；市场开拓时间的缩短；达成协议时间的缩短等。

（8）售后阶段：售后服务人员数量的减少；售后服务工时数的减少；顾客满意度的增加；员工培训时间的缩短等。

2. 社会效益评价指标

在社会效益和生态效益评价中，由于大部分评价指标为定性指标和半定量指标，可根据获取到的相关产业基础数据、社会性基础数据及专家定性评价分数，进行效益评价指标赋值，并采用德尔菲法、层次分析法、熵权法等进行确权和排序。每种方法各有优劣，实际上，多采用两种或多种评价方法相结合的方式，以避免单一方法引起的不确定性，以提升指标权重的客观性。如采用熵权法和层次分析法结合的方式修正确权，直至获得最终的评价结果。

社会效益评价是衡量全产业链标准化实施后产生的社会效益。社会效益主要涉及社会保障、公共利益、文化教育、服务水平等方面，由此，需结合具体产业性质来筛选确定社会效益评价的三级关键指标，以构建科学、系统的社会效益评价指标体系。其中，社会保障主要包括农户收益、当地就业等，公共利益包括产品品牌化、公共安全、示范带动力等，文化教育包括农户文化程度等，服务水平包括消费者满意度、服务质量等。

3. 生态效益评价指标

生态效益评价是衡量全产业链标准化实施后带来的生态效益，重点从促进绿色发展和生态环境保护的角度来评价。因此，生态效益指标主要围绕资源环境、生态环境、废弃物等方面，结合具体产业性质确定生态效益评价的三级关键指标。其中，资源环境包括土地资源、水资源、环境资源等，生态环境包括土壤质量、气候条件、物种多样性等，废弃物包括废弃物排放等。

下篇 实践篇

第五章 北京市现代农业标准体系构建

根据北京市农业产业特点和"十四五"时期农业农村现代化规划重点任务，北京市现代农业标准体系分为 10 个标准子体系，通过标准收集和整理，初步构建了代农业标准体系。

一、标准体系建设依据

北京市农业农村标准体系以实施乡村振兴为目标，以《国务院关于印发"十四五"推进农业农村现代化规划的通知》（国发〔2021〕25 号）、《乡村建设行动实施方案》等为指导，按照《国家标准化发展纲要》《"十四五"推动高质量发展的国家标准体系建设规划》《乡村振兴标准化行动方案》和《首都标准化发展纲要 2035》等文件中有关标准化工作的要求，结合《北京市"十四五"时期乡村振兴战略实施规划》，遵从《标准体系构建原则和要求》（GB/T 13016）中目标明确、全面成套、层次适当、划分清楚的原则进行编制，形成全面覆盖、符合北京市农业生产管理情况的标准体系。

二、标准体系建设原则

1. 统筹规划，协调推进

逐步完善北京市农业标准化工作顶层设计，统筹协调农业标准化工作有关部门，在持续健全现代农业标准体系上重点发力，协同推进北京市农业标准体系高质量发展。

2. 因地制宜，创新驱动

围绕北京市乡村振兴战略规划重点任务，准确把握首都城市战略定位和建设国际一流和谐宜居之都的发展目标，结合北京市农业发展实际特点，充分发挥标准化的战略性和制度性优势，促进人工智能、大数据等新一代信息技术与农业领域的深度融合，针对"米袋子""菜篮子"、农业提质增效等，因地制宜做好相关地方标准制修订。促进具有北京韵味的都市型现代农业发展，为助力京津冀协同发展战略向纵深推进、切实提高农业标准化发展水平提供标准化的技术保障。

三、标准体系建设目标

充分依托首都优势和北京都市型农业特色，构建现代农业标准体系，提高首都农业标准质量，健全农业标准化工作体制机制，稳步扩大农业标准化工作覆盖区域，走出具有首都特色的农业标准化发展之路。

四、标准体系建设范围

北京市农业标准体系是站在服务首都发展的战略高度，着眼于北京市农业经济结构调整和农业主导产业发展方向而构建的。北京市现代农业全产业链标准体系以不同产业类型为主要划分依据，下设 10 个标准子体系。

五、标准体系框架

根据北京市农业产业特点和"十四五"时期农业农村现代化规划重点任务，现代农业标准体系分为农业基础通用、种植业标准、畜牧养殖业标准、水产养殖业标准、农业设施设备标准、农业生态标准、试验检测标准、农业社会化服务标准、数字农业标准和农业其他标准 10 个标准子体系（彩图 5-1）。

（一）农业基础通用标准

该体系主要包含基础标准、农业企业管理标准、生物安全标准、质量管理标准和通用标准 5 个分支。其中基础标准主要涵盖术语、分类等基础性标准；农业企业管理标准主要涵盖农业项目、人员、安全、信息化等企业管理方面的标准；生物安全标准主要涵盖转基因安全与检疫性生物安全管理两个方面的标准；质量管理标准主要是有机产品、绿色食品、HACCP、良好农业规范以及标准化等质量管理类标准；通用标准主要是农业通用类标准。

（二）种植业标准

该体系主要包含产地环境标准、品种及繁育标准、种植业投入品标准、栽培技术标准、有害生物防控标准、产品质量标准和产后处理标准 7 个分支。其中产地环境标准主要涵盖种植业水、土、气等环境技术要求以及质量要求等方面的标准；品种及繁育标准主要涵盖品种的特性（如特异性、抗性、真实性、纯度）、品种鉴定以及种子种苗（主要包含种子的检验、种子的生产、种子的质量以及种苗繁育等）等方面的标准；种植业投入品标准主要涵盖农药（主要包含农药的风险评估、农药质量、农药使用以及原药要求）、肥料（主要是肥料的质量、使用以及原料要求）和其他投入品（如农用地膜等）等方面的标准；栽培技术标准按照北京市主要生产品类进行细分，涵盖栽培技术通则类、蔬菜及食用菌类、粮食类、经济作物类、西甜瓜及草莓和中药材等方面的栽培技术标准；有害生物防控标准主要涵盖病、虫、草、鼠等有害生物的防控标准；产品质量标准主要涵盖初级农产品分等分级、质量要求的标准，不包含初加工米面油等方面的相关标准；产后处理标准主要涵盖产后的采收及加工、产品的包装、贮藏及运输等方面的相关标准。

（三）畜牧养殖业标准

该体系主要包含养殖环境标准、品种标准、繁育标准、畜牧业投入品标准、饲养技术标准、动物疫病防控标准、产品质量标准和产后处理标准 8 个分支。养殖环境标准主要涵盖养殖业的水、土、气等环境技术要求以及质量要求等相关标准；品种标准主要涵盖畜禽遗传资源、遗传检测鉴定、品种要求等相关标准；繁育标准主要涵盖繁育技术相关标准；畜牧业投入品标准主要涵盖饲料（饲料的配制、质量、使用等标准以及饲料原料要求）、兽药（兽药的使用、贮藏运输等）、小型医用器械、其他投入品等方面的标准；饲养技术标准根据北京主要养殖类型涵盖畜牧养殖、禽类养殖以及特种养殖（如兔）等饲养技术方面的标准；动物疫病防控标准主要涵盖动物疫病的鉴定诊断技术、防治、无害化处理以及重大疫病管理等相关标准；产品质量标准主要涵盖动物产品以及肉、蛋、奶等副产品相关标准；产后处理标准主要涵盖屠宰技术及屠宰质量管理、畜禽产品的加工、冷藏、包装运输等相关标准。

（四）水产养殖业标准

该体系主要包含养殖环境标准、种质标准、繁育标准、水产投入品标准、养殖技术标准、疫病防控标准、产品质量标准和产后处理标准 8 个分支。其中养殖环境标准主要涵盖水产养殖业的产地选择、产地环境保护、池塘底质水质等环境技术要求以及质量要求等相关标准；种质标准主要是种质资源保护及管理等相关标准；繁育标准主要是水产养殖苗种管理以及人工繁育等相关标准；水产投入品标准涵盖饵料（饲料及饵料的配制、质量、使用等标准以及饲料原料要求）、渔药（渔药的使用、贮藏运输等）、动保产品和其他投入品等相关标准；养殖技术标准主要涵盖鱼类、虾类、龟类等水产养殖品种的饲养技术相关标准；疫病防控标准主要涵盖水产养殖中病害诊断、病害防治、疫病防控及重大疫病处理等相关标准；产品质量标准主要涵盖鱼类、虾类、龟类等产品的相关标准；产后处理标准主要涵盖淡水捕捞、加工、贮藏、运输、追溯等相关标准。

（五）农业设施设备标准

该体系主要包含设施设备综合标准、温室工程标准、种植业机械标准、畜牧养殖业机械标准和渔业机械标准 5 个分支。其中设施设备综合标准主要涵盖农业机械产品、安全、修理、评价等相关标准；温室工程标准主要涵盖日光温室、连栋温室设计建造，温室中生产设备及材料等相关标准；种植业机械标准主要涵盖粮油、蔬菜、经济作物、植物保护机械产品、作业质量、安全操作、评价等相关标准；畜牧养殖业机械标准主要涵盖饲料加工、畜禽屠宰机械等相关标准；渔业机械标准主要涵盖渔船、渔网、渔具材料等水产养殖机械等相关标准。

（六）农业生态标准

该体系主要包含资源保护标准、资源集约化利用标准、废弃物处理标准和农业环境质量标准 4 个分支。其中资源保护标准主要涵盖耕地保护、种质资源收集、保存、鉴定和利用、农药风险评估等方面的标准；资源集约化利用标准主要涵盖节水、节地、减排固碳（减药、减肥）资源化利用等方面的标准；废弃物处理标准主要涉及农业产生的废弃物处理相关标准；农业环境质量标准涵盖土壤污染防治、农业面源污染防治、农业环境监测与评价等方面的标准。

（七）试验检测标准

该体系主要包含实验及试验管理标准、农产品品质检测标准、农产品质量安全检测标准、投入品检测标准和环境检测标准5个分支。其中实验及试验管理标准主要涵盖实验室管理、实验准则、实验方法、试验动物等相关标准；农产品品质检测标准主要涵盖粮食、蔬菜、肉、蛋、奶等产品成分检测方法的标准；农产品质量安全检测标准主要涵盖农兽药残留检测、重金属及污染物检测、微生物及生物毒素检测等质量安全相关标准；投入品检测标准主要涵盖肥料相关检测、饲料相关检测、农药相关检测、兽药相关检测、种子检测等投入品相关检测标准；环境检测标准主要涵盖农业环境检测、监测及环境评价等方面的标准。

（八）农业社会化服务标准

该体系主要包含基础通用标准、农业投入品供应服务标准、种子繁育推广服务标准、农业生产服务标准、农业技术推广服务标准、动植物疫病防控服务标准、农产品质量安全服务标准、农产品流通服务标准和农业信息服务标准9个分支。其中基础通用标准主要涵盖通则、术语和分类、评价等方面的标准；农业投入品供应服务标准主要涵盖农业生产资料供应服务、农业工程物资供应服务等方面的标准；种子繁育推广服务标准主要涵盖种子繁育服务、种子推广服务、种子管理服务等方面的标准；农业生产服务标准主要涵盖种植生产、畜牧生产、渔业生产、林业生产、农业规划等方面的标准；农业技术推广服务标准主要涵盖种植养殖技术推广服务、动植物有害生物防控技术推广服务、农产品质量安全技术推广服务、农业工程技术推广服务、农业设施设备技术推广服务、农产品流通技术推广服务、农业防灾减灾技术推广服务、农业资源开发利用技术推广服务、农业生态安全技术推广服务、农业技术宣传教育与培训服务等方面的标准；动植物疫病防控服务标准主要涵盖动植物疫病监测预警服务、动植物检验检疫服务、动植物疫病诊疗服务、动植物疫病应急处置服务、动植物疫病管理控制等方面的标准；农产品质量安全服务标准主要涵盖农产品质量安全风险监测与评估服务、农产品质量安全检验检测服务、农业标准化服务、农产品追溯服务、农产品质量安全认证服务、农产品品牌建设服务、农产品质量安全宣传培训服务等方面的标准；农产品流通服务标准主要涵盖农产品分等分级服务、农产品包装标识服务、农产品物流配送服务、农产品购销服务等方面的标准；农业信息服务标准主要涵盖农业信息基础设施建设服务、农业信息化设备监测服务、农业公共信息服务、农业大数据挖掘与应用服务、农产品电子商务信息服务、农业经营决策与咨询服务等方面的标准。

（九）数字农业标准

数字农业标准主要包含农业网络基础设施标准、农业农村数据标准、农业生产信息化标准、农业经营信息化标准、农业管理信息化标准和农业服务信息化标准6个分支。其中农业网络基础设施标准主要涵盖网络共建共享、网络性能和服务质量要求、网络服务状态监测、农业专网与政务网络及互联网整合要求、跨网络数据传输服务等方面的标准；农业农村数据标准主要涵盖数据资源、数据治理、数据服务等方面的标准；农业生产信息化标准主要涵盖育种信息化、农业行业生产信息化、农业绿色生产信息化、农机信息化等方面的标准；农业经营信息化标准主要涵盖农产品加工信息化、农产品市场监测信息化、农产品质量安全追溯信息化、农产品价格指数等方面的标准；农业管理信息化标准主要涵盖农产品系统管理信息化、农业风险管理信息化、农业行政执法信息化等方面的标准；农业服务信息化标准主要涵盖农业生产管理信息服务、农产品市场流通服务、农业科技教育信息服务、农业资源环境信息服务等方面所涉及的信息采集、大数据分析、数据管理与应用、信息系统建设与运维等方面的标准。

（十）农业其他标准

农业其他标准子体系主要包含宠物和其他农业标准。其中宠物标准主要涵盖犬、猫等宠物诊疗、美容、手术操作技术等方面的标准；其他标准主要涵盖其他未能分类的农业标准。

六、标准体系明细表

现代农业标准体系标准包含 6 008 项标准，按照标准子体系划分，包括农业基础通用标准 672 项、种植业标准 1 560 项、畜牧养殖业标准 901 项、水产养殖业标准 445 项、农业设施设备标准 843 项、农业生态标准 48 项、试验检测标准 1 439 项、农业社会化服务标准 28 项、数字农业标准 68 项、农业其他标准 4 项。按照标准类别划分，国家标准 2 555 项、行业标准 3 135 项、地方标准 230 项、团体标准 88 项。不同子体系标准分布情况及按标准类别划分的标准分布情况见图 5-1。

七、北京市标准体系建设重点任务

围绕当前北京市农业主导产业发展实际，在现行标准体系框架的基础上，在农业基础通用、种植业、畜牧养殖业、水产养殖、农业设施设备、农业生态、试验检测、农业社会化服务、数字农业和农业其他方面，提出相应的标准建设重点任务。

（一）农业基础通用标准子体系建设重点

该子体系建设重点是生物安全标准、质量管理标准和通用标准。

1. 生物安全标准

重点制定北京市农业外来入侵水生动植物普查技术规范等标准。

2. 质量管理标准

重点制定农产品质量安全追溯管理平台信息管理规范、农产品质量安全监测样品制备及保存技术规程、蔬菜等农产品现代农业全产业链标准化基地标准体系建设规范、奶牛等农产品全程标准体系建立及应用指南等标准。

3. 通用标准

重点制定水产养殖档案记录规范等标准。

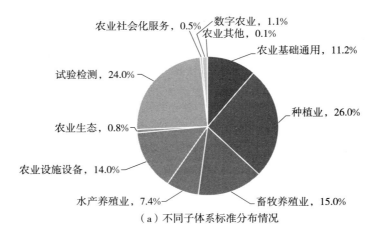

（a）不同子体系标准分布情况

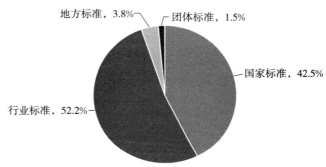

（b）按标准类别划分的标准分布情况

图 5-1　标准体系标准分布情况

（二）种植业标准子体系建设重点

该子体系建设重点是种植业投入品标准、栽培技术标准、有害生物防治标准和产后处理标准。

1. 种植业投入品标准

重点制定化学农药减量施用技术规程、化学肥料减量施用技术规程等标准。

2. 栽培技术标准

重点制定芽苗菜工厂化生产技术规范等标准。

3. 有害生物防控标准

重点制定寄生性天敌繁育及释放技术规范、天敌田间管理技术规程等标准。

4. 产后处理标准

重点制定蔬菜净菜流通标准、蔬菜产地商品化处理技术规程等标准。

（三）畜牧养殖业标准子体系建设重点

该子体系建设重点是品种标准，重点制定畜禽遗传资源采集和保存规范等标准。

（四）水产养殖业标准子体系建设重点

该子体系建设重点是养殖技术标准，重点制定宫廷金鱼种质、亲鱼和苗种规范、锦鲤人工繁殖、原生鱼类养殖和疾病防治、水产养殖多营养层次综合养殖、北京地方重点保护鱼类物种恢复放流等标准。

（五）农业设施设备标准子体系建设重点

该子体系建设重点是设施设备综合标准和渔业机械标准。

1. 设施设备综合标准

重点制定农业机械作业质量评价通则等标准。

2. 渔业机械标准

重点制定增氧机作业质量等标准。

（六）农业生态标准子体系建设重点

该子体系建设重点是资源保护标准、废弃物处理标准和农业环境质量标准。

1. 废弃物处理标准

重点制定农作物秸秆标准化收储点建设技术导则、病害动物和病害动物产品生物安全处理规程、农作物秸秆处理利用技术规程、温室棚膜（地膜）处理规范等标准。

2. 农业环境治理标准

重点制定农业面源污染源分类及管理要求等标准。

（七）试验检测标准子体系建设重点

该子体系建设重点是农产品质量安全检测标准，重点制定高风险蔬菜高频检出农残同步速测技术规范等标准。

（八）农业社会化服务标准子体系建设重点

该子体系建设重点是农业技术推广服务标准和农业信息服务标准。

1. 农业技术推广服务标准

重点制定北京市农业技术推广信息化服务导则等标准。

2. 农业信息服务标准

重点制定北京市农业社会化服务组织数字化建设导则、北京市社会化服务运营管理数字化建设规范等标准。

（九）数字农业标准子体系建设重点

该子体系建设重点是农业网络基础设施标准、农业农村数据标准、农业生产信息化标准、农业经营信息化标准和农业管理信息化标准。

1. 农业网络基础设施标准

重点制定北京市农田生产物联网监测标准、北京市设施农业物联网监测标准、温室作物图像信息采集技术规程、农田建设项目遥感监测技术规范、大田种植信息遥感精准感知技术规范等标准。

2. 农业农村数据标准

重点制定农业信息采集规范、农业信息网络建设标准、乡村振兴大数据基础数据元、北京市农业农村数据字典、北京市乡村振兴大数据质量要求、土壤普查数据库技术规范、农田建设一张图技术规范、北京市乡村振兴大数据服务目录、平台数据接口规范、服务需求登记规范、资产管理规范、分级分类标准、交易服务安全要求、共享服务安全要求等标准。

3. 农业生产信息化标准

重点制定北京市大田生产信息化建设规范、北京市高标准种植基地信息化建设规范、北京市大桃生产信息化建设规范、北京市智慧猪场建设规范、北京市智慧鸡场建设规范、北京市智慧渔场建设规范、散养鸡智能养殖管理技术规范、猪肉品质数字化认证的产业链关键数据采集规范、鸡肉品质数字化认证的产业链关键数据采集规范、鸡蛋品质数字化认证的产业链关键数据采集规范等标准。

4. 农业经营信息化标准

重点制定北京市农产品质量安全追溯信息化建设规范、北京市农产品电商仓储物流信息化服务要求等标准。

5. 农业管理信息化标准

重点制定北京市农产品流通信息管理技术规范、北京市农业行政执法信息化管理规范、北京市农产品质量安全信息化管理规范等标准。

（十）农业其他标准子体系建设重点

该子体系重点制定水生野生动物收容救护技术规范等标准。

第六章　北京市农业标准化基地建设管理

北京市农业标准化工作开始于 20 世纪 80 年代,经过 40 多年的发展,北京市形成了"区级建设、市级评定、动态管理、优级奖励"的农业标准化示范基地建设与评价方法,制定了《农业标准化基地等级划分与评定规范》(DB11/T 1188)地方标准,形成了具有北京特色的农业标准化基地建设与管理模式。

一、北京市农业标准化基地建设历程

北京市农业标准化发展主要经历了起步探索阶段、规范发展阶段、完善提升阶段、联合发展阶段四个阶段。

(一)起步探索阶段(1983—1999 年)

1983 年,北京市启动了农业标准化工作。1988 年我国颁布了《标准化法》。《标准化法》颁布后,1992 年北京市质监局颁布了第一个农业地方标准《北京鸭生产性能标准》。1995 年,按照全国"农业标准化示范区"建设的统一部署,北京市在通州和顺义的 2 家蔬菜基地建设了第一批国家级农业标准化示范区。1998 年,北京市建立了农业标准化工作会议制度。

(二)规范发展阶段(2000—2010 年)

2000 年,北京市启动了食用农产品安全生产体系建设工作,要求建设一批食用农产品安全生产示范基地。2001 年,农业部在全国范围内启动了"无公害食品行动计划",提出加强生产监管,推行标准化生产。2002 年,北京市正式启动"市级农业标准化生产示范基地建设",2003 年成立了北京市农业标准化技术委员会,完善了农业标准化生产工作机制。

(三)完善提升阶段(2011—2020 年)

2011 年,北京市开展农业标准化基地分级动态管理,实施"菜篮子"工程农业标准化基地等级划分与评定工作,确立了"区级建设、市级评定、动态管理、优级奖励"的工作原则。2015 年,北京市颁布了地方标准《农业标准化基地等级划分与评定规范》(DB11/T 1188,以下简称《评定规范》)。2016 年启动了"全程农产品质量安全标准化示范基地"建设工作。

(四)联合发展阶段(2021 年至今)

2021 年,按照农业农村部整体部署,北京市启动了"现代农业全产业链标准化示范基地"创建工作。2022 年修订了《评定规范》，搭建了以设施蔬菜、生猪和淡水鱼为代表的现代农业全产业链标准体系并持续更新完善，创建了一批现代农业全产业链标准化示范基地，探索建设现代农业全产业链联合体新模式。

二、北京市农业标准化基地建设与管理模式

北京市按照"区级建设、市级评定、动态管理、优级奖励"的原则，根据《评定规范》，推进农业标准化基地建设。通过基地备案、等级评定和动态管理、日常督导检查以及农业标准化宣贯等工作，以评促进、以评促改达到评建并举的效果。截至 2023 年底，已在北京市建立了 1092 家农业标准化基地。

（一）北京市农业标准化基地备案

北京市每年 6 月和 11 月集中开展两次农业标准化基地登记备案工作，包括新建农业标准化基地的备案和已建农业标准化基地的信息更新。

1. 新建农业标准化基地的备案

以食用农产品生产企业、农民专业合作社、家庭农场等规模化生产主体为重点，做好农业标准化基地建设的宣传指导，引导有意愿开展标准化基地建设的生产主体通过信息系统备案。备案的生产主体应资质齐全，符合不同产业规模要求，近 2 年内未发生农产品安全生产、生态环保和农产品质量安全事件且无农产品质量安全抽检不合格记录。生产主体通过备案审核后，按照《评定规范》逐项落实建设内容。

2. 已建农业标准化基地的信息更新

已建农业标准化基地信息有变化的，需通过系统进行更新。市、区两级农业标准化工作机构（以下简称工作机构）对已建的农业标准化基地信息进行核查，实现农业标准化基地动态管理。遇基地信息填写错误或发生变更等情况应及时在信息系统中进行修改。对不再从事农业生产经营活动、不符合标准化基地建设要求、到期未通过复评或监督抽查中出现产品不合格等情况的基地，采取"降级"或者"取消"其农业标准化基地称号的措施。

（二）北京市农业标准化基地的等级评定与划分

备案一年以上的农业标准化基地可以申请农业标准化基地等级评定。北京市农业标准化基地按照《评定规范》可划分为优级、良好级和达标级。

1. 等级评定工作流程

农业标准化基地的等级评定工作由区级工作机构进行初评，向市级工作机构推荐优级标准化基地。市级工作机构组织专家对各区推荐的优级标准化基地进行现场评定，按照《评定规范》确定基地评定等级，报市农业农村局审核通过后公布评定结果。评定为优级满 5 年的农业标准化基地需进行复评，重新确定评定等级。

2. 评定内容

按照《评定规范》，农业标准化基地等级评定内容包括建设主体、产地环境、设施设备、组织管理、生产技术水平、标准体系建设与应用、生产过程管理和成效八个方面，评

定具体内容见表6-1。

表6-1 农业标准化基地评定评分表

序号	评定内容	本项满分	分项计分	评定得分	备注
1	建设主体	**2**			
1.1	主体信息已录入北京市农产品质量安全监管信息平台，得1分；及时在平台进行动态更新，得2分。最高不超过2分		2		
2	产地环境	**8**			
2.1	基地周围没有对生产产生污染的污染源，得1分		1		
2.2	基地功能区布局合理，得2分		2		
2.3	基地环境干净、整齐、有序，酌情得1~2分		2		
2.4	各产业类型的产地环境符合相关要求，得3分		3		
3	设施设备（分行业）	**12**			
3.1	设施设备（种植业）	12			
3.1.1	基础生产设施设备。具有土壤耕作设备、节水灌溉设备、水肥一体化设备、环境调控设备及专用投入品贮存库、产品储存库、排水设施等，根据设施设备配备情况酌情得1~4分		4		
3.1.2	质量安全管控设施设备。具有检测室及配套检测设备，具有产品质量追溯的合格证出具设备等，根据设施设备配备情况酌情得1~3分		3		适用于种植业
3.1.3	病虫害防控设施设备。具有病虫害监测设备、杀虫灯、诱捕器、药物喷洒设备等，根据设施设备配备情况酌情得1~3分		3		
3.1.4	废弃物处理设施设备。具有垃圾分类、植株残体处理设施或措施，如秸秆还田等，根据设施设备配备情况酌情得1~2分		2		
3.2	设施设备（畜牧）	12			
3.2.1	基础生产设施设备。具有饲喂设备、饮水设备、环境调控设备及专用投入品贮存库、鸡蛋、生鲜乳等产品专用储存库（罐）等设施，根据设施设备配备情况酌情得1~4分		4		
3.2.2	质量安全管控设施设备。具有检测室及禽蛋、生鲜乳等质量安全检测设备，具有产品质量追溯的合格证开具设备等，根据设施设备配备情况酌情得1~3分		3		适用于畜牧业
3.2.3	疫病防控设施设备。具有消毒、畜禽免疫、检测等防疫设施设备，根据设施设备配备情况酌情得1~3分		3		
3.2.4	无害化处理设施设备。具有与基地养殖规模相配套的粪污无害化处理设施或措施，如集粪池、发酵池、沉淀池等，以及对不合格禽蛋、生鲜乳或是病死体进行暂存的设施设备，根据设施设备配备情况酌情得1~2分		2		

（续）

序号	评定内容	本项满分	分项计分	评定得分	备注
3.3	设施设备（渔业）	12			
3.3.1	基础生产设施设备。具有投饵机、排灌设备、清塘设备、增氧机，以及专门投入品贮存库等设施，根据设施设备配备情况酌情得1～4分		4		适用于渔业
3.3.2	质量安全管控设施设备。具有水质检测设备，具有产品质量追溯的合格证出具设备等，根据设施设备配备情况酌情得1～3分		3		
3.3.3	病害防控设施设备。具有消毒、病害检测设备等，根据设施设备配备情况酌情得1～3分		3		
3.3.4	无害化处理设施设备。具有尾水处理及检测设施设备、病死体处理设备或是措施等，根据设施设备配备情况酌情得1～2分		2		
4	组织管理	**9**			
4.1	设置标准化机构，得1分		1		
4.2	建立农产品质量安全管理制度与措施，得2分		2		
4.3	有专门标准化管理人员，管理和专业技术人员应经过相应的岗前工作培训，且具备标准化管理理念及标准化管理知识，酌情得1～3分		3		
4.4	按照制定的农产品质量安全管理制度组织实施，得2分		2		
4.5	针对实施情况进行工作检查，并有检查记录，对相关部门检查过程中发现的问题进行认真整改，得1分		1		
5	生产技术水平	**10**			
5.1	采用绿色防控技术或是绿色生态养殖技术，酌情得1～2分		2		
5.2	能够实现机械化、数字化生产，根据数字化、智能化、农机农艺融合达到标准化水平酌情得1～4分		4		
5.3	根据基地项目参与程度，承担或参与区级项目，得1分；承担或参与市级以上项目，得2分。最高不超过2分		2		
5.4	基地、科研项目或产品获得有关表彰和奖励，得2分		2		
6	标准体系建设与应用	**19**			
6.1	对相关产业现行有效的国家标准、行业标准、地方标准进行梳理，得2分		2		
6.2	对照相关国家标准、行业标准或地方标准，按照"有标贯标、缺标补标、低标提标"的原则，完善补充制定企业标准，建立符合企业生产实际标准体系，得2分		2		

序号	评定内容	本项满分	分项计分	评定得分	备注
6.3	根据主要生产品类建立涵盖产前、产中、产后的全产业链的专项标准体系，得2分		2		
6.4	产前标准应包含产地环境、品种管理/畜禽引种/苗种采购、投入品管理等控制要素的标准内容，有标准未覆盖产前环节所有控制要素的酌情得1～2分；有标准，完全覆盖产前环节所有控制要素且与生产实际相结合，得3分		3		
6.5	产中标准应包含田间管理/饲养管理、病虫害防控/疫病防控、投入品使用、生产过程检查/养殖过程检查等控制要素的标准内容，有标准未覆盖产中环节所有控制要素的酌情得1～2分；有标准，完全覆盖产中环节所有控制要素且与生产实际相结合，得3分		3		
6.6	产后标准应包含产品采收/产品收集、筛选分级、包装储运、产品质量安全检测、溯源管理等控制要素的标准内容，有标准未覆盖产后环节所有控制要素的酌情得1～2分；有标准，完全覆盖产后环节所有控制要素且与生产实际相结合，得3分		3		
6.7	相关标准均现行有效，符合有关法律法规和强制性标准规定，得1分		1		
6.8	根据建立的标准体系，结合企业主导品种、生产者水平等实际生产需求，对重要环节标准转化为明白纸、流程图等，根据转化应用情况酌情得1～3分		3		
7	生产过程管理	**27**			
7.1	投入品采购、制作、出入库、存放、使用等环节管理规范，根据规范情况得1～3分；并填写相关记录，根据填写翔实程度酌情得1～3分		6		
7.2	有生产、销售记录，根据记录翔实、规范情况酌情得1～3分		3		
7.3	进行自行定性检测，得1分；进行定量检测，得2分。最高不超过2分		2		
7.4	配合相关部门进行农产品的检验检测，并保留检测证明，得2分		2		
7.5	对生产的农产品进行分级、包装，酌情得1～2分		2		
7.6	实现主体追溯，得1分；实现履历追溯，得2分；实现全程追溯，得3分。最高不超过3分		3		
7.7	农产品上市前规范开具"承诺达标合格证"等相关证明，得1分；合格证覆盖率达到80%以上，得2分；合格证全覆盖，得3分		3		

（续）

序号	评定内容	本项满分	分项计分	评定得分	备注
7.8	组织标准化生产技术和管理培训，并保留培训记录，每年组织培训 1～2 次，得 1 分；培训 3 次及以上，得 2 分		2		
7.9	开展标准宣贯活动的，得 2 分		2		
7.10	有标准宣传栏，得 1 分；宣传栏完整清晰，得 2 分		2		
8	成效	**13**			
8.1	在育种（繁育）、生产、加工、储运等某一方面具有标准化生产和管理实效，得 1 分		1		
8.2	发展循环农业，实现资源的循环与利用，能够节水、节地、节能、减排，酌情得 1～3 分		3		
8.3	生产的农产品质量安全水平较高，竞争力较强，附加值较高，得 1 分		1		
8.4	获得优质产品认证（如绿色、有机等）有效认证证书或获得管理体系认证（如 GAP、ISO9001、HACCP 等）有效认证证书，得 4 分		4		
8.5	有注册品牌，得 1 分；获得品牌称号或荣誉，得 2 分。最高不超过 2 分		2		
8.6	得到区级媒体宣传，得 1 分；得到市级及以上媒体宣传，得 2 分。最高不超过 2 分		2		
合计		**100**			
评定人员签字	组长： 评价组成员： 　年　月　日				

3. 等级划分

专家组按照表 6-1 的内容进行现场评定，并逐项评分。总分分值在 90 分（含）以上的评定为优级，分值在 80 分（含）至 90 分的评定为良好级，分值在 70 分（含）至 80 分的评定为达标级。

（三）农业标准化基地日常督导检查

市、区、乡镇工作机构每年对已备案的标准化基地开展日常督导检查，对照《评定规范》，重点查看基地标准体系文件、日常生产记录和投入品使用记录等，现场检查基地生产情况、投入品库房、检测室等，指导基地持续提升标准化生产和管理水平。

（四）农业标准化宣贯

农业标准化的落脚点是农业标准的落地实施，因此，农业标准化宣贯就成为农业标准化的一项重要工作。北京市针对农业标准化开展了多形式、多层次、多样化的宣贯工作。

1. 农业专家讲标准

为了发挥好农业标准化基地建设的示范作用，北京市每年都组织一系列的专家讲标准和现场观摩活动。选择优级标准化基地作为观摩示范点，结合基地生产情况，选择不同的宣贯主题，将专家请到田间地头，结合生产实际，讲解标准内容，通过现场观摩和互动交流提升标准宣贯效果。

2. 打造宣传 IP 形象

为了提升宣传效果，北京市围绕农产品质量安全与农业标准化工作设计了两个 IP 动画人物形象——"安安"和"标叔"，见图 6-1。

图 6-1 "安安"和"标叔"

"安安"寓意着"农产品质量安全"。他是一位农业高等学校毕业的大学生，代表农业生产的新思想、新技术和新质生产力。"标叔"寓意着"农业标准化"。他是一位农业生产经验丰富的老农民，代表农业生产的老经验。"安安"和"标叔"在农业生产实践的各个方面都有着不同的理念，因此产生了不同程度的理念碰撞。通过这些碰撞，借助二者的形象，解读农产品质量安全和农业标准化工作中的各种标准和要求。两个人物形象申请了知识产权保护。

3. 制作系列宣传作品

北京市利用"安安"和"标叔"这两个人物形象设计了一系列的宣传册和宣传挂图，制作了一系列的 MG 动画作品用于宣传农产品质量安全和农业标准化工作。

农产品质量安全管控动画系列解读了蔬菜种植、畜禽养殖和水产养殖等生产过程中的质量安全控制要点，并转化为科普图书和宣传挂图。农业标准化动画系列解读了标准化及农业标准化、标准及标准体系、农业标准化基地等级划分与评定、北京市农业标准化基地管理和北京市现代农业全产业链标准化示范基地建设等内容，并转化为北京市农业标准化宣传册。相关作品申请了作品著作权登记。通过这些作品来宣贯农产品质量安全和农业标准化相关知识和标准，解读北京市农业标准化政策。

三、北京市农业标准化基地建设情况

北京市经过近 30 多年的农业标准化基地建设，形成了具有北京特色的农业标准化基地建设与管理模式，建成了一批农业标准化基地，示范带动了全市农业标准化生产。

（一）北京市农业标准化基地建设规模总量

截至 2023 年底，北京备案农业标准化基地共 1 092 家。按照行业划分，种植业生产基地 721 家，畜禽养殖业生产基地 158 家，水产养殖业生产基地 213 家。按照等级划分，优级生产基地 493 家，良好级生产基地 275 家，达标级生产基地 251 家，未评级生产基地 73 家。

（二）北京市农业标准化基地建设中存在的问题

北京市农业标准化基地建设中还存在着以下四个方面的问题。

1. 行业发展不均衡

禁限养政策影响养殖业的发展，北京市农业标准化基地行业发展不均衡，畜禽养殖业和水产养殖业发展相对较慢，种植业内部发展也不均衡，以设施蔬菜为主，露地蔬菜、粮食作物和经济作物占比低。

2. 总体规模增速减缓

近年来，通过标准化工作宣贯，新增备案和评优的标准化基地数量逐年增多，但受拆迁腾退等政策影响，一些基地因不具备生产条件而退出了农业标准化基地建设，导致北京市农业标准化生产基地总体规模缩减。

3. 基地水平有待提升

2022 年《评定规范》修订后，对基地建设提出了新的要求，一些以前被评定为优级的农业标准化基地还需对照新标准的要求，提升基地生产和管理人员对标准化工作的认识，重点在基础设施和质量认证方面继续提升。

4. 发展思路还需转变

北京市农业具有大城市、小农业的发展特点，相对于其他农业大省而言，农业规模不占优势。北京市的农业标准化工作需要转变发展思路，发展精品农业和高端农业，探索一条都市型现代农业标准化发展道路，实现农业增效和农民增收的目标。

（三）北京市农业标准化基地建设展望

针对北京市农业标准化基地建设中存在的问题，北京市将在以下几方面发力。

1. 服务新主体，组织基地建设

加强对重点区的家庭农场、农民合作社和生产企业等生产主体在建设农业标准化基地方面的宣传、技术指导和服务，扩大增量，稳定存量，总体提升全市农业标准化生产基地规模。

2. 结合新工程，突出地域特色

优化基地备案和等级评定程序，围绕北京市"百村示范、千村整治"工程的示范村和促进农村农业发展，突出地域特色，将农耕文化与农业标准化基地建设相结合，做好"土特产"这篇文章。

3. 发挥新动能，提升基地能力

充分发挥北京市科技优势，组织科研院所的行业专家加大对备案农业标准化生产基地的人员培训和技术指导力度，聚焦新品种和新技术，推行标准化生产，提升基地产品营养品质。

4. 转变新方式，实现联合发展

一是各级工作机构要转变工作方式，提升服务意识；二是转变农业标准化基地发展模式，借助现代农业全产业链示范基地建设，探索农业标准化基地联合体建设模式；三是转变基地日常督导方式，借助数字农业技术，探索智慧督导模式。

第七章　北京市现代农业全产业链标准化建设经验

农业农村部启动现代农业全产业链标准化建设工作以来，北京市按照农业农村部的整体部署，制定了北京市的具体方案和目标，不断完善现代农业全产业链标准体系，推进标准集成转化和宣贯，创建了一批现代农业全产业链标准化示范基地。

一、北京市现代农业全产业链标准化总体部署

2021年7月，北京市农业农村局印发了《北京市农业生产"三品一标"提升行动实施方案》，指出构建以产品为主线的全产业链标准体系。以生猪、设施蔬菜两大类产品为主，选择一批影响力大、带动力强、产业基础好的农产品，以产品为主线，以强化全程质量控制、提升全要素生产率、促进产业融合发展为导向，参照完善的绿色食品标准体系，开展全产业链标准体系梳理、比对分析和跟踪评价。按照"有标贯标、缺标补标、低标提标"的原则，编制构建布局合理、指标科学、协调配套的全产业链标准体系。

2022年8月，北京市农业农村局印发了《关于做好2022年国家现代农业全产业链标准化示范基地建设和推荐的通知》，按照"保供固安全、振兴畅循环"的工作定位，以农业生产"三品一标"为路径，以农产品"三品一标"为导向，构建以产品为主线、全程质量控制为核心的现代农业全产业链标准体系，聚焦优势产业产区，高标准创建一批示范基地，创新全产业链标准化模式和协同推进机制，加快培育按标生产主体，打造绿色优质农产品精品，为保障农产品质量安全、促进农业高质量发展提供有力支撑。按照农业农村部的统一部署，到"十四五"末，创建一批国家现代农业全产业链标准化示范基地，打造标准化引领农产品质量效益竞争力提升的发展典型和两个"三品一标"协同发展的示范样板。

二、北京市现代农业全产业链标准化重点工作

按照北京市农业农村局总体部署，北京市明确了现代农业全产业链标准化五项重点工作任务。

一是构建现代农业全产业链标准体系。以产品为主线，以强化全程质量控制、提升全要素生产率、促进融合发展为目标，聚焦产业链关键环节，开展标准梳理、比对分析和跟踪评价。按照"有标贯标、缺标补标、低标提标"的原则，加快产地环境、品种种质、投入品管控、产品加工、储运保鲜、包装标识、分等分级、品牌营销等方面标准的制修订，着力构建布局合理、指标科学、协调配套的现代农业全产业链标准体系。

二是提升基地按标生产能力。建立健全基地标准化制度体系和实施激励机制。支持基地开展生产、加工、储运、保鲜等环节设施设备标准化改造，改善标准化生产条件。推行绿色生产技术和生态循环模式，制定与技术模式相配套的标准综合体，编制简明易懂的模式图、明白纸和风险管控手册。建立标准化专家队伍，开展标准宣贯培训，推动标准规程"进企入户"。构建产加销一体的全链条生产经营模式，提升各环节数字化、标准化水平。

三是加强产品质量安全监管。强化生产者主体责任，加强产地环境和投入品使用管理。建立生产记录制度，完善农事操作和种植养殖用药记录档案，建立基地内检员队伍，落实自控自检要求，规范出具承诺达标合格证。推行质量追溯和信用管理，推动建立信息化质量控制体系。实施网格化管理，加强基地日常巡查检查，鼓励基地设立标牌，明示种养品种、地域范围、技术模式、责任主体等内容，推动质量安全情况公示上墙。

四是打造绿色优质农产品精品。以绿色、有机、地理标志、良好农业规范等农产品为重点，培育绿色优质农产品精品。建立农产品营养品质指标体系，开展特征品质指标检测与评价，推动分等分级和包装标识。打造绿色优质农产品区域公用品牌、企业品牌和产品品牌，加强农批、商超、电商、餐饮、集采等单位与基地对接，培育专业化市场，建立健全优质优价机制。

五是提升辐射带动作用和综合效益。支持基地采取"公司＋合作社＋农户"、订单农业等模式，通过统一品种、统一技术、统一管理，带动区域标准化生产和产业升级。开展专业化、全程化生产技术服务，将小农户纳入标准化生产体系，建立利益联结机制，促进农民增收。依托产业化龙头企业，培育标准化领军主体，促进标准与产业、技术、品牌、服务深度融合，提升经济、社会和生态效益。

三、北京市现代农业全产业链标准化组织实施

根据中央和农业农村部关于全产业链工作的相关文件精神，2022年和2023年，北京市农业农村局连续两年发布全市农业标准化工作方案，明确责任分工。由北京市农业农村局农产品质量安全处牵头组织实施，各相关行业处室和局属站所配合做好相关工作。北京市农产品质量安全中心负责全市农业标准化日常服务和指导工作。各区农业农村主管部门做好本辖区的农业标准化各项工作。

为强化全产业链相关工作落地执行，强化考核督导，北京市农业农村局将农业标准化工作纳入对各区质量工作考核和农产品质量安全综合考评，重点根据标准化工作落实情况、农业标准化覆盖率、区级资金保障情况等进行综合打分。此外，为保证建设效果，加强政策扶持，通过转移支付专项资金，对标准化基地进行补贴。

四、北京市现代农业全产业链标准化具体工作

按照北京市农业农村局总体部署，北京市不断完善现代农业全产业链标准体系，积极推进标准集成转化和宣贯，细化现代农业全产业链标准化示范基地建设与验收规范，建成了30余家全产业链标准化示范基地，推荐的2家企业被列入第一批国家现代农业全产业

链标准化示范基地创建单位名单。

1. 完善现代农业全产业链标准体系

北京市依托现代农业标准体系，以产品为主线，突出重点，构建并不断完善现代农业全产业链标准体系。

（1）突出重点，探索构建以产品为主线的全产业链标准体系。围绕种植、畜牧、水产养殖业，选择一批影响力大、带动力强、产业基础好的农产品，梳理产业链条标准现状，按照"有标贯标、缺标补标、低标提标"的原则，促进全产业链标准全面覆盖。

（2）优化结构，加快特色产业标准建设。根据北京都市型现代农业发展需求，推进新兴产业、特色产业，以及休闲农业、农业文化创意等相关标准的制修订。以农业高质量发展和农产品绿色、优质、安全为导向，推进促进产业转型升级的标准制修订。

（3）规范管理，严格标准到期复审程序。加强地方标准规范化管理，组织开展到期标准复审，根据法律法规变化、国家政策调整、科技发展和农业生产需求变化，以及标准实施情况等，提出继续有效、废止或者修订的复审建议。

2. 推进标准集成转化和宣贯

（1）加强标准集成转化。将标准集成转化为农民"看得懂、用得上"的简明操作手册和明白纸等，便于农户拿来就用。

（2）组织标准宣贯培训。开展标准培训、现场观摩，组织专家指导，发放宣传手册和技术资料，促进标准的推广应用。

3. 创建现代农业全产业链标准化示范基地

在优级农业标准化基地基础上，遴选产品带动性强，产业链条、标准体系完善的基地，创建现代农业全产业链标准化示范基地。

（1）统一标准。北京市农业农村局组织制定《北京市现代农业全产业链标准化示范基地建设与验收标准（试行）》，对建设目标、主体资质、建设内容及验收标准进行了详细界定，指导各区进行现代农业全产业链标准化示范基地建设和验收。

（2）建设基地。各区以优级标准化基地为基础，遴选符合条件的基地，以"查缺补漏，填平补齐"为原则，根据建设标准组织开展示范基地建设，并根据验收标准进行验收。

（3）加强管理。项目立项论证及验收等关键环节，要征求市级意见。市、区两级对完成建设和验收的基地，不定期进行投入品管理和使用、生产记录完整性和规范性、产品质量安全管控等情况的抽查，督促基地依标组织生产。

4. 组织现代农业全产业链示范基地验收

按照农业农村部关于现代农业全产业链标准化示范基地建设要求，结合北京市农业生产实际，以提高全产业链标准化水平为目标，北京市有针对性地制定了《北京市现代农业全产业链标准化示范基地建设与验收标准（试行）》，细化了验收评分项目，确保关键指标考核到位。

5. 推进全国现代农业全产业链标准化示范基地建设

北京市农业农村局印发了《关于做好 2022 年国家现代农业全产业链标准化示范基地建设和推荐的通知》，明确构建现代农业全产业链标准体系、提升基地按标生产能力、加强产品质量安全监管、打造绿色优质农产品精品、提升辐射带动作用和综合效益五大重点任务。细化申报主体条件，强调主体规模效应和示范带动效应，推动北京高精尖农业产加销主体联合发力，将产业链各环节高效链接，推动区域产业发展，示范带动农民增收致富。

按照通知要求，北京市农业农村局参照农业农村部监管司制定的考核评价指标，通过遴选推荐，北京天安农业发展有限公司、北京天意生态农业发展有限公司被列入第一批农业高质量发展标准化示范项目（国家现代农业全产业链标准化示范基地）创建单位名单。

五、北京市现代农业全产业链标准化示范基地建设模式探索

北京市按照农业农村部的要求，结合北京市的实际，依据北京市农业农村局印发的相关文件要求，2022 年，北京市农产品质量安全中心开展了现代农业全产业链标准化示范基地建设模式探索，以期为全市种植业、畜禽业、水产养殖业全产业链标准化基地建设模式提供参考。建设模式探索选定以北京市主导蔬菜产品番茄生产为主线，构建番茄全产业链标准体系，集成与企业实际生产相配套的标准综合体，打造番茄全产业链标准化示范基地，开展专家现场讲标准观摩，提升番茄全产业链标准化水平、产品竞争力和产业质量效益，为保障农产品质量安全、增加绿色优质农产品供给和推动农业高质量发展提供更加科学有力的支撑。

（一）细化建设规范

为进一步推进北京市农业高质量发展，充分发挥农业标准化在引领产业发展、保障源头生产、确保农产品质量安全方面的抓手作用，促进标准与产业的深度融合，优化产业链结构，提升产业链质量，北京市农业农村局按照农业农村部相关文件要求，印发了《北京市现代农业全产业链标准化示范基地建设与验收标准（试行）》，明确了申报主体基本条件，细化了建设内容和验收标准，具有可操作性。

（二）选定目标产品

按照北京市农业农村局的统一部署，首先以设施蔬菜作为全产业链标准化的产品。番茄是设施栽培的主要品种，近年来，随着一些口感好、品质优的新品种的推广，番茄种植规模逐年增加，为此，北京市级全产业链标准化选定番茄这一设施蔬菜作为主要栽培品种。

（三）严格遴选基地

在全市范围内遴选具有独立法人资格、信用资质良好、近三年内无违法行为、主导产品为番茄的市级优级农业标准化基地。参与申报的主体产业布局要合理，覆盖产加销全链条，一产比例不低于 40%；强调申报的主体示范带动力强，能促进小农户按标生产。此外，为贯彻落实新修订的《农产品质量安全法》，要求主体及其产品纳入国家或北京市追溯管理平台，落实承诺达标合格证制度，获得绿色、有机、地理标志农产品等相关证书。

通过区级申报、市级遴选，最终确定了密云区一家番茄生产企业作为建设基地。

（四）明确建设任务

通过实地调研，对照现代农业全产业链标准化示范基地建设要求，确定建设任务。一是在标准方面，明确基地控制要素及要求，按照"有标贯标、缺标补标、低标提标"的原则，编制番茄全产业链标准体系表，加快全产业链关键环节标准的制修订，逐步建成布局合理、指标科学、协调配套的全产业链标准综合体；二是在配套技术支撑方面，对标全产业链标准化管控要求，为企业配备相关生产材料，强化生产过程中质量安全管控，采用物理防治方法，提高基地病虫害自控能力，减少农药使用品种、次数和使用量，依托水肥一体化技术，达到节水节肥、合理使用肥料的目标，强化基地产品质量检测和全过程质量安全追溯能力，进一步提升基地产品安全管控水平；三是在完成全产业链标准化基地建设后，跟踪评价相关标准，继续完善标准体系，持续开展贯标活动，对建设效果进行评价和总结验收。

（五）强化建设方法

1. 加强组织领导，成立工作小组

由市、区和基地三方技术和管理人员组成工作组，市级负责方案统筹和指导建设，区级负责联络基地和日常督导，基地落实各项建设任务。

2. 开展实地调研，编制建设方案

通过对基地基本情况、生产现状（产业模式、产品质量、安全检测情况）、番茄全产业链标准化示范基地建设内容等进行实地调研，关注基地原有企业标准的落实情况，确定建设内容，撰写基地建设方案，明确考核指标。

3. 分析基地需求，搭建标准体系

全面了解企业育苗、生产、销售、指导农户、废弃物循环利用等全产业链关键环节，分析选定控制要素，梳理比对标准，制定完善企业标准，建立以安全、绿色、优质和营养为梯次，国标、行标、地标、团标、企标相协同的番茄全产业链标准体系，集成与基地生产模式相配套、功能完备的番茄全产业链标准综合体，使国标、行标、地标与企标相互配套和支撑，覆盖产地环境、品种种质、投入品管控、产品加工、储运保鲜、包装标识、分等分级等方面。

4. 强化标准宣贯，落实依标生产

将番茄标准综合体转化为简便易懂的生产模式图、操作明白纸、风险管控手册等，基地制作标准宣传橱窗、宣传走廊、标准上墙标准化宣贯材料，将集成的番茄标准综合体在实际生产中进行应用，并不断优化。指导企业开展内部标准宣贯，增强企业员工标准化生产意识。

（六）加强宣传引导

1. 开展内部宣贯

在构建标准体系和技术支撑的基础上，帮助基地梳理建设成果和建设亮点，通过制作番茄全产业链标准化基地橱窗、标识标牌、操作挂图，编制简明易懂的模式图、明白纸和风险管控手册，促进标准成果转化落地，推动标准向标准"化"迈进。

2. 组织外部宣贯

组织专家现场讲标准观摩会，让农户和其他农业企业实地体验番茄全产业链标准化示范基地建设成果，通过网络等形式宣传番茄全产业链标准化示范基地建设意义和成效，为后续全市全产业链标准化示范基地建设提供经验借鉴。

（七）注重成果转化

在国家布局建设现代农业全产业链示范基地的背景下，北京市农业农村局连续 3 年出台相关文件，在全市优级农业标准化基地范围内，遴选基地，开展现代农业全产业链标准化示范基地建设，拟在 2025 年建成 50 家现代农业全产业链示范基地。总结市级全产业链标准化示范基地建设的经验，指导各区建设区级全产业链标准化示范基地。从以下几方面入手，促进成果转化。

一是统一标准。按照北京市农业农村局印发的《北京市现代农业全产业链标准化示范基地建设与验收标准（试行）》，细化建设内容，指导各区进行现代农业全产业链标准化示范基地建设和验收。

二是建设基地。各区以优级标准化基地为基础，遴选符合条件的基地，以"查缺补漏，填平补齐"为原则，根据建设标准组织开展示范基地建设，并组织验收。

三是加强管理。市、区两级对建设基地开展技术指导，联合组织专家验收；对完成建设和验收的基地，不定期进行投入品管理和使用、生产记录完整性和规范性、产品质量安全管控等情况的抽查，督促基地依标组织生产。

四是应用成果。针对历年验收中发现的标准综合体编写不规范、亮点不突出，验收总结报告逻辑不清晰等问题，北京市针对性地编写了指导课件和材料撰写模板，通过线上线下相结合的方式，手把手指导，提高项目建设的科学性，帮助企业顺利通过专家组验收。

> ### 全产业链项目总结报告撰写要点
>
> 全产业链项目总结报告应包括但不限于项目背景、基地情况、建设目标、建设内容、组织实施情况、资金使用情况、建设成效和下一步工作计划等内容。
>
> **1. 项目背景**
>
> 要明确此项工作是按照中央和农业农村部部署要求，依据全市农业标准化工作要求开展的，明确要完善现代农业标准体系，突出重点，探索构建以产品为主线的全产业链标准体系，明确是在优级农业标准化基地中遴选出的基地内开展现代农业全产业链标准化示范基地建设，北京市农业农村局制定的《北京市现代农业全产业链标准化示范基地建设与验收标准（试行）》是全市现代农业全产业链标准化示范基地建设和验收的指导性文件。示范基地以"查缺补漏，填平补齐"为原则，对企业生产的主线产品的产业链条进行详细梳理，开展示范基地建设。
>
> **2. 基地情况**
>
> 要说明基地生产规模和年产量，在生产运营、品牌建设、获得荣誉等方面的情况。

如果企业获得的荣誉较多，可以不必全部罗列，选择与全产业链标准化示范基地建设相关的情况进行介绍。具体内容可围绕《北京市现代农业全产业链标准化示范基地建设与验收标准（试行）》中打分表的要求进行表述，避免无关信息过多，导致建设成效不够突出。

3. 建设目标

示范基地要全面梳理主线产品生产运营全链条各环节，查阅分析现行有效的国家标准、行业标准、地方标准，结合企业生产实际，按照"有标贯标、缺标补标、低标提标"的原则，说明编写哪些企业标准，共编写多少项，按要求编制全产业链标准综合体明细表，形成1套全产业链标准综合体。组织对全体员工的全产业链标准化培训，制作标准流程图、明白纸等，确保全体员工理解标准综合体并按标操作，提高企业全产业链标准化管理水平。可根据企业实际来阐述经济效益、社会效益和生态效益目标。

4. 建设内容

这一部分内容应包括但不限于组织机构建设、标准综合体研制和基地建设等内容。

（1）组织机构建设。本部分中应包括企业负责人高度重视全产业链示范基地建设，成立建设小组，小组成员包括生产技术部、采购部和销售部等部门负责人或相关人员。尽可能附组织机构框架图。小组成员中一定要包括重点环节负责人员，并由文字水平较高的员工负责将企业重点环节的生产实际情况转化为标准，保证标准综合体能体现企业的生产情况，更重要的是标准综合体能指导生产实际，提高生产效率。

（2）标准综合体研制。本部分中应包括综合标准化对象的选择和标准综合体构建两部分内容。

综合标准化对象的选择中主要阐述如何确定具体产品品种。例如，综合标准化对象是企业在品种种质选育、种植技术、生产规模等方面具有特长的产品，还具备区域发展优势。

标准综合体构建要梳理分析产品生产运营中的关键环节，包括产地环境、品种种质、投入品管控、田间管控、病虫害防控、采收、加工（涉及加工的）、储运保鲜、包装标识、质量安全限量、分等分级和检测方法、产品追溯等环节。畜禽养殖标准综合体要包括养殖环境（牧场、畜舍）、品种选育、投入品管控、养殖管理、疫病防控、畜产品储存、运输标准、屠宰冷链、分等分级、废弃物（屠宰加工副产物）处理利用、质量安全限量、检测方法、产品追溯等环节。水产养殖标准综合体要包括养殖模式（池塘、工厂等）、品种选育、投入品管控、养殖管理、疫病防控、加工冷链、废弃物处理、质量安全限量、检测方法、产品追溯等环节。

示范基地要查阅各环节现行有效的国家标准、行业标准、地方标准有多少项，按照不同的环节或生产要素进行梳理并形成明细表，明细表应包括标准名称、标准编号、标准类型及涉的生产环节或生产要素。

结合企业的种养品种和生产模式，以明细表为指引，总结企业因地制宜编写的特色鲜明、先进适用、操作性强的企业标准类型及数量，在此基础上形成标准综合体明细表并构建标准体系框架图。

标准综合体编制尽量覆盖所有链条，并不是所有链条每个环节都编制一项标准，比如产地环境的要求可以融在生产操作规程中，但生产链条比较长的环节如种质资源研发、加工、观光休闲、冷链物流等环节和链条中比较重要的环节如畜禽养殖中的饲料管控、疫病预防与兽药使用、废弃物处理等应单独形成标准。

综合以上工作，示范基地构建与基地生产实际相符的标准综合体明细表和框架图，明细表应包括目标、阶段、控制环节、控制要素、质量安全要求和标准名称、标准编号、标准类型等内容。

（3）基地建设。本部分中主要阐述根据标准综合体中某项标准的某项要求，做了哪些工作，采购了哪些东西。

5. 组织实施情况

（1）标准综合体宣贯。阐述通过哪些方式，如通过培训、编写标准流程图和明白纸等方式，对哪些员工开展了多少次的宣贯。这部分内容中应将各项工作进行量化，以展现具体开展的工作及取得的成效。

（2）标准综合体实施。对照编写的关键环节标准，阐述示范基地是如何确保员工理解掌握标准并按标生产的，也就是阐述标准综合体落地执行的检验过程。比如育苗相关企业标准阐述中要说明育苗工作人员按照这项标准要求对哪些关键技术进行了什么操作，确保秧苗健壮，并建立了详细的育苗记录，确保标准落地执行。其他关键环节可参考阐述。

（3）标准综合体评价与提升。可建立标准综合体自评表，内容主要围绕技术要求是否满足生产实际，对企业的经济利润有无提升，对带动社会效益、生态效益起的作用等方面。阐述评价过程中发现的问题有哪些，做了哪些调整。展示自评记录。

6. 资金使用情况

本部分中要说明示范基地建设过程中的资金使用情况，按照实际使用情况编制资金使用表格，必要时附发票。

7. 建设成效

对应建设内容中的基地建设情况，逐条阐述建设内容起到的作用、带来的成效，可以是因用药量减少而降低成本、因产量提高或拓展观光休闲业务而增加收益等经济利润提升，也可以是人员标准化知识丰富等社会效益提升，还可以是保护了产地环境、增加了生物物种等生态效益提升。

8. 下一步计划

本部分主要阐述示范基地未来的发展思考，可以是标准综合体的不断完善、生产技术的提升、销售渠道的开拓、社会责任的落地等。

总之，示范基地通过全产业标准化建设，对全产业链标准综合体有了更深入的认识，与示范基地未来发展相结合，切实发挥标准对企业的管理水平、生产水平等的提升作用，通过生产实际不断调整完善标准综合体，实现理论与实践相互补充、相互促进。

第八章　北京市现代农业全产业链标准化
应用之种植业（设施蔬菜）

北京市"三品一标"行动中提出"构建以产品为主线的全产业链标准体系"，明确提出到 2025 年构建完成设施蔬菜和生猪两个生产体系。结合北京市农业产业生产实践，选定设施蔬菜主要品种建设现代农业全产业链标准化示范基地。

一、设施蔬菜品种的选择

设施蔬菜是指利用外在人工设施来影响蔬菜生长的环境条件，为蔬菜提供适宜生长的有利条件的农业生产模式，是保障蔬菜产品周年供应、提高蔬菜产品质量安全、抵御自然灾害影响的重要手段。

设施生产由于完全或部分摆脱了土地条件的制约，能够人为调控环境因子，可以为蔬菜提供较适宜甚至最佳的生长发育条件，因而是实现蔬菜高产和周年供应的有效途径。

从 20 世纪 80 年代开始我国蔬菜栽培面积就在不断增长，虽然在 21 世纪初有所降低，但从 2005 年后，我国蔬菜栽培面积以及单位产量开始再次攀升，增速明显。资料显示，2021 年我国蔬菜产量为 74 912.9 万吨，同比增长 3.9％。

（一）北京市设施蔬菜发展现状

设施蔬菜在北京市蔬菜生产中占据着重要地位，其产量占北京市蔬菜总产量的 60％以上，是北京市蔬菜生产的主要形式，对保障首都"菜篮子"供应具有重要作用。资料显示，2021 年北京市设施蔬菜播种面积 40.3 万亩（1 亩＝0.066 67 公顷，余同），产量 95.3 万吨，产值 40.0 亿元。从蔬菜种类来看，主要有叶菜类蔬菜（普通白菜、芹菜、菠菜等）、果菜类蔬菜（番茄、黄瓜等）和食用菌三大类。

从设施类型来看，全市设施总量为 20.06 万栋，主体为日光温室（10.62 万栋，占地 8.5 万亩）和塑料大棚（9.28 万栋，占地 8.7 万亩），数量占比分别为 52.9％和 46.3％。

从不同设施的蔬菜茬口来看，冷凉地区（延庆、怀柔、平谷、密云）的大棚蔬菜以一年一大茬的茄果类蔬菜（番茄、茄子、辣椒）为主，平原区（大兴、顺义和通州）的大棚蔬菜以瓜菜（西瓜—叶用莴苣/番茄/黄瓜）两茬为主，另有小部分地区以番茄—黄瓜—叶菜的一年三茬为主；日光温室一般是以春提前—秋延后—冬季叶菜类的一年三茬为主，春提前和秋延后以茄果类和瓜类为主，少部分以叶菜类为主的日光温室一年可以实现 10 茬以上；连栋温室以育苗、周年水培叶菜以及长季节番茄、甜辣椒无土栽培为主。

从地区分布来看，大兴、顺义、通州、房山 4 个区为设施蔬菜主产区，占地面积约占全市设施蔬菜总占地面积的 74％，产量约占全市设施蔬菜总产量的 84％。从经营主体来看，全市设施农业经营主体 2.32 万个，稳定从业的户籍劳动力约 1 万人。

从产业链条来看，产前环节有蔬菜育苗场 98 家，年育苗量为 3.07 亿株；产后环节有蔬菜产加销一体化市级以上农业产业化龙头企业 16 家，设施蔬菜加工产值约 9.5 亿元。

从产业融合来看，全市以设施蔬菜生产为主的休闲农业园区有 28 家，大部分拥有绿色或有机认证；一部分设施蔬菜休闲农业园实行会员制，建立了较为稳固的消费客群，开辟了网络销售配送渠道。

（二）北京市设施蔬菜标准化示范基地建设情况

1995 年，北京市建设了第一批国家级农业标准化示范区，2002 年正式启动了市级农业标准化生产示范基地建设工作。按照"区级建设、市级评定、动态管理、优级奖励"的工作原则，全市农业标准化基地总量初具规模并稳步增长。截至 2023 年，北京市标准化基地共 1 092 家，其中种植业标准化基地 721 家。

2020 年农业农村部和财政部审核批准北京市建立设施蔬菜产业集群，为北京市发挥产业集聚和科技创新的溢出效应，推进设施蔬菜产业发展带来新契机。北京市提出在"十四五"期间，实施设施农业产业集群建设工程，将蔬菜自给率提升至 20%。围绕设施蔬菜全产业链，推动品种培优、品质提升、品牌打造和标准化生产，实现"建基地、强龙头、延链条、聚集群"，并将此作为当前北京市设施蔬菜产业发展的核心任务。

2021 年，中央一号文件提出加快培育发展现代农业全产业链，农业农村部下发指导意见，北京第一时间做出响应，印发实施方案，提出到 2025 年集中打造一批现代农业全产业链标准化示范基地，培育一批质量过硬、品牌叫得响、带动能力强的绿色优质农产品。至此，北京农业标准化进入全产业链时代。

2020—2022 年，北京市针对农业产业链条短、附加值低等实际问题，结合供给侧结构性改革推进步伐，以全产业链标准化建设为统领，加快推进农业产业纵向、横向融合发展，努力做好"接二连三"延链、补链、强链的大文章。率先在全国范围内设立高标准设施蔬菜全产业链标准示范基地，建立高水平的、科学的、与国际接轨的质量安全标准体系，充分发挥示范基地的引领、辐射和带动作用，打造从农业种植到终端消费全程完善的产业链，有效解决贸易壁垒、保证商品质量安全、提高产业化程度和市场竞争力。

在已建成的种植业标准化生产基地中，设施蔬菜（番茄、黄瓜、韭菜和生菜）基地共计 581 家，占种植业标准化基地的 80.6%。经专家论证，北京市选择设施蔬菜开展全产业链标准化示范基地建设时，以番茄、黄瓜、韭菜和生菜四种有代表性的产品作为设施蔬菜全产业链建设的重点产品。

二、设施蔬菜全产业链标准体系框架构建

确定重点产品后，结合北京市设施蔬菜生产情况，构建全产业链标准体系框架。

（一）构建目标

以实现设施蔬菜全产业链标准化最佳效益为指引，以优质化、集约化、绿色化、智

慧化和价值提升为关键突破点，按照"有标贯标，缺标补标"的原则，低标提标，统筹设施蔬菜全产业链标准规划布局，为科学指导设施蔬菜全产业链标准立项、编制、修订、管理及实施应用提供基本依据，为做强北京特色设施蔬菜产业、打造优质设施蔬菜品牌提供技术保障。

（二）构建原则

北京市设施蔬菜全产业链标准体系构建遵循以下原则。

1. 系统性原则

体系布局系统、完整，涵盖设施蔬菜产前、产中、产后全链条各环节标准化相关要素，促进全产业链各环节和主体紧密关联、有效衔接、耦合配套，形成标准化推进合力。

2. 科学性原则

体系结构简明优化，形成层次清晰、分类明确、数量合理、指标科学、相互协调、科学开放的有机整体，促进实现标准化最佳效益。

3. 先进性原则

体系内容先进适用，基础性与前瞻性并重，在充分满足当前急需的前提下，兼顾产业和技术发展趋势，注重新技术、新模式的转化应用和引领。

（三）标准体系框架构建

以贯穿产前、产中、产后的产业链维度，依据设施蔬菜产业链重要环节以及标准化对象的内在联系和功能要求，构建设施蔬菜全产业链标准体系，包括基础标准、生产标准、加工标准、产品标准、流通标准、品牌认证标准、管理服务标准7个子体系，体系结构如彩图8-1所示。

（四）标准子体系功能及要素分析

系统梳理各子体系要素构成，广泛收集整理与设施蔬菜产业要素直接相关的国家标准、行业标准和地方标准，评估标准的适用性，对于适用的标准在推进设施蔬菜全产业链标准化过程中可直接应用。北京市现代农业设施蔬菜全产业链标准体系明细见表8-1。

1. 基础标准

该子体系包含规范设施蔬菜的术语和分类等内容。

《蔬菜名称（一）》（GB/T 8854）、《水果和蔬菜　形态学和结构学术语》（GB/T 26430）和《新鲜水果和蔬菜　词汇》（GB/T 23351），规定了包括番茄、黄瓜、生菜和韭菜在内的多种蔬菜的中英文名称、植物学名称以及其形态结构术语的中英文名称；《蔬菜加工名词术语》（NY/T 2780）规定了蔬菜加工业的部分名词术语；《蔬菜名称及计算机编码》（NY/T 1741）规定了蔬菜生产流通中信息处理与信息交换的编码。这些标准是针对蔬菜的基础通用标准，也适用于设施蔬菜。

目前现行有效的蔬菜术语和分类标准主要侧重于植物学名称和商品名称、产品形态和

表 8-1 北京市现代农业设施蔬菜全产业链标准体系

序号	适用对象	适用环节	标准编码	标准号	标准名称	标准层级	发布年份（年）	状态
基础标准（01）								
1	蔬菜	术语分类	1001	GB/T 8854	蔬菜名称（一）	国家标准	1988	现行有效
2	蔬菜	术语分类	1002	GB/T 26430	水果和蔬菜 形态学和结构学术语	国家标准	2010	现行有效
3	蔬菜	术语分类	1003	GB/T 23351	新鲜水果和蔬菜 词汇	国家标准	2009	现行有效
4	蔬菜	术语分类	1004		蔬菜生产名词术语	行业标准		待制定
5	蔬菜	术语分类	1005	NY/T 2780	蔬菜加工名词术语	行业标准	2015	现行有效
6	蔬菜	术语分类	1006	NY/T 1741	蔬菜名称及计算机编码	行业标准	2009	现行有效
7	蔬菜	术语分类	1007	SB/T 10029	新鲜蔬菜分类与代码	行业标准	2012	现行有效
产地环境标准（02）								
8	蔬菜	环境质量	2001	GB 5084	农田灌溉水质标准	国家标准	2021	现行有效
9	蔬菜	环境质量	2002	GB 15618	土壤环境质量 农用地土壤污染风险管控标准	国家标准	2018	现行有效
10	蔬菜	环境质量	2003	GB 3095	环境空气质量标准	国家标准	2012	现行有效
11	蔬菜	环境质量	2004	NY/T 5010	无公害农产品 种植业产地环境条件	行业标准	2016	现行有效
12	蔬菜	环境质量	2005	NY/T 848	蔬菜产地环境技术条件	行业标准	2004	现行有效
13	蔬菜	环境质量	2006	DB11/T 325	蔬菜生产基地环境质量监测与评价技术规范	地方标准	2010	现行有效
14	蔬菜	环境质量	2007	HJ 333	温室蔬菜产地环境质量评价标准	行业标准	2006	现行有效
15	蔬菜	污染防控	2008		设施蔬菜面源污染防控技术规程	地方标准		待制定
16	蔬菜	污染防控	2009	DB11/T 749	农田氮磷环境风险评价	地方标准	2010	现行有效
17	蔬菜	污染防控	2010		设施蔬菜土壤改良技术规程	地方标准		待制定

（续）

序号	适用对象	适用环节	标准编码	标准号	标准名称	标准层级	发布年份（年）	状态
18	蔬菜	环境调控	2011		设施蔬菜环境调控技术规范	地方标准		待制定
设施设备标准（03）								
19	蔬菜	设施建造	3001	DB11/T 291	日光温室建造规范	地方标准	2022	现行有效
20	蔬菜	设施建造	3002	DB11/T 2147	连栋玻璃温室建造技术规范	地方标准	2023	现行有效
21	蔬菜	设施建造	3003	DB11/T 2152	钢架塑料大棚建造技术规范	地方标准	2023	现行有效
22	蔬菜	设施建造	3004		蔬菜设施宜机化改建技术规范	地方标准		待制定
23	蔬菜	设施建造	3005		蔬菜基质栽培设施建造规范	地方标准		待制定
24	蔬菜	设施建造	3006	NY/T 2442	蔬菜集约化育苗场建设规范	行业标准	2013	现行有效
25	蔬菜	设备使用	3007	DB11/T 550	日光温室用电动卷帘机技术条件	地方标准	2018	现行有效
26	蔬菜	设备使用	3008	DB11/T 459	农业机械作业规范 蔬菜六播机	地方标准	2022	现行有效
27	蔬菜	设备使用	3009	DB11/T 1572	微耕机安全运行技术规范	地方标准	2022	现行有效
28	蔬菜	设备使用	3010	NY/T 3486	蔬菜移栽机 作业质量	行业标准	2019	现行有效
29	蔬菜	设备使用	3011	DB11/T 557	设施农业节水灌溉工程技术规程	地方标准	2023	现行有效
30	蔬菜	设备使用	3012	DB11/T 2061	种植业节水灌溉管理规范	地方标准	2022	现行有效
31	蔬菜	设备使用	3013	DB11/T 1571	设施蔬菜土壤栽培节水灌溉施肥技术规程	地方标准	2018	现行有效
32	蔬菜	设备使用	3014	DB11/T 722	节水灌溉工程自动控制系统设计规范	地方标准	2022	现行有效
33	蔬菜	设备使用	3015	DB11/T 558	节水灌溉工程施工质量验收规范	地方标准	2022	现行有效
34	蔬菜	设备使用	3016	DB11/T 556	节水灌溉工程运行管理规范	地方标准	2021	现行有效
35	蔬菜	设备使用	3017	DB11/T 721	节水灌溉技术导则	地方标准	2010	现行有效

（续）

投入品种标准（04）

序号	适用对象	适用环节	标准编码	标准号	标准名称	标准层级	发布年份（年）	状态
36	蔬菜	品种鉴定	4001	DB11/T 199	蔬菜品种纯度田间种植鉴定规程	地方标准	2021	现行有效
37	蔬菜	品种鉴定	4002	NY/T 3926	农作物品种试验规范　蔬菜	行业标准	2021	现行有效
38	茄果类蔬菜	种子质量	4003	GB 16715.3	瓜菜作物种子　第3部分：茄果类	国家标准	2010	现行有效
39	茄果类蔬菜	品种鉴定	4004	DB11/T 907.1	蔬菜作物品种鉴定试验规程　第1部分：茄果类	地方标准	2021	现行有效
40	番茄	品种鉴定	4005	GB/T 19557.13	植物品种特异性（可区别性）、一致性和稳定性测试指南　番茄	国家标准	2022	现行有效
41	番茄	品种鉴定	4006	NY/T 2471	番茄品种鉴定技术规程 Indel 分子标记法	行业标准	2013	现行有效
42	番茄	品种鉴定	4007	NY/T 3858	番茄抗匍柄霉叶斑病鉴定技术规程	行业标准	2021	现行有效
43	番茄	品种鉴定	4008	NY/T 3081	番茄抗番茄黄化曲叶病毒鉴定技术规程	行业标准	2017	现行有效
44	番茄	品种鉴定	4009	NY/T 1858.1	番茄主要病害抗病性鉴定技术规程　第1部分：番茄抗晚疫病鉴定技术规程	行业标准	2010	现行有效
45	番茄	品种鉴定	4010	NY/T 1858.2	番茄主要病害抗病性鉴定技术规程　第2部分：番茄抗叶霉病鉴定技术规程	行业标准	2010	现行有效
46	番茄	品种鉴定	4011	NY/T 1858.3	番茄主要病害抗病性鉴定技术规程　第3部分：番茄抗枯萎病鉴定技术规程	行业标准	2010	现行有效
47	番茄	品种鉴定	4012	NY/T 1858.4	番茄主要病害抗病性鉴定技术规程　第4部分：番茄抗青枯病鉴定技术规程	行业标准	2010	现行有效
48	番茄	品种鉴定	4013	NY/T 1858.5	番茄主要病害抗病性鉴定技术规程　第5部分：番茄抗疮痂病鉴定技术规程	行业标准	2010	现行有效

（续）

序号	适用对象	适用环节	标准编码	标准号	标准名称	标准层级	发布年份（年）	状态
49	番茄	品种鉴定	4014	NY/T 1858.6	番茄主要病害抗病性鉴定技术规程 第6部分：番茄抗番茄花叶病毒病鉴定技术规程	行业标准	2010	现行有效
50	番茄	品种鉴定	4015	NY/T 1858.7	番茄主要病害抗病性鉴定技术规程 第7部分：番茄抗黄瓜花叶病毒病鉴定技术规程	行业标准	2010	现行有效
51	番茄	品种鉴定	4016	NY/T 1858.8	番茄主要病害抗病性鉴定技术规程 第8部分：番茄抗南方根结线虫病鉴定技术规程	行业标准	2010	现行有效
52	番茄	种子生产	4017	DB11/T 198.5	蔬菜种子生产技术操作规程 第5部分：番茄	地方标准	2003	现行有效
53	番茄	品种标准	4018		番茄品种	地方标准		待制定
54	瓜类蔬菜	种子质量	4019	GB 16715.1	瓜菜作物种子 第1部分：瓜类	国家标准	2010	现行有效
55	瓜类蔬菜	品种鉴定	4020	DB11/T 907.2	蔬菜作物品种鉴定试验规程 第2部分：瓜类	地方标准	2016	现行有效
56	黄瓜	品种鉴定	4021	GB/T 19557.25	植物品种特异性（可区别性）、一致性和稳定性测试指南 黄瓜	国家标准	2022	现行有效
57	黄瓜	品种鉴定	4022	NY/T 4200	黄瓜品种真实性鉴定 SSR分子标记法	行业标准	2022	现行有效
58	黄瓜	品种鉴定	4023	NY/T 3864	黄瓜棒孢叶斑病、蔓枯病、炭疽病抗病性鉴定技术规程	行业标准	2021	现行有效
59	黄瓜	品种鉴定	4024	NY/T 1857.1	黄瓜主要病害抗病性鉴定技术规程 第1部分：黄瓜抗霜霉病鉴定技术规程	行业标准	2010	现行有效
60	黄瓜	品种鉴定	4025	NY/T 1857.2	黄瓜主要病害抗病性鉴定技术规程 第2部分：黄瓜抗白粉病鉴定技术规程	行业标准	2010	现行有效
61	黄瓜	品种鉴定	4026	NY/T 1857.3	黄瓜主要病害抗病性鉴定技术规程 第3部分：黄瓜抗枯萎病鉴定技术规程	行业标准	2010	现行有效
62	黄瓜	品种鉴定	4027	NY/T 1857.4	黄瓜主要病害抗病性鉴定技术规程 第4部分：黄瓜抗疫病鉴定技术规程	行业标准	2010	现行有效

（续）

序号	适用对象	适用环节	标准编码	标准号	标准名称	标准层级	发布年份（年）	状态
63	黄瓜	品种鉴定	4028	NY/T 1857.5	黄瓜主要病害抗病性鉴定技术规程　第5部分：黄瓜抗黑星病鉴定技术规程	行业标准	2010	现行有效
64	黄瓜	品种鉴定	4029	NY/T 1857.6	黄瓜主要病害抗病性鉴定技术规程　第6部分：黄瓜抗细菌性角斑病鉴定技术规程	行业标准	2010	现行有效
65	黄瓜	品种鉴定	4030	NY/T 1857.7	黄瓜主要病害抗病性鉴定技术规程　第7部分：黄瓜抗黄瓜花叶病毒病鉴定技术规程	行业标准	2010	现行有效
66	黄瓜	品种鉴定	4031	NY/T 1857.8	黄瓜主要病害抗病性鉴定技术规程　第8部分：黄瓜抗南方根结线虫病鉴定技术规程	行业标准	2010	现行有效
67	黄瓜	种子生产	4032	DB11/T 198.7	蔬菜种子生产技术规程　第7部分：黄瓜	地方标准	2003	现行有效
68	瓜类蔬菜	种子生产	4033	DB11/T 739	瓜类种子包衣处理技术规程	地方标准	2020	现行有效
69	黄瓜	品种标准	4034			黄瓜品种	地方标准		待制定
70	绿叶类蔬菜	种子质量	4035	GB 16715.5	瓜菜作物种子　第5部分：绿叶菜类	国家标准	2010	现行有效
71	生菜	品种鉴定	4036			蔬菜作物品种鉴定试验规程　第4部分：生菜	地方标准		待制定
72	生菜	种子生产	4037			蔬菜种子生产技术操作规程　第10部分：生菜	地方标准		待制定
73	生菜	品种标准	4038			生菜品种	地方标准		待制定
74	韭菜	种子生产	4039			蔬菜种子生产技术操作规程　第11部分：韭菜	地方标准		待制定
75	韭菜	品种标准	4040			韭菜品种	地方标准		待制定
76	蔬菜	育苗	4041	NY/T 2118	蔬菜育苗基质	行业标准	2012	现行有效
77	蔬菜	育苗	4042			蔬菜工厂化育苗技术规程	地方标准		待制定
78	蔬菜	育苗	4043	NY/T 2119	蔬菜穴盘育苗　通则	行业标准	2012	现行有效

（续）

序号	适用对象	适用环节	标准编码	标准号	标准名称	标准层级	发布年份（年）	状态
79	茄果类蔬菜	育苗	4044	NY/T 2312	茄果类蔬菜穴盘育苗技术规程	行业标准	2013	现行有效
80	茄果类蔬菜	育苗	4045	NY/T 3931	茄果类蔬菜嫁接育苗技术规程	行业标准	2021	现行有效
81	番茄	育苗	4046	DB11/T 919	番茄嫁接苗生产技术规程	地方标准	2012	现行有效
82	番茄	育苗	4047		番茄穴盘育苗技术规程	地方标准		待制定
83	番茄	育苗	4048		番茄漂浮育苗技术规程	地方标准		待制定
84	黄瓜	育苗	4049	DB11/T 268	黄瓜嫁接苗生产技术规程	地方标准	2005	现行有效
85	黄瓜	育苗	4050		黄瓜穴盘育苗技术规程	地方标准		待制定
86	黄瓜	育苗	4051		黄瓜漂浮育苗技术规程	地方标准		待制定
87	生菜	育苗	4052		生菜穴盘育苗技术规程	地方标准		待制定
88	生菜	育苗	4053		生菜漂浮育苗技术规程	地方标准		待制定
89	韭菜	育苗	4054		韭菜穴盘育苗技术规程	地方标准		待制定
90	蔬菜	栽培基质	4055		蔬菜无土栽培用原料通用技术要求	地方标准		待制定
91	蔬菜	肥料	4056	GB 38400	肥料中有毒有害物质的限量要求	国家标准	2019	现行有效
92	蔬菜	肥料	4057	GB 18382	肥料标识 内容和要求	国家标准	2021	现行有效
93	蔬菜	肥料	4058	GB/T 15063	复合肥料	国家标准	2020	现行有效
94	蔬菜	肥料	4059	NY/T 1109	微生物肥料生物安全通用技术准则	行业标准	2017	现行有效
95	蔬菜	肥料	4060	NY/T 798	复合微生物肥料	行业标准	2015	现行有效
96	蔬菜	肥料	4061	NY/T 525	有机肥料	行业标准	2021	现行有效
97	蔬菜	肥料	4062	NY/T 496	肥料合理使用准则 通则	行业标准	2010	现行有效

（续）

序号	适用对象	适用环节	标准编码	标准号	标准名称	标准层级	发布年份（年）	状态
98	蔬菜	肥料	4063	NY/T 1105	肥料合理使用准则 氮肥	行业标准	2006	现行有效
99	蔬菜	肥料	4064	NY/T 1535	肥料合理使用准则 微生物肥料	行业标准	2007	现行有效
100	蔬菜	农药	4065	GB 20813	农药产品标签通则	国家标准	2006	现行有效
101	蔬菜	农药	4066	NY/T 1276	农药安全使用规范 总则	行业标准	2007	现行有效
102	蔬菜	农药	4067	NY/T 4183	农药使用人员个体防护指南	行业标准	2022	现行有效
生产技术标准（05）								
103	蔬菜	生产规程	5001	DB11/T 2013	蔬菜生产质量安全控制规范	地方标准	2022	现行有效
104	蔬菜	生产规程	5002	DB11/T 1764.2	用水定额 第2部分：蔬菜和中药材	地方标准	2021	现行有效
105	蔬菜	生产规程	5003	NY/T 3244	设施蔬菜灌溉施肥技术通则	行业标准	2018	现行有效
106	蔬菜	生产规程	5004	NY/T 3696	设施蔬菜水肥一体化技术规范	行业标准	2020	现行有效
107	蔬菜	生产规程	5005	NY/T 4297	沼肥施用技术规范 设施蔬菜	行业标准	2023	现行有效
108	蔬菜	生产规程	5006	NY/T 3832	设施蔬菜施肥量控制技术指南	行业标准	2021	现行有效
109	蔬菜	生产规程	5007	DB11/T 1725	蔬菜病虫害全程绿色防控技术规范	地方标准	2020	现行有效
110	蔬菜	生产规程	5008		设施蔬菜病虫害监测技术规程	地方标准		待制定
111	蔬菜	生产规程	5009	NY/T 3619	设施蔬菜根结线虫病防治技术规程	行业标准	2020	现行有效
112	蔬菜	生产规程	5010	NY/T 3635	释放捕食螨防治害螨（螨）技术规程 设施蔬菜	行业标准	2020	现行有效
113	蔬菜	生产规程	5011	NY/T 3637	蔬菜蓟马类害虫综合防治技术规程	行业标准	2020	现行有效
114	蔬菜	生产规程	5012	NY/T 3265.1	丽蚜小蜂使用规范 第1部分：防控蔬菜温室粉虱	行业标准	2018	现行有效
115	番茄	生产规程	5013	DB11/T 162	主要果类蔬菜设施生产技术规程	地方标准	2021	现行有效
116	番茄	生产规程	5014	DB11/T 700	番茄设施生产技术规程	地方标准	2020	现行有效

（续）

序号	适用对象	适用环节	标准编码	标准号	标准名称	标准层级	发布年份（年）	状态
117	番茄	生产规程	5015		番茄基质栽培技术规程	地方标准		待制定
118	番茄	生产规程	5016		番茄水培栽培技术规程	地方标准		待制定
119	番茄	生产规程	5017		水果番茄栽培技术规程	地方标准		待制定
120	番茄	生产规程	5018	DB11/T 285	保护地番茄灰霉病测报调查规范	地方标准	2005	现行有效
121	番茄	生产规程	5019	NY/T 3744	日光温室全产业链管理技术规范　番茄	行业标准	2020	现行有效
122	番茄	生产规程	5020	DB11/T 1091	设施茄果类蔬菜熊蜂授粉技术规程	地方标准	2014	现行有效
123	黄瓜	生产规程	5021	DB11/T 701	黄瓜设施生产技术规程	地方标准	2020	现行有效
124	黄瓜	生产规程	5022		黄瓜基质栽培技术规程	地方标准		待制定
125	黄瓜	生产规程	5023		黄瓜水培技术规程	地方标准		待制定
126	黄瓜	生产规程	5024		水果型黄瓜栽培技术规程	地方标准		待制定
127	黄瓜	生产规程	5025	DB11/T 286	保护地黄瓜霜霉病测报调查规范	地方标准	2005	现行有效
128	黄瓜	生产规程	5026	NY/T 3745	日光温室全产业链管理技术规范　黄瓜	行业标准	2020	现行有效
129	黄瓜	生产规程	5027	NY/T 3845	日光温室黄瓜气肥水一体化施用技术规程	行业标准	2021	现行有效
130	黄瓜	生产规程	5028	NY/T 2630	黄瓜绿斑驳花叶病毒病防控技术规程	行业标准	2014	现行有效
131	生菜	生产规程	5029	DB11/T 163	叶菜类蔬菜生产技术规程	地方标准	2021	现行有效
132	生菜	生产规程	5030	DB11/T 230	结球生菜生产技术规程	地方标准	2018	现行有效
133	生菜	生产规程	5031		生菜基质栽培生产技术规程	地方标准		待制定
134	生菜	生产规程	5032	DB11/T 2150	水培叶菜生产技术规程	地方标准	2023	现行有效
135	韭菜	生产规程	5033	NY/T 4024	韭菜主要病虫害绿色防控技术规程	行业标准	2021	现行有效
136	韭菜	生产规程	5034	DB11/T 2146	韭菜生产技术规程	地方标准	2023	现行有效

（续）

加工技术标准（06）

序号	适用对象	适用环节	标准编码	标准号	标准名称	标准层级	发布年份（年）	状态
137	蔬菜	采后处理	6001	DB11/T 506	蔬菜初加工生产技术规程	地方标准	2007	现行有效
138	茄果类蔬菜	采后处理	6002	DB11/T 867.4	蔬菜采后处理技术规程　第4部分：茄果类	地方标准	2012	现行有效
139	瓜类蔬菜	采后处理	6003	DB11/T 867.5	蔬菜采后处理技术规程　第5部分：瓜类	地方标准	2012	现行有效
140	叶菜类蔬菜	采后处理	6004	DB11/T 867.2	蔬菜采后处理技术规程　第2部分：叶菜类	地方标准	2012	现行有效
141	蔬菜	生产加工	6005	GB 31652	食品安全国家标准　即食鲜切果蔬加工卫生规范	国家标准	2021	现行有效
142	蔬菜	生产加工	6006	NY/T 1529	鲜切蔬菜加工技术规范	行业标准	2007	现行有效
143	蔬菜	生产加工	6007	SN/T 3063.2	航空食品　第2部分：生食（切）水果蔬菜制品微生物污染控制规范	行业标准	2015	现行有效

产品质量标准（07）

序号	适用对象	适用环节	标准编码	标准号	标准名称	标准层级	发布年份（年）	状态
144	蔬菜	质量安全	7001	GB 2762	食品安全国家标准　食品中污染物限量	国家标准	2022	现行有效
145	蔬菜	质量安全	7002	GB 2763	食品安全国家标准　食品中农药最大残留限量	国家标准	2021	现行有效
146	蔬菜	质量安全	7003	GB 2763.1	食品安全国家标准　食品中2,4-滴丁酸钠盐等112种农药最大残留限量	国家标准	2022	现行有效
147	蔬菜	质量安全	7004	GB 2760	食品安全国家标准　食品添加剂使用标准	国家标准	2024	现行有效
148	蔬菜	质量安全	7005	GB 31607	食品安全国家标准　散装即食食品中致病菌限量	国家标准	201	现行有效
149	蔬菜	质量安全	7006	GB 29921	食品安全国家标准　预包装食品中致病菌限量	国家标准	2021	现行有效
150	蔬菜	质量安全	7007	GB 14891.5	辐照新鲜水果、蔬菜类卫生标准	国家标准	1997	现行有效
151	蔬菜	质量等级	7008	NY/T 2103	蔬菜抽样技术规范	行业标准	2011	现行有效
152	番茄	质量等级	7009	GH/T 1193	番茄	行业标准	2021	现行有效

（续）

序号	适用对象	适用环节	标准编码	标准号	标准名称	标准层级	发布年份（年）	状态
153	番茄	质量等级	7010	NY/T 4265	樱桃番茄	行业标准	2023	现行有效
154	黄瓜	质量等级	7011	NY/T 1587	黄瓜等级规格	行业标准	2008	现行有效
155	生菜	质量等级	7012	NY/T 1984	叶用莴苣等级规格	行业标准	2011	现行有效
156	韭菜	质量等级	7013	NY/T 579	韭菜	行业标准	2002	现行有效
157	蔬菜	产品标准	7014	GH/T 1341	鲜切果蔬	行业标准	2021	现行有效
包装标识标准（08）								
158	蔬菜	包装标识	8001	GB 4806.1	食品安全国家标准 食品接触材料及制品通用安全要求	国家标准	2016	现行有效
159	蔬菜	包装标识	8002	GB 4806.7	食品安全国家标准 食品接触用塑料材料及制品	国家标准	2016	现行有效
160	蔬菜	包装标识	8003	GB 4806.8	食品安全国家标准 食品接触用纸和纸板材料及制品	国家标准	2022	现行有效
161	蔬菜	包装标识	8004	GB 4806.12	食品安全国家标准 食品接触用竹木材料及制品	国家标准	2022	现行有效
162	蔬菜	包装标识	8005	GB 7718	食品安全国家标准 预包装食品标签通则	国家标准	2011	现行有效
163	蔬菜	包装标识	8006	NY/T 1655	蔬菜包装标识通用准则	行业标准	2008	现行有效
164	蔬菜	包装标识	8007	SB/T 10158	新鲜蔬菜包装与标识	行业标准	2012	现行有效
贮存运输标准（09）								
165	蔬菜	贮存运输	9001	GB 31605	食品安全国家标准 食品冷链物流卫生规范	国家标准	2020	现行有效
166	蔬菜	贮存运输	9002	GB/T 26432	新鲜蔬菜贮藏与运输准则	国家标准	2010	现行有效
167	蔬菜	贮存运输	9003	GB/T 33129	新鲜水果、蔬菜包装和冷链运输通用操作规程	国家标准	2016	现行有效
168	蔬菜	贮存运输	9004	GB/T 23244	水果和蔬菜 气调贮藏技术规范	国家标准	2009	现行有效
169	蔬菜	贮存运输	9005	SB/T 10889	预包装蔬菜流通规范	行业标准	2012	现行有效
170	茄果类蔬菜	贮存运输	9006	NY/T 1203	茄果类蔬菜贮藏保鲜技术规程	行业标准	2020	现行有效

（续）

序号	适用对象	适用环节	标准编码	标准号	标准名称	标准层级	发布年份（年）	状态
171	生菜	贮存运输	9007	GB/T 25871	结球生菜 预冷和冷藏运输指南	国家标准	2010	现行有效
172	蔬菜	贮存运输	9008	SB/T 10728	易腐食品冷藏链技术要求 果蔬类	行业标准	2012	现行有效
173	蔬菜	贮存运输	9009	SB/T 10729	易腐食品冷藏链操作规范 果蔬类	行业标准	2012	现行有效
174	番茄	贮存运输	9010	SB/T 10574	番茄流通规范	行业标准	2010	现行有效
175	番茄	贮存运输	9011	SB/T 10449	番茄 冷藏和冷藏运输指南	行业标准	2007	现行有效
176	瓜类蔬菜	贮存运输	9012	NY/T 2790	瓜类蔬菜采后处理与产地贮藏技术规范	行业标准	2015	现行有效
177	瓜类蔬菜	贮存运输	9013	SB/T 11029	瓜类蔬菜流通规范	行业标准	2013	现行有效
178	黄瓜	贮存运输	9014	SB/T 10572	黄瓜流通规范	行业标准	2010	现行有效
179	生菜	贮存运输	9015	GH/T 1191	叶用莴苣（生菜）预冷与冷藏运输技术	行业标准	2020	现行有效

品牌认证标准（10）

序号	适用对象	适用环节	标准编码	标准号	标准名称	标准层级	发布年份（年）	状态
180	蔬菜	绿色食品	10001	NY/T 391	绿色食品 产地环境质量	行业标准	2021	现行有效
181	蔬菜	绿色食品	10002	NY/T 1054	绿色食品 产地环境调查、监测与评价规范	行业标准	2021	现行有效
182	蔬菜	绿色食品	10003	NY/T 394	绿色食品 肥料使用准则	行业标准	2021	现行有效
183	蔬菜	绿色食品	10004	NY/T 393	绿色食品 农药使用准则	行业标准	2020	现行有效
184	蔬菜	绿色食品	10005	NY/T 392	绿色食品 食品添加剂使用准则	行业标准	2023	现行有效
185	蔬菜	绿色食品	10006	NY/T 1056	绿色食品 贮藏运输准则	行业标准	2021	现行有效
186	蔬菜	绿色食品	10007	NY/T 1055	绿色食品 产品检验规则	行业标准	2015	现行有效
187	蔬菜	绿色食品	10008	NY/T 655	绿色食品 茄果类蔬菜	行业标准	2020	现行有效
188	蔬菜	绿色食品	10009	NY/T 747	绿色食品 瓜类蔬菜	行业标准	2020	现行有效
189	蔬菜	绿色食品	10010	NY/T 743	绿色食品 绿叶类蔬菜	行业标准	2020	现行有效
190	蔬菜	绿色食品	10011	NY/T 437	绿色食品 酱腌菜	行业标准	2023	现行有效

（续）

序号	适用对象	适用环节	标准编码	标准号	标准名称	标准层级	发布年份（年）	状态
191	蔬菜	有机食品	10012	GB/T 19630	有机产品 生产、加工、标识与管理体系要求	国家标准	2019	现行有效
192	蔬菜	良好农业规范	10013	GB/T 20014.1	良好农业规范 第1部分：术语	国家标准	2005	现行有效
193	蔬菜	良好农业规范	10014	GB/T 20014.2	良好农业规范 第2部分：农场基础控制点与符合性规范	国家标准	2013	现行有效
194	蔬菜	良好农业规范	10015	GB/T 20014.5	良好农业规范 第5部分：水果和蔬菜控制点与符合性规范	国家标准	2013	现行有效
195	蔬菜	"京味农品"	10016		"京味农品"品牌建设标准	地方标准		待制定
管理服务标准（11）								
196	蔬菜	综合管理	11001	DB11/T 1322.68	安全生产等级评定技术规范 第68部分：设施蔬菜生产企业及专业合作社	地方标准	2019	现行有效
197	蔬菜	综合管理	11002	DB11/T 1188	农业标准化基地等级划分与评定规范	地方标准	2022	现行有效
198	蔬菜	园区建设	11003	DB11/T 1098	种植业生态农业园区评价规范	地方标准	2014	现行有效
199	蔬菜	园区建设	11004		蔬菜基地建设技术规范	地方标准		待制定
200	蔬菜	园区建设	11005	NY/T 2171	蔬菜标准园建设规范	行业标准	2012	现行有效
201	蔬菜	追溯管理	11006	NY/T 1993	农产品质量安全追溯操作规程 蔬菜	行业标准	2011	现行有效
202	蔬菜	追溯管理	11007	DB11/T 3017	低温食品冷链物流履历追溯管理规范	地方标准	2018	现行有效
203	蔬菜	社会化服务	11008		农业社会化服务规范	地方标准		待制定
204	蔬菜	废弃物资源化利用	11009	DB11/T 888	菜田有机废弃物无害化处理技术规范	地方标准	2012	现行有效
205	蔬菜	废弃物资源化利用	11010	NY/T 3441	蔬菜废弃物高温堆肥无害化处理技术规程	行业标准	2019	现行有效

质量描述、流通分类编码等，没有蔬菜生产和采后处理相关的术语标准。随着基质栽培、水培、植物工厂等设施蔬菜生产新技术的兴起，蔬菜生产的科技要素投入将越来越多，有必要针对蔬菜生产中涉及的各类要素制定名词术语国家标准或行业标准，促进行业内统一认识和规范使用，促进新技术、新装备、新模式的传播推广。

综上所述，基础标准子体系包括 6 项已经发布的标准和 1 项待制定标准。已经发布的标准按照标准层级划分，包括国家标准 3 项，行业标准 3 项。建议制定《蔬菜生产名词术语》或《设施蔬菜生产名词术语》相关农业行业标准。

2. 生产标准

该子体系包括设施蔬菜产地环境、设施设备、投入品、生产技术等相关标准。

（1）产地环境。该标准主要规范设施蔬菜产地土壤质量、水质、空气质量等内容。

①安全性要素。产地环境是污染物的风险来源之一，可能会给蔬菜带来农药残留、重金属等本底污染风险，因此在选择生产基地时需要进行多方面考量，选择远离污染源、生态环境良好、具有可持续生产能力的农业生产区。国家针对农田灌溉水质、农用地土壤环境质量、环境空气质量制定了强制性国家标准，生产基地须符合强制性国家标准要求，具体包括《农田灌溉水质标准》（GB 5084）、《土壤环境质量　农用地土壤污染风险管控标准（试行）》（GB 15618）、《环境空气质量标准》（GB 3095）。针对蔬菜生产基地环境监测与评价，北京市制定了《蔬菜生产基地环境质量监测与评价技术规范》（DB11/T 325）。

②土壤质量要素。土壤是设施菜地的基本生产资料，土壤肥力、通透性、通气性、保肥保水能力直接影响蔬菜产量和品质。种植户通常只关注设施菜地的经济效益，容易忽略设施菜地土壤的管理。设施蔬菜栽培过程中，往往会因土、肥、水、气等各方面的影响，出现土壤板结、土壤次生盐渍化、土壤酸化、土壤重金属积累、连作障碍和土传病虫害等问题，进而影响设施菜地蔬菜产品的产量和品质。因此，要实现设施蔬菜绿色、优质、高效生产，需要把握好预防和治理两个关键点，在积极防控面源污染的同时，对设施菜地土壤进行合理改良。

③环境参数调控要素。目前许多种植者对设施生产环境调节重视不够，致使设施内蔬菜遭受高温、强光等不利因素影响，严重影响作物生长发育，造成减产、蔬菜品质下降和病虫害加剧，应对不同作物适宜的温度、光照强度和空气湿度及二氧化碳浓度等指标增加标准规范，为及时科学调节环境参数提供依据，有必要制定设施蔬菜环境调控技术规范。

综上所述，建议制定《设施蔬菜面源污染防控技术规程》《设施蔬菜土壤改良技术规程》《设施蔬菜环境调控技术规范》等地方标准，为减少设施蔬菜面源污染、改善设施种植土壤质量、规范开展产前土壤消毒处理、科学开展设施环境调控等提供技术依据。

（2）设施设备。该标准主要规定设施蔬菜生产过程中栽培设施的建设使用、农事操作所需设备的使用等内容。

农业农村部《"十四五"全国农业机械化发展规划》提出，到 2025 年设施农业机械化率总体将达到 50% 以上。《北京市农业机械化提升行动实施方案（2023—2025）》要求，到 2025 年设施农业机械化率达到 55% 以上。因此，宜机化栽培设施建造和机械化设备生产应用标准等应作为设施蔬菜标准体系的重要组成部分，以适应蔬菜智能化、机械化的生产技术要求。

①设施。北京在高效设施设计和建造方面开展了丰富的实践，智能连栋玻璃温室、高标准日光温室、塑料大棚等示范建造不仅良好地支撑了高效设施试点建设工作，同时也为老旧设施改造和设施新建提供了解决思路和方案。如北京平谷京瓦园艺中心科技示范基地设计建造的塑料大棚单栋跨度 24 米，空间大，适宜机械化操作，土地利用率 80% 以上，双侧增配保温被，冬季也能进行蔬菜栽培，有效生产时间较常规大棚增加 25%，可集成番茄及叶菜无土栽培模式，尤其在叶菜生产上，引进移动管道栽培系统（MGS），可实现可变密度栽培、管道自动传输及自动清洗消毒。目前，北京可利用的日光温室建造规范相关标准有《日光温室建造规范》（DB11/T 291）、《钢架塑料大棚建造技术规范》（DB11/T 2152）、《连栋玻璃温室建造技术规范》（DB11/T 2147）。考虑到蔬菜设施老旧、缺乏宜机化条件等现象普遍，建议制定《蔬菜设施宜机化改建技术规范》《蔬菜基质栽培设施建造规范》地方标准。蔬菜集约化育苗场建设方面，可参照农业行业标准《蔬菜集约化育苗场建设标准》（NY/T 2442）执行。

②设备。设施蔬菜生产涉及制种、播种、育苗、移栽、施肥、节水灌溉、采收等多种设备，现有部分行业标准和北京市地方标准可作为技术依据。

2022 年北京市设施农业机械化水平 48.96%，其中耕整地机械化水平 95.46%，种植机械化水平 29.04%，灌溉施肥机械化水平 56.70%，采运机械化水平 9.68%，环境调控机械化水平 53.92%。在环境调控设备方面，北京市制定了《日光温室用电动卷帘机技术条件》（DB11/T 550）；在施肥灌溉方面，北京市制定了《设施农业节水灌溉工程技术规程》（DB11/T 557）；在种植设备方面，北京市制定了《微耕机安全运行技术规范》（DB11/T 1572）、《农业机械作业规范　蔬菜穴播机》（DB11/T 459），行业标准可利用《蔬菜移栽机　作业质量》（NY/T 3486）。为提高设施蔬菜机械化种植、收获水平，北京市有关单位开展了小型动力耙、叶菜穴盘播种器、便携式秧苗栽植器、蔬菜移栽机、行走式收获机等设备引进研发和示范。

近年来，北京市传统农机生产企业大量外迁，设施智能装备相关企业迅速发展，呈现"公司研发在北京，生产在外地，应用在全国"的特点。目前，京郊设施农业园区应用的智能装备技术主要包括环境控制、环境信息监测、水肥管理等，采摘、运输、产后加工等环节应用智能装备技术极少。环境控制装备以控制卷帘机、卷膜机为主，基于温度的智能放风机应用相对较多，在补光灯、空间电场、循环风机等设备的控制上有少量应用。环境信息监测主要监测空气温湿度、土壤温湿度、光照强度、二氧化碳浓度、土壤盐分等环境因子。智能水肥装备主要包括单独温室的小型水肥装备和可以覆盖园区的大型水肥装备，可以通过手机 APP 等实现远程控制，省力、省工、节水、节肥明显，园区管理人员较为认可。

总体上，目前设施农业应用智能装备技术水平还较低。北京市灌溉施肥环节机械化主要以水泵为主，应用智能水肥装备的比例不足 5%。环境控制环节机械化仍以电动卷膜机、手动卷膜器为主，日光温室应用电动卷膜机比例不足 50%，应用环境控制装备或智能放风机的日光温室不足 10%。环境信息监测智能装备在一些园区也有应用，但与实际生产连接不够紧密，应用面积比例较小。此外，运输机器人、植保机器人、旋耕机器人、巡检机器人、采摘机器人等仍处于试验示范阶段，实际应用较少。部分农机实际应用过程中，存在农机与农艺脱节的问题，无法满足生产作业要求，从而造成"无机可用"或"有机难用"等现象。建议根据农机推广应用需求，分类制定设施智能装备标准，为环境控制、智能水肥、环境监测等设施农机智能装备的检测、鉴定工作提供依据，为纳入农机购置补贴奠定基础。同时，应推动制定数据接口标准，推动各类智能装备监测和作业数据纳入北京市大数据平台，为实现设施农业智能化生产、数字化管理奠定基础条件。

综上所述，设施设备标准包括 15 项已经发布的标准和 2 项待制定的标准。已经发布的标准按照标准层级划分，包括行业标准 2 项，地方标准 13 项。建议制定《蔬菜设施宜机化改建技术规范》《蔬菜基质栽培设施建造规范》地方标准，视农机研发和推广使用情况，适时补充制定农机装备相关标准。

（3）投入品。该标准主要规范蔬菜生产过程中投入品的使用，包括种子种苗、肥料、农膜、农药、栽培基质等相关标准。

①种子。种子是农业的"芯片"，优质的品种是实现品质提升的基础和保障。2021 年中央一号文件提出"深入推进农业结构调整，推动品种培优、品质提升、品牌打造和标准化生产"，品种培优放在首位，体现了良种对于现代农业高质量发展的重要性。对于种子质量，国家制定了《瓜菜作物种子》（GB 16715）系列强制性标准，瓜菜作物种子投入品需要符合相关强制性标准的规定。同时，为支撑蔬菜品种培育、评价、鉴定和生产，农业行业和地方都制定了一系列技术标准，农业行业标准以品种试验和品种抗性鉴定标准为主，地方标准以种子生产繁育技术规程为主。北京市制定了《蔬菜品种纯度田间种植鉴定规程》（DB11/T 199）、《蔬菜作物品种鉴定试验规程》（DB11/T 907 ）系列标准和《蔬菜种子生产技术操作规程》（DB11/T 198）系列标准，其中，包括针对番茄和黄瓜的鉴定试验规程和生产技术操作规程，没有制定生菜和韭菜的鉴定试验规程和生产技术操作规程，同时没有针对优质高效主推品种制定品种标准。

②种苗。2022 年中央一号文件指出"要加快发展设施农业"，特别提出"集中建设育苗工厂化设施"。育苗工厂化设施指集约化育苗场或智能化种苗工厂，是以生产商品种苗为主要任务的温室设施。集约化种苗比零散自育苗规模大，生产成本更低，生产周期更短，生产效率更高，种苗更健壮，病害更少，后期种植阶段植保等管护成本更低。以茄果类蔬菜为例，使用商品种苗和农户自育苗或直播相比，对整个生产季而言，种子肥料、农药等生产资料成本减少 5% 以上，产量提高 15% 以上，果实损耗率降低 2% 以上。综合而言，增效达 22% 以上。我国常规种植的茄果、瓜类、叶菜等主流品类中，无论是露地种植还是温室大棚种植，约 70% 都适合集中育苗再移栽的生产方式。特别是叶菜和茄果类蔬菜，集中育苗后再移栽定植生产，已成为蔬菜产业化发展的必要且基本技术模式。但是，我国蔬菜商品种苗供给量不足需求量的 25%，优质商品种苗的供给量更少，不足10%。北京市育苗量只占需求量的 1/4，供需缺口巨大。

蔬菜育苗有常规育苗、嫁接育苗、无土育苗、工厂化育苗等多种方式。常规育苗是指以营养土为育苗基质，不经过嫁接换根，直接培育成自根苗的育苗方式。蔬菜嫁接育苗是把所要栽培蔬菜幼苗的去根部分作为接穗，嫁接到砧木的茎上，由栽培蔬菜与砧木共同组成一株生产用苗的技术，这种技术具有预防土传病害、减轻根结线虫危害、提高抗寒能力、促进幼苗健壮生长、提高肥水利用率、增强抗逆性、提高产量等优越性。无土育苗是指不用土壤而用非土壤的固体材料浇营养液作为基质的育苗方式。无土育苗可保证水分和养分供应充足，基质通气良好，同时无土育苗便于科学、规范管理，培育的幼苗生长迅速，苗龄短，根系发育好，幼苗健壮、整齐，定植后缓苗时间短，易成活。无土育苗还可以避免土壤育苗的土传病害和线虫危害。无土栽培必须采用无土育苗，土壤栽培也可以使用无土育苗方式。工厂化育苗又称快速育苗，指在人工控制的最佳环境条件下，充分利用自然资源和科学化、标准化技术指标，运用机械化、自动化手段，使幼苗生产达到快速、优质、高产、高效、成批而稳定的生产水平。这种技术的特点是育苗时间缩短，产苗量大，幼苗素质高，适宜大批量商品化幼苗生产。

通过整理设施蔬菜育苗相关标准发现，国家和地方都非常重视蔬菜育苗标准制定。目前，有《蔬菜育苗基质》（NY/T 2118）、《蔬菜穴盘育苗　通则》（NY/T 2119）、《茄果类蔬菜穴盘育苗技术规程》（NY/T 2312）、《茄果类蔬菜嫁接育苗技术规程》（NY/T 3931）4 项农业行业标准可供参照执行，各地方针对不同育苗方式制定了多项地方标准。北京市制定了《番茄嫁接苗生产技术规程》（DB11/T 919）、《黄瓜嫁接苗生产技术规程》（DB11/T 268），生菜和韭菜没有育苗技术规程标准，穴盘育苗、漂浮育苗等无土育苗和工厂化集约育苗缺乏技术规程标准，同时，也没有蔬菜种苗运输标准。随着蔬菜无土栽培的逐渐兴起，水培营养液和栽培基质越来越多应用到蔬菜生产中，但对此类投入品的安全性评估缺乏技术依据，建议制定《蔬菜无土栽培用原料通用技术要求》标准。

③农药、肥料。农药肥料等投入品使用准则可参照相关行业标准执行。

综上所述，农业投入品相关标准包括 51 项已经发布的标准和 16 项待制定的标准。已经发布的标准按照标准层级划分，包括国家标准 9 项，行业标准 34 项，地方标准 8 项。建议制定《番茄品种》《黄瓜品种》《生菜品种》《韭菜品种》《蔬菜作物品种鉴定试验规程　第 4 部分：生菜》《蔬菜种子生产技术操作规程　第 10 部分：生菜》《蔬菜种子生产技术操作规程　第 11 部分：韭菜》《蔬菜工厂化育苗技术规程》《番茄穴盘育苗技术规程》《番茄漂浮育苗技术规程》《黄瓜穴盘育苗技术规程》《黄瓜漂浮育苗技术规程》《生菜穴盘育苗技术规程》《生菜漂浮育苗技术规程》《韭菜穴盘育苗技术规程》《蔬菜无土栽培用原料通用技术要求》等标准。

（4）生产技术。该标准主要规范蔬菜的标准化生产，包括栽培、植保、采收等相关标准。生产技术规程是指导设施蔬菜标准化生产、规范设施蔬菜生产中行为的核心依据，也是国家和各地方设施蔬菜标准制定的重点。

蔬菜生产过程中水肥管理和病虫害防治，参照《设施蔬菜灌溉施肥技术通则》（NY/T 3244）、《设施蔬菜水肥一体化技术规范》（NY/T 3696）、《沼肥施用技术规范　设施蔬菜》（NY/T 4297）、《设施蔬菜施肥量控制技术指南》（NY/T 3832）、《设施蔬菜根结线虫病防治技术规程》（NY/T 3619）、《释放捕食螨防治害虫（螨）技术规程　设施蔬菜》（NY/T 3635）、《蔬菜蓟马类害虫综合防治技术规程》（NY/T 3637）、《丽蚜小蜂使用规范 第 1 部分：防控蔬菜温室粉虱》（NY/T 3265.1），以及《蔬菜生产质量安全控制规范》（DB11/T 2013）、《用水定额　第 2 部分：蔬菜和中药材》（DB11/T 1764.2）、《蔬菜病虫害全程绿色防控技术规程》（NY/T 1725）执行。上述标准适用于设施蔬菜，但以通用性要求为主，具体到每类蔬菜生产实践中，还需要针对性地制定涵盖生产全过程的生产技术规程。

①番茄。农业农村部门制定了农业行业标准《日光温室全产业链管理技术规范 番茄》（NY/T 3744），北京市制定了《主要果菜类蔬菜设施生产技术规程》（DB11/T 162）、《番茄设施生产技术规程》（DB11/T 700）、《保护地番茄灰霉病测报调查规范》（DB11/T 285）、《设施茄果类蔬菜熊蜂授粉技术规程》（DB11/T 1091）。

②黄瓜。农业农村部门制定了农业行业标准《日光温室全产业链管理技术规范 黄瓜》（NY/T 3745）、《日光温室黄瓜气肥水一体化施用技术规程》（NY/T 3845）、《黄瓜绿斑驳花叶病毒病防控技术规程》（NY/T 2630），北京市制定了《黄瓜设施生产技术规程》（DB11/T 701）、《保护地黄瓜霜霉病测报调查规范》（DB11/T 286）。

③生菜。北京市制定了《叶菜类蔬菜生产技术规程》（DB11/T 163）、《结球生菜生产技术规程》（DB11/T 230）、《水培叶菜生产技术规程》（DB11/T 2150 ）。

④韭菜。农业农村部门制定了《韭菜主要病虫害绿色防控技术规程》（NY/T 4024），北京市制定了《韭菜生产技术规程》（DB11/T 2146）。

通过上述分析可以看出，番茄、黄瓜、结球生菜、韭菜目前有生产技术规程标准，但缺少针对基质栽培、水培等栽培方式的生产技术规程。整理分析各地方上述 4 类蔬菜相关标准发现，多数省份结合不同品种、不同茬口、不同栽培模式细化了生产技术措施，确保标准的适用性和可操作性。建议结合北京市 4 类蔬菜主推品种的适宜茬口和栽培方式，进一步补充制定更具针对性的生产技术规程，为良种良法配套、科学精准指导生产提供更具操作性的抓手。

综上所述，生产技术相关标准包括 26 项已经发布的标准和 8 项待制定的标准。已经发布的标准按照标准层级划分，包括行业标准 13 项，地方标准 13 项。建议制定《番茄基质栽培技术规程》《番茄水培技术规程》《黄瓜基质栽培技术规程》《黄瓜水培技术规程》《生菜基质栽培生产技术规程》《水果番茄栽培技术规程》《水果型黄瓜栽培技术规程》《设施蔬菜病虫害监测技术规范》，适时修订《蔬菜病虫害全程绿色防控技术规程》（DB11/T 1725）。

3. 加工标准

该子体系主要规范采后处理、初加工等工艺过程的相关标准。

蔬菜营养物质丰富，呼吸作用与蒸腾作用旺盛，采后容易失水萎蔫、褐变、腐烂，导致其采后营养品质降低，货架期缩短，严重影响商品价值，因此，蔬菜采后加工保鲜十分重要。

在采后处理方面，国家相关部门制定了《食品安全国家标准 即食鲜切果蔬加工卫生规范》（GB 31652 ）、《鲜切蔬菜加工技术规范》（NY/T 1529）、《航空食品 第 2 部分：生食（切）水果蔬菜制品微生物污染控制规范》（SN/T 3063.2），北京市制定了《蔬菜初加工生产技术规程》（DB11/T 506）、《蔬菜采后处理技术规程 第 4 部分：茄果类》（DB11/T 867.4）、《蔬菜采后处理技术规程 第 5 部分：瓜类》（DB11/T 867.5）、《蔬菜采后处理技术规程 第 2 部分：叶菜类》（DB11/T 867.2），设施蔬菜采后处理基本有标可依。在蔬菜鲜切加工方面，可参照执行。

但目前蔬菜采后鲜销和鲜切加工技术标准均以传统技术工艺为基础，可根据物理保鲜技术（低温保鲜、保鲜包装、光控保鲜、控压保鲜、热处理等）和化学保鲜技术发展应用情况，结合北京市蔬菜或鲜切蔬菜加工技术特点，适时制定蔬菜保鲜加工相关地方标准。

综上所述，加工技术相关标准包括 7 项已经发布的标准。按照标准层级划分，包括国家标准 1 项，行业标准 2 项，地方标准 4 项。

4. 产品标准

该子体系主要规定设施蔬菜产品质量和检验检测方面的标准，包括产品等级规格、安全限量、取样制样、检测方法等相关标准。

（1）产品质量。国家制定了《食品安全国家标准 食品中农药最大残留限量》（GB 2763）、《食品安全国家标准 食品中污染物限量》（GB 2762）、《食品安全国家标准 食品添加剂使用标准》（GB 2760）、《食品安全国家标准 预包装食品中致病菌限量》（GB 29921）、《食品安全国家标准 散装即食食品中致病菌限量》（GB 31607）等食品安全相关的国家标准，食用设施蔬菜产品必须符合相关要求。在产品质量方面，相关部门针对番茄、黄瓜、生菜和韭菜制定了相关的质量和分级标准，可参照执行；在抽样方法方面，农业农村部门制定了农业行业标准《蔬菜抽样技术规范》（NY/T 2103），可参照执行。

（2）检验检测。由于质量标准和安全限量标准中已规定相关指标的检测方法，可按照相关标准要求执行，在此不再列出具体检测方法标准。

综上所述，产品相关标准共有 14 项，按照标准层级划分，包括国家标准 7 项，行业标准 7 项。

5. 流通标准

该子体系主要规定设施蔬菜产品包装标识、贮藏运输等环节相关标准。

（1）包装标识。该标准主要规范设施蔬菜产品的包装环节，包括包装材料、包装技术及产品标识等相关标准。

国家针对食品接触用包装材料制定了一系列食品安全国家标准，蔬菜直接接触的包装材料须符合 GB 4806 系列食品安全国家标准要求。针对预包装食品，国家制定了《食品安全国家标准 预包装食品标签通则》（GB 7718），预包装蔬菜产品须符合相关要求。此外，相关部门制定了蔬菜包装标识通用要求，可参照使用。

综上所述，包装标识相关标准共有 7 项，按照标准层级划分，包括国家标准 5 项，行业标准 2 项。

（2）贮藏运输。该标准主要规范设施蔬菜及制品的贮藏和运输环节，包括产品仓储环境、保鲜技术、卫生安全、常温物流、冷链物流等相关标准。

蔬菜以鲜食为主，储运保鲜对于蔬菜品质维持非常关键，冷链条件下储运是现阶段蔬菜采后保鲜的主要措施。目前国家和行业部门针对蔬菜制定了贮藏、运输、流通等多项标准，可参照执行。

综上所述，贮藏运输相关标准共有 15 项。按照标准层级划分，包括国家标准 5 项，行业标准 10 项。

6. 品牌认证标准

该子体系主要规定绿色食品、有机食品、良好农业规范认证相关标准。

（1）绿色食品。绿色食品标准体系中产地环境质量、产地环境调查监测与评价、肥料使用、农药使用、食品添加剂使用、贮藏运输、产品检验等方面的 7 项通则标准和茄果类蔬菜、瓜类蔬菜、绿叶类蔬菜、酱腌菜方面的 4 项产品标准，适用于指导绿色蔬菜产品生产。

（2）有机食品。有机蔬菜产品须符合国家标准《有机产品　生产、加工、标识与管理体系要求》（GB/T 19630）的要求。

（3）良好农业规范认证。良好农业规范认证须符合国家标准《良好农业规范　第 1 部分：术语》（GB/T 20014.1）、《良好农业规范　第 2 部分：农场基础控制点与符合性规范》（GB/T 20014.2）、《良好农业规范　第 5 部分：水果和蔬菜控制点与符合性规范》（GB/T 20014.5）的要求。

除上述国家和行业通用标准外，建议增加"京味农品"品牌建设标准，围绕优质品种筛选、特征品质挖掘与评价、绿色高品质生产技术集成、"京味农品"品牌认定等技术标准，为增加地产蔬菜质量效益和竞争力提供支撑。

综上所述，蔬菜品牌认证相关标准包括 15 项已经发布的标准和 1 项待制定的标准。已经发布的标准按照标准层级划分，包括国家标准 4 项，行业标准 11 项。

7. 管理服务标准

该子体系主要规定蔬菜生产管理、社会化服务等环节，包括园区建设运营、安全生产监管、追溯等相关管理标准，农资供应、土地托管、统防统治、废弃物资源化利用、保险服务等相关服务标准。

管理服务标准是规范生产经营管理秩序、强化生产经营管理手段、提升产业链管理水平的重要技术支撑。目前北京市针对设施蔬菜管理服务的标准主要有 2 项，分别涉及设施主体管理和废弃物无害化处理，包括《安全生产等级评定技术规范　第 68 部分：设施蔬菜生产企业及专业合作社》（DB11/T 1322.68）、《菜田有机废弃物无害化处理技术规范》（DB11/T 888）。同时，北京市制定了农业标准化基地和种植业生态农业园区的评定标准，也适用于设施蔬菜，包括《农业标准化基地等级划分与评定规范》（DB11/T 1188）、《种植业生态农业园区评价规范》（DB11/T 1098）。

相比于其他地方，北京市缺乏蔬菜基地建设管理、社会化服务、质量安全追溯及蔬菜加工尾菜资源化利用相关标准。从北京市设施蔬菜产业集群建设实际考虑，要提升产业的规模化、标准化、集约化发展水平，有必要制定《蔬菜基地建设规范》和《农业社会化服务规范》。

从修订后的《农产品质量安全法》制度要求考虑，国家对列入农产品质量安全追溯目录的农产品实施追溯管理，"三棵菜"作为重点关注的蔬菜产品应纳入追溯目录，农业农村部制定了《农产品质量安全追溯操作规程　蔬菜》（NY/T 1993）。北京市目前针对林产品制定了追溯相关标准《食用林产品质量安全追溯导则》（DB11/T 2092）、《食用林产品质量安全追溯元数据》（DB11/T 1962），可参照执行。

从北京市净菜和鲜切菜消费需求较大的实际情况出发，为提升设施蔬菜产业链清洁化水平和产业附加值，有必要制定蔬菜加工尾菜资源化利用标准。

综上所述，管理服务相关标准包括 8 项已经发布的标准和 2 项待制定的标准。已经发布的标准按照标准层级划分，包括行业标准 3 项，地方标准 5 项。

（五）设施蔬菜全产业链标准制修订建议

设施蔬菜全产业链标准体系共收集整理标准 204 项。其中，国家标准 33 项，行业标准 93 项，北京市地方标准 78 项。通过对相关标准进行梳理分析和筛选分类，形成"北京市设施蔬菜全产业链标准体系标准明细表"。其中待制定标准总计 33 项，包括：基础标准《蔬菜生产名词术语》；环境标准《设施蔬菜面源污染防控技术规程》《设施蔬菜土壤改良技术规程》《设施蔬菜环境调控技术规范》；设施建造标准《蔬菜设施宜机化改建技术规范》《蔬菜基质栽培设施建造规范》；种质标准《番茄品种》《黄瓜品种》《生菜品种》《韭菜品种》《蔬菜作物品种鉴定试验规程 第 4 部分：生菜》《蔬菜种子生产技术操作规程 第 10 部分：生菜》《蔬菜种子生产技术操作规程 第 11 部分：韭菜》；种苗标准《蔬菜工厂化育苗技术规程》《番茄穴盘育苗技术规程》《番茄漂浮育苗技术规程》《黄瓜穴盘育苗技术规程》《黄瓜漂浮育苗技术规程》《生菜穴盘育苗技术规程》《生菜漂浮育苗技术规程》《韭菜穴盘育苗技术规程》；栽培原料标准《蔬菜无土栽培用原料通用技术要求》；生产规程标准《设施蔬菜病虫害监测技术规范》《番茄基质栽培技术规程》《番茄水培技术规程》《水果番茄栽培技术规程》《黄瓜基质栽培技术规程》《黄瓜水培技术规程》《水果型黄瓜栽培技术规程》《生菜基质栽培生产技术规程》；品牌认证标准《"京味农品"品牌建设标准》；管理服务标准《蔬菜基地建设技术规范》《农业社会化服务规范》。

结合以上标准体系各要素的分析结果，对北京市地方标准制修订提出以下建议。

一是结合北京市农业标准化工作整体安排，聚焦北京市种业之都战略定位和现代设施农业北京模式两个关键要素，加快制定完善设施建改、土壤改良和面源污染防控、种质种苗研发生产、无土栽培工厂化生产等重要领域标准，增加标准供给，动态完善设施蔬菜全产业链标准体系。

二是在标准体系框架指引下，针对"品种＋茬口＋栽培方式"等具体模式，集成现有试点标准化技术措施，细化制定标准综合体，加强标准宣贯，科学精准指导全产业链标准化实践。

三是加强采后保鲜和智慧化、机械化生产技术调研，推动技术应用试点示范，加快推进新技术新模式标准化成果集成输出。

三、设施蔬菜全产业链标准体系表应用

设施蔬菜全产业链标准体系表依据标准制修订情况实行动态完善，为北京市设施蔬菜生产企业建设设施蔬菜全产业链标准化示范基地提供了集成标准综合体的技术依据。下面以设施番茄生产企业建设全产业链标准化示范基地为例，从标准体系表的应用、宣贯、转化、验证和再完善五个方面介绍设施蔬菜全产业链标准体系表在实际生产中的应用。

（一）应用

番茄是北京市蔬菜生产的主要种类，品种丰富，栽培模式多样。全市番茄标准化基地有 306 家，占全市 716 家种植业标准化基地的 42.7%。从选用良种、培育壮苗、施肥定

植、田间管理、适时采收等方面探索应用适合北京地区日光温室番茄的长季节高产高效栽培技术，不但可以提高产量和品质，增加农民的经济效益，而且可以减少化肥和农药的投入使用，改善生态环境。

形成一套科学的番茄全产业链标准化管控模式，可以以点带面，促进全市农业标准化总体水平进一步提升，带动北京市及周边地区的农业标准化发展。

生产企业可对照已构建完成的设施番茄全产业链标准体系表，结合企业实际生产情况，对照企业全产业链的各环节，分析确定控制要素，按照"有标贯标、缺标制标、低标提标"的原则，有针对性地选择标准体系表中适用于企业的标准。对无标准可采用的情况，编制适用于企业的企业标准，最终构建适用于企业的标准体系表，形成标准综合体。

北京市密云区一家农民专业合作社创建设施番茄全产业链标准化示范基地时，分析涉及产前、产中、产后的18个控制环节的47项控制要素，应用设施番茄全产业链标准体系表，建立并完善了番茄高品质标准体系、绿色防控技术支撑体系、包装溯源体系和农产品质量安全自检技术支撑体系，编制了适合该合作社的标准综合体明细（表8-2），形成了"日光温室全产业链管理技术规范 番茄"一整套标准综合体，集成了1套从育种管理、土壤管理、棚室管理、水肥管理、病虫害管理、栽培管理、包装溯源到产品自检的全程管理体系和技术支撑体系。

表8-2 番茄全产业链生产标准综合体明细

控制环节	控制要素	质量安全要求	标准体系
产地环境	土壤、空气、灌溉用水	土壤、空气、灌溉用水符合绿色生产相关标准	NY/T 391—2021 绿色食品 产地环境质量
			NY/T 610—2016 日光温室 质量评价技术规范
	基础设施管理	日光温室及配套设施设备能够正常使用	NY/T 3744—2020 日光温室全产业链管理技术规范 番茄
投入品	采购	采购有依据	Q/××× 番茄生产质量安全控制规范
	管理	出入库有记录，储存和废弃物管理符合相关要求	
种植计划	制定计划、合理轮作	结合本地区的气候特点和生产条件，基地应制定种植计划，合理轮作	Q/××× 番茄生产质量安全控制规范
品种引进	品种选择	选择适应性、产量、品质、抗性（抗病、抗虫、抗逆）等综合性状优良的品种	Q/××× 番茄生产质量安全控制规范
	种子质量	选择符合绿色生产的优质种子，种子的纯度、芽率、净度、水分等关键指标符合国家标准、行业标准和地方标准	
育苗管理	育苗技术、成苗质量	秧苗整齐一致，无病虫害，苗龄正常	Q/××× 番茄生产质量安全控制规范

（续）

控制环节	控制要素	质量安全要求	标准体系
产前预防病虫害	棚室及土壤消毒	物理和生物方法控制和预防病虫害	NY/T 3744—2020 日光温室全产业链管理技术规范 番茄
	茬口安排	农业措施控制和预防病虫害	
生产技术	定植、田间管理	生产技术符合绿色生产相关标准	NY/T 3744—2020 日光温室全产业链管理技术规范 番茄
			Q/××× 番茄生产质量安全控制规范
病虫害防治	农业防治、物理防治、生物防治、化学防治	农业、物理、生物、化学防治病虫害	NY/T 3744—2020 日光温室全产业链管理技术规范 番茄
投入品使用	农药、肥料使用	农药、肥料符合绿色食品相关要求	Q/××× 投入品使用规范
废弃物和污染物处置	分类存放、处置、无害化处理	保持生产区域清洁，用菌剂还田的方式对收集的番茄植株残体等废弃物进行无害化处理，并做好处置记录	Q/××× 番茄生产质量安全控制规范
采收	安全	间隔期卫生管理符合相关标准	NY/T 3744—2020 日光温室全产业链管理技术规范 番茄
	技术	采摘时间、要点、成熟度判定合理	Q/××× 番茄生产质量安全控制规范
采后处理	分级、包装、预冷	蔬菜采后处理的各项作业符合相关标准，包材、标识管理科学合理，提高蔬菜产品档次，满足不同消费者需求，提高竞争力	NY/T 3744—2020 日光温室全产业链管理技术规范 番茄
	不合格产品处理	明确产品质量要求，保证产品质量	Q/××× 残次品、不合格品处理规范
检测	自检	定期抽样自检	NY/T 789—2004 农药残留分析样本的采样方法
	外检	配合质监部门做好抽样检测	Q/××× 农残检测技术规范
销售	市场调研、产前销售计划、销售计划审批、销售要求、售后服务	产品质量符合相关要求	Q/××× 番茄销售规范
清洁田园	植株残体和废弃物处理	植株残体和废弃物能够得到无害化处理或循环利用	Q/××× 番茄生产质量安全控制规范
追溯	生产记录	记录真实、完整、有效，保存期不低于2年	Q/××× 生产过程记录规范
	采销记录		
人员管理	合作社负责人、技术人员、采购人员、财务人员、检测人员、库管人员的管理	从人员的工作职责、工作内容对质量安全进行控制	Q/××× 人员管理规范

（续）

控制环节	控制要素	质量安全要求	标准体系
生产过程检查	检查记录	对照番茄生产质量安全控制要素表，对番茄生产过程及相关记录进行检查，发现问题（隐患）及时整改	Q/××× 番茄生产质量安全控制规范

（二）宣贯

开展标准宣贯材料制作，一是制作番茄全产业链标准化基地创建大型宣传牌，内容包括基地简介、获得荣誉、地理位置卫星图、特色图片等信息，用于基地的对外宣传展示。二是安装建设标牌、宣传橱窗、标准宣贯走廊等，如图 8-1 所示。展示基地标准体系框架图、标准综合体等资料。该基地制作标准宣传橱窗 1 套、检测室检测标准上墙宣贯材料 1 套、标准宣传走廊 1 套、棚室标准上墙宣传材料 20 套，如图 8-2 所示。

图 8-1　标准宣贯走廊

图 8-2　番茄标准综合体上墙展示

103

（三）转化

将番茄标准综合体转化为简便易懂的生产模式图、操作明白纸、风险管控手册等。

为保障标准综合体实施运营，结合基地生产实际配备土壤改良剂、快速检测试剂、绿色防控材料及包装标准化宣传材料等相关材料，如图8-3所示。

图8-3 标准转化配备绿色防控材料

（四）验证

将经过试用的标准综合体中农药残留检测、病虫害防控、菌剂还田、包装溯源的转化技术用于基地，取得了以下效果。

一是提升了基地自检能力。将胶体金十二合一检测技术用于基地，实现快捷的产品质量检测，严把产品质量关。

二是有效预防病虫害发生。采用农业防治、物理防治、生物防治、生态调控以及科学、合理、安全使用农药的技术。产前生产环境整体清洁，无病虫育苗，棚室表面消毒，土壤消毒；产中在优化栽培管理、双网覆盖、黄板诱杀的基础上，配合生物或化学药剂综合防控，用药标准化；产后及时无害处理蔬菜带病虫残体，有效控制病虫害，确保番茄生产、质量安全，促进农业增产、增收。

三是实现蔬菜废弃物资源化还田。为基地配备菌剂，用于就地还田微生物发酵处理，操作简单，使废弃物得到资源化利用。

四是增强农产品溯源功能。为基地设计制作番茄包装箱，将追溯等相关信息融入包装材料设计，实现一品一码、码上溯源、提高综合体安全控制能力等。

基地试点应用，合作社产量增加 10%，产值增长 10%，带动 70 余名农民增收，扩大了绿色认证的规模。全产业链标准体系在番茄生产基地中的示范应用为北京市全产业链标准化生产基地建设提供了可借鉴的模板，并将"全产业链标准化管控理念"推广到全市的 1 092 家标准化基地建设和管理中，助力全市农业标准化水平大幅提升。

（五）再完善

根据基地的实际情况，为建设的育苗场和秸秆发酵处理场，制定育苗标准和秸秆处理标准，并补充在全产业链标准综合体中。同时，根据国家标准的变化（如禁用农药的使用），适时更新完善标准体系表和标准综合体，再经过宣贯、转化、验证等过程，螺旋提升基地全产业链标准化应用水平。

第九章　北京市现代农业全产业链标准化
应用之畜禽养殖业（生猪）

北京市"三品一标"行动中提出"构建以产品为主线的全产业链标准体系"，明确提出到 2025 年构建完成设施蔬菜和生猪两个生产体系。结合北京市农业产业生产实践，选定生猪建设现代农业全产业链标准化示范基地。

一、生猪品种的选择

我国是生猪生产和消费大国，猪肉在我国居民膳食结构中占有重要地位，发展生猪生产对于保障人民群众生活、稳定物价、保持经济平稳运行和社会大局稳定具有重要意义。

受非洲猪瘟疫情影响，2019 年以来，我国生猪生产受到严重冲击。针对我国生猪产业出现产能严重下滑、猪肉价格大幅上涨等严峻形势，各地区各有关部门出台了一系列稳定生猪生产、保障市场供应的政策措施，逐步将生猪生产恢复到常年水平。但长期困扰生猪产业发展的产能大幅波动问题尚未根本破解，产能恢复后市场价格再度陷入低迷，部分生猪养殖场（户）亏损，一些地方政策出现反复，生猪稳产保供的基础仍不牢固。

2021 年中央一号文件提出"加快构建现代养殖体系，保护生猪基础产能，健全生猪产业平稳有序发展长效机制"。2021 年农业农村部等六部委联合发布《促进生猪产业持续健康发展的意见》，提出用 5～10 年时间，基本形成产出高效、产品安全、资源节约、环境友好、调控有效的生猪产业高质量发展新格局，产业竞争力大幅提升，疫病防控能力明显增强，政策保障体系基本完善，市场周期性波动得到有效缓解，猪肉供应安全保障能力持续增强，自给率保持在 95％左右。

（一）北京市生猪发展现状

生猪产业是北京市畜牧业创新发展的重要支柱产业，在发展都市农业经济、促进农民增收和保障城乡居民消费等方面有着举足轻重的地位，是关系首都民生的重要产业。《北京市"十四五"时期乡村振兴战略实施规划》（以下简称《规划》）提出确保百万头生猪出栏的发展目标，在稳产保供方面，要求稳定生猪生产，加大扶持力度，促进产业转型升级，建成一批现代化养殖企业，到 2025 年，全市生猪存栏量不低于 50 万头，年提供商品猪 89 万头以上，实现猪肉自给率达 10％；在绿色发展方面，要求构建高效、绿色生猪产业，加快养殖废弃物资源化利用，实现种养结合。同时，《规划》提出实施生猪产业优化提升工程，引入国内大型养殖集团投资建设生猪产业体系，建成 40 家左右标准化、规模化、高级别的生物安全生猪规模养殖场，配套与生猪养殖规模相应的饲料、兽药、屠宰加工、有机肥生产、有机种植园等企业，完善从养殖到屠宰全程全产业链追溯体系，实现全产业链闭环式发展。

从生猪养殖情况来看，受非洲猪瘟疫情影响，近年来北京市生猪存栏量大幅下降。为积极应对生猪产业波动，认真落实各项恢复生产决策部署，市农业农村局、市发展改革委等11部门联合印发《北京市生猪产业优化提升发展和保障猪肉市场稳定供应工作方案》（京政农发〔2019〕135号），加快构建高水平生物安全防控屏障和三级供应保障体系，促进生猪产业加快恢复。2020年，市区两级分别成立工作专班，及时协调，做好生猪养殖场建设所需资金、用地、用水、环评等保障工作，统筹抓好生猪恢复生产和非洲猪瘟防控，实现了生猪存栏量的大幅增长。截至2022年底，北京市生猪养殖场有44家，存栏35.7万头，占全市生猪存栏的98%以上，主要分布在顺义区、平谷区、密云区、延庆区、昌平区和大兴区6个区。

从种猪生产情况来看，北京市地处京津冀区域的核心，北京的养殖业和畜禽种业有着明显的"三多一强"特点，即大型农牧企业集团总部多、高科技企业多、高层次人才多、科技创新能力强。在京津冀协同发展和疏解北京非首都功能的大背景下，北京市紧紧抓住种猪生产，扎实推进生产性能测定、选种选配等基础工作，积极尝试区域联合育种模式和基因组选择等育种新技术的应用，探索出行之有效的生猪生产发展模式。截至2022年底，北京市共有种猪场24家，占全市猪场总数的54.5%，其中包括3家国家生猪核心育种场。

从生猪屠宰情况来看，国家实行生猪定点屠宰、集中检疫制度。2022年北京市生猪定点屠宰企业10家，顺义和大兴各2家，通州、昌平、延庆、密云、平谷、房山各1家。按照满足市场供给需求测算，首都市场年均需要猪肉50.6万吨，需要屠宰生猪657万头。目前北京市生猪设计年产能1245万头，尚有约50%的产能压减空间。为积极推进畜禽屠宰领域"疏解整治促提升"，加快构建与推进生态文明建设、强化首都核心功能、实施乡村振兴战略相一致的北京市畜禽屠宰行业格局和产业体系，北京市农业农村局印发《北京市畜禽屠宰行业发展规划（2022—2030年）》，提出淘汰落后产能，促进企业转型升级和有序竞争，提高畜禽屠宰行业整体水平。北京市生猪屠宰规划设置和产能布局，主要围绕京东北（平谷区、顺义区、密云区、怀柔区）、京西北（昌平区、延庆区）、京南（房山区、大兴区、通州区）3个生猪产业片区，须综合考虑城镇建设规划、市场消费需求、本地养殖规模、屠宰产能配比、冷链配送能力、交通运输条件和资源环境承载能力等，逐步向3个产业片区聚拢。设计总产能和设置总数量在现有基础上适当压减，逐步形成跨区域流通、现代化屠宰加工一体化的产业布局。

从猪肉供给情况来看，北京市猪肉供应主要以外埠为主，外埠猪肉供应主要包括外地进京的白条及其他猪肉产品和生猪进京。2022年以来，外埠生猪进入北京市的数量和比例持续增加。根据北京市农业农村局的统计，生猪点对点进京的数量呈持续增加态势。2023年第三季度生猪进京数量74.6万头，占猪肉供应总量的30%～40%，白条进京仍然是北京市猪肉供应的主要形式。从生猪主供地来看，进京生猪主要以东三省、内蒙古、河北和山西为主，分别占比为42%、21.7%、18.4%和17.9%，单个省生猪进京占比最大的依次是内蒙古和黑龙江。对比2023年二季度来看，来自东三省的生猪占比有所减少，来自内蒙古的生猪占比稳中有增，来自河北的生猪占比略有减少，来自山西的生猪占比有所增加。

（二）北京市生猪标准化示范基地建设情况

截至 2023 年，北京市标准化基地共有 1 092 家，其中畜牧业标准化基地 158 家，其中生猪基地 31 家，占畜牧业标准化基地的 19.6%。

二、生猪全产业链标准体系框架构建

结合北京市生猪养殖情况，构建全产业链标准体系框架。

（一）构建目标

以实现生猪全产业链标准化最佳效益为指引，以产出高效、产品安全、资源节约、环境友好、价值提升为关键突破点，有标贯标，缺标补标，低标提标，统筹生猪全产业链标准规划布局，为科学指导生猪全产业链标准立项、编制、修订、管理及实施应用提供基本依据，为稳定生猪生产、促进生猪产业转型升级、提高北京市猪肉供应保障能力、促进生猪生产与环境保护协调发展提供技术保障。

（二）构建原则

北京市生猪全产业链标准体系构建遵循以下原则。

1. 系统性原则

体系布局系统完整，涵盖生猪产前、产中、产后全链条各环节标准化相关要素，促进全产业链各环节和主体紧密关联、有效衔接、耦合配套，形成标准化推进合力。

2. 科学性原则

体系结构简明优化，形成层次清晰、分类明确、数量合理、指标科学、相互协调的科学开放的有机整体，促进实现标准化最佳效益。

3. 先进性原则

体系内容先进适用，基础性与前瞻性并重，在充分满足当前急需的前提下，兼顾产业和技术发展趋势，注重新技术、新模式的转化应用和引领。

（三）标准体系框架构建

以贯穿产前、产中、产后的产业链维度，依据生猪产业链重要环节以及标准化对象的内在联系和功能要求，构建生猪全产业链标准体系，包括基础标准、养殖标准、屠宰加工标准、产品标准、流通标准、品牌认证标准、管理服务标准 7 个子体系，体系结构如彩图 9-1 所示。

（四）标准子体系功能及要素分析

系统梳理各子体系要素构成，广泛收集、整理与生猪产业直接相关的国家标准、行业标准或北京市地方标准，评估标准的适用性，推进生猪全产业链标准化过程中可直接应用。北京市生猪全产业链标准明细表见表 9-1。

表 9 - 1 北京市现代农业生猪全产业链标准体系表

序号	适用对象	适用环节	标准编码	标准号	标准名称	标准层级	发布年份（年）	状态
基础标准（01）								
1	生猪	术语分类	1001	NY/T 3874	种猪术语	行业标准	2021	现行有效
2	畜类	术语分类	1002	NY/T 3224	畜禽屠宰术语	行业标准	2018	现行有效
3	生猪	术语分类	1003	NY/T 3388	猪肉及猪副产品流通分类与代码	行业标准	2018	现行有效
4	畜类	术语分类	1004	GB/T 25171	畜禽养殖环境与废物管理术语	国家标准	2023	现行有效
养殖环境（02）								
5	畜类	环境条件	2001	GB/T 41441.1	规模化畜禽场良好生产环境 第1部分：场地环境要求	国家标准	2022	现行有效
6	畜类	环境条件	2002	GB/T 41441.2	规模化畜禽场良好生产环境 第2部分：畜禽舍技术要求	国家标准	2022	现行有效
7	畜类	环境条件	2003	NY/T 388	畜禽场环境质量标准	行业标准	1999	现行有效
8	畜类	环境条件	2004	NY/T 1167	畜禽场环境质量及卫生控制规范	行业标准	2006	现行有效
9	畜类	环境评价	2005	DB11/T 424	畜禽养殖环境影响评价准则	地方标准	2007	现行有效
10	畜类	环保排放	2006	GB 18596	畜禽养殖业污染物排放标准	国家标准	2001	现行有效
11	畜类	环保排放	2007	GB 14554	恶臭污染物排放标准	国家标准	1993	现行有效
12	畜类	环保排放	2008	NY/T 1169	畜禽场环境污染控制技术规范	行业标准	2006	现行有效
13	畜类	环保排放	2009	DB11/T 1422	温室气体排放核算指南 畜牧养殖企业	地方标准	2017	现行有效
14	畜类	环保排放	2010	DB11/T 1565	畜牧产品温室气体排放核算指南	地方标准	2018	现行有效
15	畜类	环保排放	1011	DB11/T 1561	农业有机废弃物（畜禽粪便）循环利用项目碳减排量核算指南	地方标准	2018	现行有效
设施设备（03）								
16	生猪	场站建设	3001	DB11/T 574	种猪场建设规范	地方标准	2022	现行有效
17	生猪	场站建设	3002	DB11/T 429	种猪场舍区、场区、缓冲区环境质量要求	地方标准	2018	现行有效

（续）

序号	适用对象	适用环节	标准编码	标准号	标准名称	标准层级	发布年份（年）	状态
18	生猪	场站建设	3003		种公猪站建设规范	地方标准		待制定
19	生猪	场站建设	3004	NY/T 2241	种猪性能测定中心建设标准	行业标准	2012	现行有效
20	生猪	场站建设	3005	DB11/T 1969	生猪养殖场建设规范	地方标准	2022	现行有效
21	生猪	场站建设	3006	NY/T 4254	生猪规模化养殖设施装备配置技术规范	行业标准	2022	现行有效
22	生猪	场站建设	3007	NY/T 4321	多层立体规模化猪场建设规程	行业标准	2023	现行有效
23	畜类	养殖设施	3008	GB/T 26623	畜禽舍纵向通风系统设计规程	国家标准	2011	现行有效
24	生猪	养殖设施	3009		生猪智能化养殖系统技术规范	地方标准		待制定
25	生猪	养殖设施	3010		生猪养殖场生物安全智能控制系统技术规范	地方标准		待制定
26	畜类	无害化处理设施	3011		畜禽粪污处理设施建设规范	地方标准		待制定
27	畜类	无害化处理设施	3012	GB/T 26624	畜禽养殖污水贮存设施设计要求	国家标准	2011	现行有效
28	生猪	无害化处理设施	3013	GB/T 30471	规模养猪场粪便利用设备槽式翻抛机	国家标准	2013	现行有效
29	畜类	无害化处理设施	3014	NY/T 3373	病害畜禽及产品焚烧设备	行业标准	2018	现行有效
30	畜类	无害化处理设施	3015	NY/T 3386	病害性畜及病害畜产品化制设备	行业标准	2018	现行有效
31	畜类	无害化处理设施	3016	NY/T 3397	病害肉化制成套设备技术条件	行业标准	2018	现行有效

投入品（04）

序号	适用对象	适用环节	标准编码	标准号	标准名称	标准层级	发布年份（年）	状态
32	畜类	兽药	4001	NY/T 5030	无公害农产品 兽药使用准则	行业标准	2016	现行有效
33	畜类	兽医制品	4002	NY/T 541	兽医诊断样品采集、保存与运输技术规范	行业标准	2016	现行有效
34	畜类	饲料	4003	GB 13078	饲料卫生标准	国家标准	2017	现行有效
35	畜类	饲料	4004	GB 10648	饲料标签	国家标准	2013	现行有效
36	生猪	饲料	4005	GB/T 5915	仔猪、生长肥育猪配合饲料	国家标准	2020	现行有效

（续）

养殖技术（05）

序号	适用对象	适用环节	标准编码	标准号	标准名称	标准层级	发布年份（年）	状态
37	畜类	资源保护与评价	5001	GB/T 27534.1	畜禽遗传资源调查技术规范 第 1 部分：总则	国家标准	2011	现行有效
38	畜类	资源保护与评价	5002	GB/T 27534.2	畜禽遗传资源调查技术规范 第 2 部分：猪	国家标准	2011	现行有效
39	畜类	资源保护与评价	5003	NY/T 3450	家畜遗传资源保种场保种技术规范 第 1 部分：总则	行业标准	2019	现行有效
40	畜类	资源保护与评价	5004	NY/T 3451	家畜遗传资源保种场保种技术规范 第 2 部分：猪	行业标准	2019	现行有效
41	畜类	品种	5005	GB/T 36189	畜禽品种标准编制导则	国家标准	2018	现行有效
42	生猪	品种	5006	GB/T 22283	长白猪种猪	国家标准	2008	现行有效
43	生猪	品种	5007	GB/T 22284	大约克夏猪种猪	国家标准	2008	现行有效
44	生猪	品种	5008	GB/T 22285	杜洛克猪种猪	国家标准	2008	现行有效
45	生猪	品种	5009	GB/T 8472	北京黑猪	国家标准	2021	现行有效
46	生猪	品种	5010	NY/T 820	种猪登记技术规范	行业标准	2004	现行有效
47	畜类	遗传材料	5011	GB/T 24862	畜禽体细胞库检测技术规程	国家标准	2010	现行有效
48	畜类	遗传材料	5012	GB/T 25170	畜禽基因组 BAC 文库构建与保存技术规程	国家标准	2010	现行有效
49	畜类	遗传材料	5013	GB/T 25168	畜禽 cDNA 文库构建与保存技术规程	国家标准	2010	现行有效
50	畜类	遗传材料	5014	GB/T 24863	畜禽细胞体外培养与冷冻保存技术规程	国家标准	2010	现行有效
51	畜类	遗传材料	5015	GB/T 40188	畜禽分子标记辅助育种技术规范	国家标准	2021	现行有效
52	生猪	遗传材料	5016	GB/T 38788	猪多能干细胞建系技术规范	国家标准	2020	现行有效
53	畜类	遗传材料	5017	NY/T 1898	畜禽线粒体 DNA 遗传多样性检测技术规程	行业标准	2010	现行有效
54	畜类	遗传材料	5018	NY/T 1673	畜禽微卫星 DNA 遗传多样性检测技术规程	行业标准	2008	现行有效
55	生猪	遗传材料	5019	NY/T 1900	畜禽细胞与胚胎冷冻保种技术规范	行业标准	2010	现行有效
56	畜类	遗传材料	5020	NY/T 1670	猪雌激素受体和卵泡刺激素 β 亚基单倍体型检测技术规程	行业标准	2008	现行有效

（续）

序号	适用对象	适用环节	标准编码	标准号	标准名称	标准层级	发布年份（年）	状态
57	生猪	遗传材料	5021	GB 23238	种猪常温精液	国家标准	2021	现行有效
58	生猪	遗传材料	5022	GB/T 25172	猪常温精液生产与保存技术规范	国家标准	2020	现行有效
59	生猪	遗传材料	5023	农质标函〔2019〕77号 2019—8	种猪冷冻精液	行业标准		正在制定
60	生猪	遗传材料	5024		猪冷冻精液生产技术规程	行业标准		待制定
61	生猪	繁育技术	5025		种猪区域性联合育种技术规程	国家标准		待制定
62	生猪	繁育技术	5026	DB11/T 578	种猪生产技术规范	地方标准	2022	现行有效
63	生猪	生物安全	5027		种猪场口蹄疫净化技术规范	地方标准		待制定
64	生猪	生物安全	5028		种猪场非洲猪瘟净化技术规范	地方标准		待制定
65	生猪	生物安全	5029		种猪场猪瘟净化技术规范	地方标准		待制定
66	生猪	生物安全	5030		种猪场猪繁殖与呼吸综合征净化技术规范	地方标准		待制定
67	生猪	生物安全	5031		种猪场伪狂犬病净化技术规范	地方标准		待制定
68	生猪	生产性能测定	5032	NY/T 822	种猪生产性能测定规程	行业标准	2019	现行有效
69	生猪	生产规程	5033	DB11/T 327	生猪生产技术规程	地方标准	2022	现行有效
70	畜类	生产规程	5034	DB11/T 2014	畜禽养殖质量安全控制规范	地方标准	2022	现行有效
71	生猪	生产规程	5035	DB11/T 499.1	北京黑猪饲养管理技术规范 第1部分：品种	地方标准	2018	现行有效
72	生猪	生产规程	5036	DB11/T 499.2	北京黑猪饲养管理技术规范 第2部分：选育	地方标准	2018	现行有效
73	生猪	生产规程	5037	DB11/T 499.3	北京黑猪饲养管理技术规范 第3部分：饲养管理	地方标准	2018	现行有效
74	生猪	生产规程	5038	DB11/T 499.4	北京黑猪饲养管理技术规范 第4部分：营养与饲料	地方标准	2018	现行有效
75	生猪	生产规程	5039	DB11/T 499.5	北京黑猪饲养管理技术规范 第5部分：卫生防疫	地方标准	2018	现行有效
76	生猪	生产规程	5040	GB/T 39235	猪营养需要量	国家标准	2020	现行有效
77	畜类	生产规程	5041	DB11/T 1764.4	用水定额 第4部分：畜牧业	地方标准	2022	现行有效

（续）

序号	适用对象	适用环节	标准编码	标准号	标准名称	标准层级	发布年份（年）	状态
78	生猪	生产规程	5042	DB11/T 1799	生猪养殖场生物安全规范	地方标准	2020	现行有效
79	畜类	生物安全	5043	DB11/T 678	畜禽养殖场灭鼠投饵控制与效果评价	地方标准	2009	现行有效
80	生猪	生物安全	5044		非洲猪瘟防控技术规范	地方标准		待制定
81	生猪	生物安全	5045		猪瘟防治技术规范	地方标准		待制定
82	生猪	生物安全	5046		口蹄疫防治技术规范	地方标准		待制定
83	生猪	生物安全	5047		呼吸与繁殖障碍综合征防治技术规范	地方标准		待制定
84	生猪	生物安全	5048		猪圆环病毒防治技术规范	地方标准		待制定
85	畜类	生物安全	5049	DB11/T 1395	畜禽场消毒技术规范	地方标准	2017	现行有效
86	生猪	生物安全	5050	NY/T 4033	感染非洲猪瘟养殖恢复生产技术	行业标准	2021	现行有效
87	生猪	粪污处理	5051	DB11/T 1394	生猪养殖场粪便处理技术要求	地方标准	2017	现行有效
88	畜类	粪污处理	5052	DB11/T 1870	畜禽养殖粪肥还田利用技术规范	地方标准	2021	现行有效
89	生猪	无害化处理	5053	NY/T 3381	生猪无害化处理操作规范	行业标准	2018	现行有效
屠宰加工（06）								
90	生猪	设施建造	6001	GB 50317	猪屠宰与分割车间设计规范	国家标准	2009	现行有效
91	生猪	设施建造	6002	GB 50072	冷库设计标准	国家标准	2021	现行有效
92	畜类	屠宰设备	6003	NY/T 3374	屠宰设备型号编制方法	行业标准	2018	现行有效
93	畜类	屠宰设备	6004	GB/T 27519	畜禽屠宰加工设备通用要求	国家标准	2011	现行有效
94	畜类	屠宰设备	6005	GB/T 41548	畜禽屠宰加工设备 畜禽肉分割线	国家标准	2022	现行有效
95	畜类	屠宰设备	6006	NY/T 3364	畜禽屠宰加工设备 猪胴体劈半锯	行业标准	2019	现行有效
96	生猪	屠宰设备	6007	NY/T 3403	猪胴体自动劈半机	行业标准	2018	现行有效
97	畜类	屠宰设备	6008	NY/T 3366	畜禽屠宰加工设备 兽医卫生同步检验输送装置	行业标准	2018	现行有效
98	生猪	屠宰设备	6009	GB/T 30958	猪屠宰加工成套设备技术条件	国家标准	2023	现行有效

（续）

序号	适用对象	适用环节	标准编码	标准号	标准名称	标准层级	发布年份（年）	状态
99	生猪	屠宰设备	6010	GB/T 22575	猪电致昏设备	国家标准	2008	现行有效
100	畜类	屠宰设备	6011	NY/T 3357	畜禽屠宰加工设备 猪悬挂输送设备	行业标准	2023	现行有效
101	畜类	屠宰设备	6012	NY/T 3358	畜禽屠宰加工设备 洗猪机	行业标准	2018	现行有效
102	畜类	屠宰设备	6013	NY/T 3359	畜禽屠宰加工设备 猪烫毛设备	行业标准	2018	现行有效
103	畜类	屠宰设备	6014	GB/T 41829	畜禽屠宰加工设备 猪脱毛设备	国家标准	2022	现行有效
104	畜类	屠宰设备	6015	NY/T 3361	畜禽屠宰加工设备 猪燎毛炉	行业标准	2018	现行有效
105	生猪	屠宰设备	6016	NY/T 3404	生猪屠宰皮与猪蹄脱毛设备	行业标准	2018	现行有效
106	畜类	屠宰设备	6017	NY/T 3362	畜禽屠宰加工设备 猪抛光机	行业标准	2018	现行有效
107	畜类	屠宰设备	6018	NY/T 3363	畜禽屠宰加工设备 猪剥剥皮机	行业标准	2019	现行有效
108	畜类	屠宰设备	6019	NY/T 3365	畜禽屠宰加工设备 猪胴体输送轨道	行业标准	2020	现行有效
109	畜类	屠宰设备	6020	NY/T 3369	畜禽屠宰加工设备 自动下降机	行业标准	2018	现行有效
110	畜类	屠宰设备	6021	NY/T 3368	畜禽屠宰加工设备 分割输送机	行业标准	2018	现行有效
111	畜类	屠宰设备	6022	NY/T 3367	畜禽屠宰加工设备 切割机	行业标准	2018	现行有效
112	畜类	屠宰设备	6023	NY/T 3968	畜禽屠宰加工设备 猪头浸烫设备	行业标准	2021	现行有效
113	畜类	屠宰设备	6024	NY/T 3967	畜禽屠宰加工设备 快速冷却输送设备	行业标准	2021	现行有效
114	生猪	屠宰设备	6025	GB/T 41551	片猪肉激光打刻标识码、印应用规范	国家标准	2022	现行有效
115	生猪	屠宰设备	6026	NY/T 3399	生猪屠宰加工同转猪清洗机	行业标准	2018	现行有效
116	畜类	消毒剂	6027	GB 14930.2	食品安全国家标准 消毒剂	国家标准	2012	现行有效
117	畜类	脱毛剂	6028	GB 2760	食品安全国家标准 食品添加剂使用标准	国家标准	2014	现行有效
118	畜类	脱毛剂	6029	GB/T 41550	畜禽屠宰用脱毛剂使用规范	国家标准	2022	现行有效
119	畜类	屠宰规程	6030	DB11/T 2015	畜禽屠宰质量安全控制规范	地方标准	2022	现行有效

（续）

序号	适用对象	适用环节	标准编码	标准号	标准名称	标准层级	发布年份（年）	状态
120	畜类	屠宰规程	6031	GB 12694	食品安全国家标准 畜禽屠宰加工卫生规范	国家标准	2016	现行有效
121	生猪	屠宰规程	6032	农业农村部公告第 637 号	生猪屠宰肉品品质检验规程（试行）	部门公告	2023	现行有效
产品标准（07）								
122	畜类	产品安全	7001	GB 18394	畜禽肉水分限量	国家标准	2020	现行有效
123	畜类	产品安全	7002	GB 31650	食品安全国家标准 食品中兽药最大残留限量	国家标准	2019	现行有效
124	畜类	产品安全	7003	GB 31650.1	食品安全国家标准 食品中 41 种兽药最大残留限量	国家标准	2022	现行有效
125	畜类	产品安全	7004	GB 2763	食品安全国家标准 食品中农药最大残留限量	国家标准	2021	现行有效
126	畜类	产品安全	7005	GB 2763.1	食品安全国家标准 食品中 2,4-滴丁酸钠盐等 112 种农药最大残留限量	国家标准	2022	现行有效
127	畜类	产品安全	7006	GB 2762	食品安全国家标准 食品中污染物限量	国家标准	2022	现行有效
128	猪	产品质量	7007	GB/T 9959.1	鲜、冻猪及猪副产品 第 1 部分：片猪肉	国家标准	2019	现行有效
129	猪	产品质量	7008	GB/T 9959.2	分割鲜、冻猪瘦肉	国家标准	2008	现行有效
130	猪	产品质量	7009	GB/T 9959.3	鲜、冻猪肉及猪副产品 第 3 部分：分部位分割猪肉	国家标准	2019	现行有效
131	猪	产品质量	7010	GB/T 9959.4	鲜、冻猪肉及猪副产品 第 4 部分：猪副产品	国家标准	2019	现行有效
132	猪	产品质量	7011	GB/T 42069	瘦肉型猪胴体质量分级	国家标准	2022	现行有效
133	猪	产品质量	7012	NY/T 632	冷却猪肉	行业标准	2002	现行有效
134	猪	产品质量	7013	NY/T 3355	乳猪肉	行业标准	2018	现行有效
135	猪	产品质量	7014	NY/T 3351	猪原肠、半成品	行业标准	2018	现行有效
136	猪	产品质量	7015	NY/T 3354	猪大肠头	行业标准	2018	现行有效
137	猪	产品质量	7016	GB/T 8211	猪鬃	国家标准	2009	现行有效
138	畜类	产品质量	7017	GB/T 7740	天然肠衣	国家标准	2022	现行有效

（续）

序号	适用对象	适用环节	标准编码	标准号	标准名称	标准层级	发布年份（年）	状态
包装标识（08）								
139	畜类	包装	8001	GB 4806.1	食品安全国家标准 食品接触材料及制品通用安全要求	国家标准	2016	现行有效
140	畜类	包装	8002	GB 4806.7	食品安全国家标准 食品接触用塑料材料及制品	国家标准	2023	现行有效
141	畜类	包装	8003	GB 4806.8	食品安全国家标准 食品接触用纸和纸板材料及制品	国家标准	2022	现行有效
142	畜类	包装	8004	GB 4806.12	食品安全国家标准 食品接触用竹木材料及制品	国家标准	2022	现行有效
143	畜类	标识	8005	NY/T 3383	畜禽产品包装与标识	行业标准	2020	现行有效
贮存运输（09）								
144	猪	贮存运输	9001	GB/T 43168	生猪运输管理技术要求	国家标准	2023	现行有效
145	畜类	贮存运输	9002	NY/T 3236	活动物跨省调运风险分析指南	行业标准	2018	现行有效
146	畜类	贮存运输	9003	NY/T 4136	车辆洗消中心生物安全技术	行业标准	2022	现行有效
147	畜类	贮存运输	9004	DB11/T 3013	畜禽肉冷链物流操作规程	地方标准	2018	现行有效
148	畜类	贮存运输	9005	GB 31605	食品安全国家标准 食品冷链卫生规范	国家标准	2020	现行有效
149	畜类	贮存运输	9006	GB 20799	食品安全国家标准 肉和肉制品经营卫生规范	国家标准	2016	现行有效
品牌认证（10）								
150	畜类	绿色食品	10001	NY/T 472	绿色食品 兽药使用准则	行业标准	2022	现行有效
151	畜类	绿色食品	10002	NY/T 473	绿色食品 畜禽卫生防疫准则	行业标准	2016	现行有效
152	畜类	绿色食品	10003	NY/T 471	绿色食品 饲料及饲料添加剂使用准则	行业标准	2023	现行有效
153	畜类	绿色食品	10004	NY/T 392	绿色食品 食品添加剂使用准则	行业标准	2023	现行有效
154	畜类	绿色食品	10005	NY/T 1056	绿色食品 储藏运输准则	行业标准	2021	现行有效
155	畜类	绿色食品	10006	NY/T 1055	绿色食品 产品检验规则	行业标准	2015	现行有效

（续）

序号	适用对象	适用环节	标准编码	标准号	标准名称	标准层级	发布年份（年）	状态
156	畜类	绿色食品	10007	NY/T 2799	绿色食品 畜肉	行业标准	2023	现行有效
157	畜类	绿色食品	10008	NY/T 1513	绿色食品 畜禽可食用副产品	行业标准	2017	现行有效
158	畜类	有机食品	10009	GB/T 19630	有机产品生产、加工、标识与管理体系要求	国家标准	2019	现行有效
159	畜类	良好农业规范	10010	GB/T 20014.1	良好农业规范 第1部分：术语	国家标准	2005	现行有效
160	畜类	良好农业规范	10011	GB/T 20014.2	良好农业规范 第2部分：农场基础控制点与符合性规范	国家标准	2013	现行有效
161	畜类	良好农业规范	10012	GB/T 20014.6	良好农业规范 第6部分：畜禽基础控制点与符合性规范	国家标准	2013	现行有效
162	畜类	良好农业规范	10013	GB/T 20014.9	良好农业规范 第9部分：猪控制点与符合性规范	国家标准	2013	现行有效
163	畜类	京味农品	10014		"京味农品"品牌建设标准	地方标准		待制定

管理服务（11）

序号	适用对象	适用环节	标准编码	标准号	标准名称	标准层级	发布年份（年）	状态
164	畜类	园区建设	11001	DB11/T 1661	畜牧业生态农业园区评价规范	地方标准	2019	现行有效
165	畜类	园区建设	11002	DB11/T 1322.69	安全生产等级评定技术规范 第69部分：畜禽养殖场	地方标准	2019	现行有效
166	畜类	园区建设	11003	DB11/T 1322.73	安全生产等级评定技术规范 第73部分：畜禽定点屠宰企业	地方标准	2019	现行有效
167	生猪	园区建设	11004	NY/T 3348	生猪定点屠宰厂（场）资质等级要求	行业标准	2018	现行有效
168	畜类	追溯管理	11005	GB/T 40465	畜禽肉追溯要求	国家标准	2021	现行有效
169	畜类	服务标准	11006		畜禽养殖社会化服务规范	地方标准		待制定
170	生猪	人员技能	11007	NY/T 3350	生猪屠宰兽医卫生检验人员岗位技能要求	行业标准	2021	现行有效
171	畜类	人员技能	11008	NY/T 3349	畜禽屠宰加工人员岗位技能要求	行业标准	2021	现行有效
172	畜类	人员技能	11009	NY/T 3961	畜禽屠宰加工人员防护技术规范	行业标准	2021	现行有效

1. 基础标准

该子体系包含规范生猪的术语和分类等内容。

现有生猪相关的术语和分类标准《种猪术语》（NY/T 3874）、《畜禽屠宰术语》（NY/T 3224）、《猪肉及猪副产品流通分类与代码》（NY/T 3388）和《畜禽养殖环境与废弃物管理术语》（GB/T 25171）规定了种猪、屠宰、流通和环境与废弃物管理。

综上，基础标准子体系包括4项标准。按照标准层级划分，国家标准1项，行业标准3项。

2. 养殖标准

该子体系包括生猪养殖环境、设施设备、投入品、养殖技术等相关标准。

（1）养殖环境。主要规范生猪养殖环境要求、环境监测评估、污染物排放。

①安全性要素。产地环境是猪赖以生存的基础，猪场的环境条件直接影响猪的健康。猪舍外环境包括绿化带建立、清洁卫生和粪污清理。猪舍内环境包括适宜的温湿度、空气质量、畜禽饮用水及清洁卫生条件等。相关标准具体包括《规模化畜禽场良好生产环境 第1部分：场地要求》（GB/T 41441.1）、《规模化畜禽场良好生产环境 第2部分：畜禽舍技术要求》（GB/T 41441.2）、《畜禽场环境质量及卫生控制规范》（NY/T 1167）。

②环境评价要素。生猪养殖产生的废水、废气、废物如处理不当或违规排放，容易给周边环境造成不良影响。生猪养殖场规划、新建、改建应开展环境影响评价。生猪养殖场污染物排放须符合《畜禽养殖业污染物排放标准》（GB 18596）、《恶臭污染物排放标准》（GB 14554）2项强制性国家标准要求。此外，农业农村部制定了《畜禽场环境污染控制技术规范》（NY/T 1169）和《畜禽场环境质量标准》（NY/T 388），北京市制定了《畜禽场环境影响评价准则》（DB11/T 424），应遵照执行。

③环境参数调控要素。在国家提出"双碳"目标的大背景下，养殖业温室气体排查和核算急需标准依据。北京市已制定《温室气体排放核算指南 畜牧养殖企业》（DB11/T 1422）、《畜牧产品温室气体排放核算指南》（DB11/T 1565）、《农业有机废弃物（畜禽粪便）循环利用项目碳减排量核算指南》（DB11/T 1561）等标准，为规范计量养殖业温室气体排放量和核定废弃物资源化利用减排量提供了方法。

综上所述，生猪养殖环境标准11项，按照标准层级划分，包括国家标准4项，行业标准3项，地方标准4项。

（2）设施设备。主要规定生猪养殖过程设施建设使用、生产操作所需设备的性能。

①设施。生猪产业涉及的设施主要有种猪场、种公猪站、生猪养殖场、畜禽粪污处理设施等。目前，北京已有生猪养殖场建造规范相关标准《种猪场建设规范》（DB11/T 574）、《种猪场舍区、场区、缓冲区环境质量要求》（DB11/T 429）、《生猪养殖场建设规范》（DB11/T 1969），缺乏种公猪站和畜禽粪污处理设施建设标准，应考虑制定。《全国生猪遗传改良计划（2021—2035年）》提出，支持建设一批使用遗传评估优秀的公猪、存栏规模500头以上的国家核心种公猪站，促进核心育种场间遗传物质交换，提升遗传传递效率，制定种公猪站建设规范具有现实需求。

②设备。生猪生产涉及环境调控、饲喂、兽医、废弃物无害化处理、粪污资源化利用等的多种设备，现有部分国家标准和行业标准可作为技术依据。

传统生猪养殖方式存在人工成本高、生产效率低、疾病防控能力低和饲料浪费率大等问题，难以满足我国社会在发展过程中日益增加的猪肉需求，随着生猪自动饲喂、粪污处理、环境调控、行为监测、体温监测、体尺测量和体重预估等智能化养猪技术取得长足进步，未来生猪养殖业将向具有人工成本低、生产效率高和疾病防控能力强等优点的规模化、智能化和集约化的养殖模式转变。

北京市已设立乡村振兴科技项目，对生猪省力化智能养殖关键技术和生猪养殖场生物安全智能化控制技术开展研究与示范应用，新希望集团建设的"5S智慧猪场"落户平谷，实现了设施可视化、喂养自动化、监控智能化以及循环农业等多项技术集成应用，可适时推动相关研究和实践成果转化为标准，为相关技术规范化应用提供依据。

综上所述，设施设备相关标准包括12项已经发布的标准和4项待制定的标准。已经发布的标准按照标准层级划分，包括国家标准3项，行业标准6项，地方标准3项。建议适时制定《种公猪站建设规范》《畜禽粪污处理设施建设要求》《生猪智能化养殖系统技术规范》《生猪养殖场生物安全智能控制系统技术规范》行业或地方标准。

（3）投入品。主要规范生猪生产过程中投入品的使用，包括品种种质、饲料使用、兽药使用和其他投入品等相关标准。

兽药、饲料相关投入品使用参照国家或行业标准执行。国家制定了《饲料原料目录》《饲料添加剂目录》《饲料添加剂安全使用规范》，饲料使用应符合相关规定。

综上所述，农业投入品相关标准5项，按照标准层级划分，包括国家标准3项，行业标准2项。

（4）养殖技术。主要规范生猪的标准化生产，包括种质繁育、饲养管理、生物安全防控、废弃物利用和无害化处理等相关标准。

①种质繁育。种质标准包括资源保护与评价、品种、遗传材料、繁育技术、生物安全、生产性能测定等方面。关于资源保护与评价，国家制定了《畜禽遗传资源调查技术规范》，农业农村部制定了《家畜遗传资源保种场保种技术规范》。关于生猪品种，北京主要以长白猪、大约克夏猪、杜洛克猪、北京黑猪为主，相关品种均已制定种猪国家标准。关于遗传材料，已有多项遗传材料质量和检测相关国家和行业标准，种猪冷冻精液是生猪繁育的重要物质，目前正在制定农业行业标准《种猪冷冻精液》，尚无配套的生产技术规程，建议制定。关于繁育技术，北京市已制定《种猪生产技术规范》（DB11/T 578），考虑到《全国生猪遗传改良计划（2021—2035年）》提出"支持生猪种业优势省份开展区域性联合育种，发展基于全产业链的新型育种模式"，建议制定《种猪区域性联合育种技术规程》国家标准。关于生物安全，《种猪生产技术规范》中要求"种猪场应开展种猪群的口蹄疫、非洲猪瘟、猪瘟、猪繁殖与呼吸综合征、伪狂犬病等疾病的净化，建立阴性、健康的种猪群"。建议针对相关疫病制定净化技术规范。关于生产性能测定，可参照《种猪生产性能测定规程》（NY/T 822）执行。

②饲养管理。北京市已制定《生猪生产技术规范》（DB11/T 327）、《畜禽养殖质量安全控制规范》（DB11/T 2014），并针对北京市黑猪养殖制定了《北京黑猪饲养管理技术规范》（DB11/T 499）系列标准、产品检验检测（包括取样制样标准、检测方法标准）等相关标准。

③生物安全防控。北京市已制定《生猪养殖场生物安全规范》（DB11/T 1799）、《畜禽养殖场鼠害控制与效果评价》（DB11/T 678），但尚未针对非洲猪瘟、猪瘟、口蹄疫、呼吸与繁殖障碍综合征、猪圆环病毒等常规监测疫病制定防控技术规范，建议制定。

④废弃物利用。北京市已制定《生猪养殖场粪便处理技术要求》（DB11/T 1394）、《畜禽养殖粪肥还田利用技术规范》（DB11/T 1870）。

⑤无害化处理。农业农村部制定了《生猪无害化处理操作规范》（NY/T 3381），可参照执行。

综上所述，养殖技术相关标准包括 40 项已经发布的标准、1 项在制定的标准和 12 项待制定的标准。已经发布的标准按照标准层级划分，包括国家标准 16 项，行业标准 10 项（含正在制定），地方标准 14 项。种质繁育方面建议制定《猪冷冻精液生产技术规程》《种猪区域性联合育种技术规程》《种猪场口蹄疫净化技术规范》《种猪场非洲猪瘟净化技术规范》《种猪场猪瘟净化技术规范》《种猪场猪繁殖与呼吸综合征净化技术规范》《种猪场伪狂犬病净化技术规范》等标准。生物安全方面建议制定《非洲猪瘟防控技术规范》《猪瘟防治技术规范》《口蹄疫防治技术规范》《呼吸与繁殖障碍综合征防治技术规范》《猪圆环病毒防治技术规范》。

3. 屠宰加工标准

该子体系包括屠宰加工设施设备、屠宰加工投入品、屠宰加工技术等相关标准。

国家制定了《食品安全国家标准　畜禽屠宰加工卫生规范》（GB 12694），农业农村部制定了《生猪屠宰肉品品质检验规程（试行）》（农业农村部公告第 637 号），生猪屠宰加工须符合上述要求。同时，北京市制定了《畜禽屠宰质量安全控制规范》（DB11/T 2015）。此外，农业农村部针对屠宰、分割及检疫等制定了一系列国家和行业标准，可参照执行。

综上所述，屠宰加工技术相关标准 32 项，按照标准层级划分，包括农业农村部公告 1 项，国家标准 12 项，行业标准 18 项，地方标准 1 项。

4. 产品标准

该子体系包括猪肉及猪副产品质量（包括安全限量标准、质量等级标准等）产品检验检测（包括取样制样标准、检测方法标准）等相关标准。

在产品安全方面，国家制定了《畜禽肉水分限量》（GB 18394）、《食品安全国家标准　食品中兽药最大残留限量》（GB 31650）、《食品安全国家标准　食品中农药最大残留限量》（GB 2763）、《食品安全国家标准　食品中污染物限量》（GB 2762）相关的食品安全国家标准，猪肉产品必须符合相关要求；在产品质量方面，针对猪肉及猪副产品制定了相关的质量和分级国家标准或行业标准，可参照执行；在检测方法方面，质量标准和安全限量标准中已规定相关指标的检测方法，可按照相关标准要求执行。国标检测方法通常耗时长，对检测设备、人员能力的要求比较高，不能快速准确地对安全限量标准做出判断，应加强检测技术研发，制订一些检测速度快、检测精度相对高、技术要求不是很高的检测方法。

综上所述，产品相关标准 17 项，按照标准层级划分，包括国家标准 13 项，行业标准 4 项。

5. 流通标准

该子体系包括生猪及产品包装、贮藏运输等环节相关的标准。

（1）包装方面。猪肉产品的包装环节，包括包装材料、包装技术及标识等相关标准。

国家针对食品接触用包装材料制定了一系列食品安全国家标准，猪肉直接接触的包装材料须符合《食品安全国家标准》（GB 4806）系列标准要求。此外，农业农村部制定了《畜禽产品包装与标识》（NY/T 3383），可参照执行。

综上所述，包装标识相关标准5项，按照标准层级划分，包括国家标准4项，行业标准1项。

（2）贮藏运输。对于生猪运输，生物安全保障是关键；对于猪肉产品运输，冷链控制是关键。目前北京市制定了《畜禽肉冷链物流操作规程》（DB11/T 3013），国家和行业部门针对生猪及畜禽肉制定了运输、流通等方面的多项标准，可参照执行。

生猪及产品的运输贮存环节，包括生猪运输标准和产品贮存运输标准（产品仓储环境、卫生操作、常温物流、冷链物流）等相关标准。

综上所述，贮藏运输相关标准6项，按照标准层级划分，包括国家标准3项，行业标准2项，地方标准1项。

6. 品牌认证标准

该子体系包括绿色食品、有机食品、良好农业规范认证、京味农品等相关标准。

（1）绿色食品。绿色食品标准体系中兽药使用、饲料添加剂、畜禽卫生防疫、食品添加剂使用、贮藏运输、产品检验等方面的6项通则标准和畜肉、畜禽可食用副产品等方面的2项产品标准适用于指导绿色生猪产品生产。

（2）有机食品。有机产品须符合国家标准《有机产品　生产、加工、标识与管理体系要求》（GB/T 19630）的要求。

（3）良好农业规范。良好农业规范产品须符合国家标准《良好农业规范　第1部分：术语》（GB/T 20014.1）、《良好农业规范　第2部分：农场基础控制点与符合性规范》（GB/T 20014.2）、《良好农业规范　第6部分：畜禽基础控制点与符合性规范》（GB/T 20014.6）、《良好农业规范　第9部分：猪控制点与符合性规范》（GB/T 20014.9）的要求。

（4）京味农品。除上述国家和行业通用标准外，建议增加"京味农品"品牌建设标准，围绕优质品种筛选、特征品质挖掘与评价、绿色高品质生产技术集成、京味农品品牌认定等提供技术标准供给，为增加地产猪肉质量效益和竞争力提供支撑。

综上所述，生猪品牌认证相关标准包括13项已经发布的标准和1项待制定的标准。已经发布的标准按照标准层级划分，包括国家标准5项，行业标准8项。建议制定《"京味农品"品牌建设标准》。

7. 管理服务标准

该子体系包括生猪生产管理、社会化服务等相关环节，其中生产管理环节包括园区建设管理、安全生产管理（如智慧养殖、信息追溯）、人员管理标准及其他相关标准；社会化服务环节包括农资供应、保险服务及其他相关标准等。

管理服务标准是规范生产经营管理秩序、强化生产经营管理手段、提升产业链管理水平的重要技术支撑。目前北京市针对生猪管理服务的标准主要有 3 项，涉及生态园区评级和安全生产等级评定，分别为《畜牧业生态农业园区评价规范》（DB11/T 1661）、《安全生产等级评定技术规范　第 69 部分：畜禽养殖场》（DB11/T 1322.69）、《安全生产等级评定技术规范　第 73 部分：畜禽定点屠宰企业》（DB11/T 1322.73）。新修订的《农产品质量安全法》实施后，国家对列入农产品质量安全追溯目录的农产品实施追溯管理，猪肉作为重点关注的民生产品可能会纳入追溯目录，国家制定了《畜禽肉追溯要求》（GB/T 40465），可参照执行。近年来，北京在农业社会化服务体系建设及智慧养殖方面积极探索，取得一定成效，可考虑制定相关标准，助力提升北京市生猪产业的集约化、智慧化管理水平。

综上所述，管理服务相关标准 9 项，按照标准层级划分，包括国家标准 1 项，行业标准 4 项，地方标准 4 项。建议制定《畜禽养殖社会化服务规范》。

（五）生猪全产业链标准制修订建议

生猪全产业链标准体系共收集整理 152 项已经发布的标准、1 项部门公告、1 项正在制定的标准和 18 项待制定的标准。已经发布的标准按照标准层级划分，包括国家标准 65 项，行业标准 61 项，北京市地方标准 26 项。待制定的标准包括《种公猪站建设规范》《畜禽粪污处理设施建设要求》《生猪智能化养殖系统技术规范》《生猪养殖场生物安全智能控制系统技术规范》《猪冷冻精液生产技术规程》《种猪区域性联合育种技术规程》《种猪场口蹄疫净化技术规范》《种猪场非洲猪瘟净化技术规范》《种猪场猪瘟净化技术规范》《种猪场猪繁殖与呼吸综合征净化技术规范》《种猪场伪狂犬病净化技术规范》《非洲猪瘟防控技术规范》《猪瘟防治技术规范》《口蹄疫防治技术规范》《呼吸与繁殖障碍综合征防治技术规范》《猪圆环病毒防治技术规范》《"京味农品"品牌建设标准》《畜禽养殖社会化服务规范》。

结合以上标准体系各要素的分析结果，对北京市地方标准制修订提出以下建议。

一是结合农业标准化工作整体安排，聚焦北京的养殖业和畜禽种业"大型农牧企业集团总部多、高科技企业多、高层次人才多、科技创新能力强"的特点，加快制定完善设施改建、生物安全、畜禽种质研发生产等重要领域标准，增加标准供给，动态完善生猪全产业链标准体系。

二是在标准体系框架指引下，针对"品种＋不同养殖模式＋替抗措施"等不同模式，集成现有标准化技术措施，细化制定标准综合体，科学精准指导全产业链标准化实践。

三是加强智能养殖生产技术调研，推动技术应用试点示范，加快推进新技术新模式标准化成果集成输出。

三、生猪全产业链标准体系表应用

生猪全产业链标准体系表依据标准制修订情况实行动态完善，为北京市生猪养殖企业建设生猪全产业链标准化示范基地提供了集成标准综合体的技术依据。下面以生猪养殖企业建设全产业链标准化示范基地为例，从标准体系表的应用、宣贯、转化、验证和再完善五个方面介绍生猪全产业链标准体系表在实际生产中的应用。

（一）应用

生猪产业是北京市畜牧业创新发展的重要支柱产业，在发展都市农业经济、促进农民增收和保障城乡居民消费等方面有着举足轻重的地位，是关系首都民生的重要产业。从养殖环境（畜舍）、品种选育、投入品管控、养殖管理、疫病防控、运输标准、检测方法、产品追溯等方面探索适合北京地区生猪高产高效养殖技术，不但可以提高生猪产量和品质，增加农民的经济效益，而且可以减少饲料和兽药的投入使用，改善生态环境。

形成一套科学的生猪全产业链标准化管控模式，可以以点带面，促进北京市农业标准化总体水平进一步提升，带动北京及周边地区的农业标准化发展。

生产企业可对照已构建完成的生猪全产业链标准体系表，结合企业实际生产情况，对照企业全产业链的各环节，分析确定控制要素，按照"有标贯标、缺标补标、低标提标"的原则，有针对性地选择准体系表中适用于企业的标准，对无标准可采用的情况，编制适用于企业的企业标准，最终构建适用于企业的标准体系表，形成标准综合体。

北京市延庆区一家农业企业创建生猪全产业链标准化示范基地时，对涉及产前、产中、产后、通用的15个控制环节的32项控制要素进行分析，应用生猪全产业链标准体系表，建立并完善了生猪高品质标准体系、常见疫病防治技术体系、农产品质量安全自检技术支撑体系和档案追溯体系，编制了适用于该合作社的标准体系表（表9-2），形成了"生猪养殖全产业链管理技术规范"一整套标准综合体，集成了1套从规模化养殖、种猪选择、投入品管控、养殖管理、疫病防控及治疗、销售及运输、质量安全检测，到溯源管理的全程管理体系和技术支撑体系。

表9-2 生猪养殖全产业链质量安全标准综合体明细表

控制环节	控制要素	质量安全要求	标准体系
产地环境	场区位置环境要求	猪场场区选址、布局、生产工艺及生物安全设施设备符合相关标准要求	GB/T 41441.1—2022 规模化畜禽场良好生产环境 第1部分：场地要求 GB/T 17824.1—2022 规模猪场建设 GB/T 17823—2009 集约化猪场防疫基本要求 NY/T 1167—2006 畜禽场环境质量及卫生控制规范 NY/T 2661—2014 标准化养殖场 生猪 NY/T 4034—2021 规模化猪场生物安全风险评估规范 NY/T 4254—2022 生猪规模化养殖设施设备配置技术规范 NY/T 4319—2023 洗消中心建设规范 DB11/T 1969—2022 生猪养殖场建设规范 DB11/T 1799—2020 生猪养殖场生物安全规范 GB/T 41441.2—2022 规模化畜禽场良好生产环境 第2部分：畜禽舍技术要求 GB/T 17824.3—2008 规模猪场环境参数及环境管理 Q/××× 生猪全产业链管理技术规范
		猪舍内外生产环境（包含设备水平、温湿度、空气卫生指标、通风量与风速、采光条件等）符合相关标准要求	

（续）

控制环节	控制要素	质量安全要求	标准体系
产地环境	环保设施、设备配套	环保配套设施、设备正常使用	NY/T 2661—2014　标准化养殖场　生猪 NY/T 4254—2022　生猪规模化养殖设施设备配置技术规范 DB11/T 1969—2022　生猪养殖场建设规范
种猪采购	种猪选择	种猪生长发育良好、符合品种特征	NY/T 2661—2014　标准化养殖场　生猪 DB11/T 2014—2022　畜禽养殖质量安全控制规范 DB11/T 578—2022　种猪生产技术规范 NY/T 2661—2014　标准化养殖场　生猪 Q/×××　种猪质量采购及培育标准
种猪采购	种猪质量	种猪来源场近3年未发生过非洲猪瘟疫情，且经检测伪狂犬、蓝耳病均为阴性	
种猪采购	采购查验及记录	具有种畜禽经营许可证、动物防疫合格证，查验检疫合格证明；做好采购记录	
投入品管理	饲料及饲料添加剂管理	饲料及添加剂的采购、配制、贮存、记录应符合要求	NY/T 65—2004　猪饲养标准 DB11/T 2014—2022　畜禽养殖质量安全控制规范 Q/×××　生猪养殖场猪舍用水标准
投入品管理	饮水处理	对猪舍饮水进行过滤和消毒处理，符合直饮水要求	
投入品管理	兽药管理	兽药的采购、贮存、记录符合要求	
养殖管理	鼠害管理	对场内的老鼠群体通过鼠药、捕鼠夹、黏鼠板等方式按要求进行控制	DB11/T 2014—2022　畜禽养殖质量安全控制规范 DB11/T 327—2022　生猪生产技术规范 DB11/T 578—2022　种猪生产技术规范 NY/T 636—2021　猪人工授精技术规程 Q/×××　生猪全产业链管理技术规范 Q/×××　种猪采购质量标准
养殖管理	繁殖管理	种猪的配种与分娩管理应符合相关要求	
养殖管理	种猪培育	种猪的饲养、育种、筛选应符合相关要求	
养殖管理	商品猪养殖	商品猪的饲养管理应符合相关要求	
疫病防控及治疗	猪病防控	常见猪病的预防、诊断及治疗技术应符合相关要求	NY/T 2661—2014　标准化养殖场　生猪 NY/T 4034—2021　规模化猪场生物安全风险评估规范 DB11/T 2014—2022　畜禽养殖质量安全控制规范 Q/×××　猪场主要疾病净化规程-伪狂犬
疫病防控及治疗	疾病监测	重大疫病的监测防控应符合相关要求；使用正确的监测技术定期开展病害监测，建立监测记录，并符合相关要求	
疫病防控及治疗	病死猪无害化处理	及时处理病死猪，建立病死猪生物安全处理台账，并符合相关要求	
疫病防控及治疗	疾病净化	在条件允许情况下，实现部分主要猪病的净化	

控制环节	控制要素	质量安全要求	标准体系
投入品	兽药	疫病防治过程中各类用药应符合相关要求	DB11/T 2014—2022　畜禽养殖质量安全控制规范
	饲料及添加剂	饲料营养水平、卫生、生物安全、采购、贮存、使用记录等应符合相关要求	
休药期	休药期	育肥猪严格执行休药期，休药期过后方可销售给屠宰场	DB11/T 2014—2022　畜禽养殖质量安全控制规范
销售运输	销售规格	根据市场需求，将育肥猪及育肥仔猪、淘汰猪按照不同的规格销售给不同的客户	Q/×××　生猪分类销售及管理规程
	销售方式	根据销售猪只的类型分为直接销售和中转销售	NY/T 4032—2021　封闭式生猪运输车生物安全技术 NY/T 4136—2022　车辆洗消中心生物安全技术 Q/×××　养猪场车辆洗消技术
	车辆及环境要求及消毒处理方式	针对装猪车辆类型及销售环境条件采取不同的消毒处理方式	
质量安全检测	疫病检测及记录	对即将上市的育肥猪或即将对外销售的育肥仔猪进行疫病自检或委托第三方机构检测，疫病情况符合检疫相关法规要求，对检测结果归档留存并做好检测记录	NY/T 1897—2010　动物及动物产品兽药残留监控抽样规范 DB11/T 2014—2022　畜禽养殖质量安全控制规范
溯源管理	溯源、召回及处理	采取有效手段对产品进行溯源，不合格的产品及时进行处理或做好售后服务	NY/T 2958—2016　生猪及产品追溯关键指标规范 DB11/T 2014—2022　畜禽养殖质量安全控制规范
粪污处理	粪污及废气排放	猪场的粪污、恶臭气体、生产及生活垃圾的处理、排放符合相关标准要求	GB 14554—1993　恶臭污染物排放标准 GB 18596—2001　畜禽养殖业污染物排放标准 NY/T 1169—2006　畜禽场环境污染控制技术规范 NY/T 4254—2022　生猪规模化养殖设施设备配置技术规范 DB11/T 1394—2017　生猪养殖场粪便处理技术要求 DB11/T 1870—2021　畜禽养殖粪肥还田利用技术规范 Q/×××　生猪全产业链管理技术规范
人员	人员管理	企业负责人、技术人员、采购人员、财务人员、检测人员、库管人员、饲养人员的管理	DB11/T 2014—2022　畜禽养殖质量安全控制规范 Q/×××　生猪全产业链管理技术规范
监控	视频监控	监控生猪场养殖全过程，包括洗消中心、环保区、场内生活区、实验室等生产区及公共区域	DB11/T 2014—2022　畜禽养殖质量安全控制规范
养殖过程	养殖过程检查	对环境、猪只、车辆、物资、人员等进行采样检查评估疫病风险	DB11/T 2014—2022　畜禽养殖质量安全控制规范 Q/×××　生猪养殖档案记录规范

（续）

控制环节	控制要素	质量安全要求	标准体系
记录	记录管理	定期核对生产档案，每日更新及定期汇总线上生产管理系统的数据，财务系统的数据录入及账目，办公管理系统的沟通记录及流程审批	Q/××× 生猪养殖档案记录规范
决策	决策人员	公司负责人的工作应符合相关要求	Q/××× 生猪养殖企业管理制度

（二）宣贯

开展标准宣贯材料制作：一是制作生猪全产业链标准化基地创建大型宣传牌，内容包括基地简介、获得荣誉、地理位置卫星图、特色图片等信息，用于基地的对外宣传展示；二是安装建设标牌、标准宣贯走廊等，展示基地标准体系框架图、标准综合体等资料。该基地制作标准宣传横幅1条、标准宣传墙1套、关键环节标准上墙宣传材料1套，生猪标准综合体转化宣传材料，如图9-1所示。

图9-1　生猪标准综合体转化宣传材料

（三）转化应用

将生猪标准综合体转化为简便易懂的生产模式图、操作明白纸、风险管控手册等。为保障标准综合体实施运营，结合基地生产实际配备监控设备、快速检测试剂（非洲猪瘟检测试剂）等相关材料（图9-2）。

（四）验证

将通过试用的标准综合体中质量安全检测、疫病防控、粪污还田、视频溯源的转化技术用于基地，取得了以下效果：

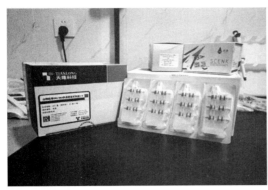

图9-2 标准转化配备快速检测材料

一是提升了非洲猪瘟检测能力。将非洲猪瘟快速检测技术用于基地，实现快捷的产品质量检测，严把产品质量关。

二是有效预防疫病发生。建立一套适用于种猪、仔猪和肥猪不同标准的免疫保健程序，并且在生产实践中不断完善免疫保健程序内容，不仅能够有效预防疾病发生，而且能够为及时治疗疾病带来最佳效果。

三是实现粪污还田。采用"干湿分离＋厌氧发酵"工艺，将猪舍内产生的粪污经收集池统一收集后进入环保区集中处理。同时配套有机肥还田体系，打造种养循环的5万亩高标准农田，用于玉米种植，满足养猪的优质饲料原料需求，解决养殖场粪污的消纳问题。

四是通过视频有效监控溯源。加装监控设备9个，包括高清摄像头、配套线缆、交换机、显示屏和主机等，通过视频监控生猪养殖过程，有效溯源。

经在基地试点应用，基地产量增加10%，产值增长10%，通过福利化养殖方式，提高了生猪生长健康度，保障了生猪上市的安全性。在推进农业农村经济结构的调整，促进农民增收，保障农产品质量安全等方面起到了积极的示范作用。全产业链标准体系在生猪生产基地中的示范应用为北京市全产业链标准化生产基地建设提供了可借鉴的模板，促进了绿色循环农业的发展，通过设施设备的提升和标准化宣传展示，提高了农产品全产业链质量控制能力，实现了投入品减量化，有效改善了产地环境，降低了农业面源污染，保护了农业生态安全。

（五）再完善

根据基地的实际情况，不断发现问题、解决问题，随时完善工作要求，修订标准，保持时效性。同时，根据国家标准的变化（如禁用兽药的使用），适时更新完善标准体系表和标准综合体，再经过宣贯、转化、验证等过程，周而复始地螺旋提升基地全产业链标准化应用水平。

127

第十章　北京市现代农业全产业链标准化应用之水产养殖业（淡水鱼）

北京市"三品一标"行动中提出"构建以产品为主线的全产业链标准体系"，明确提出到 2025 年构建完成设施蔬菜和生猪两个生产体系。行动方案中虽未涉及水产养殖业，但结合北京市农业产业生产实践，选定淡水鱼主要品种建设现代农业全产业链标准化示范基地，在北京市建立起覆盖种植、畜牧、水产三大行业的全产业链标准化生产体系，为保障农产品质量安全、增加绿色优质农产品供给和推动农业高质量发展提供有力支撑。

一、淡水鱼品种的选择

我国是水产养殖大国，2022 年淡水养殖总产量达到 3 290 万吨，占水产品总产量（6 866 万吨）的 47.92%，占世界养殖产量的 50% 以上，是世界上唯一养殖水产品总量超过捕捞总量的国家。联合国发布的《2019 年世界人口展望》预测，到 2050 年，全球人口将达到 97 亿，如何安全生产更多优质水产品来满足不断增长的人口需求，将是一项十分艰难的任务和挑战。我国的水产养殖在缓解自然资源压力，稳定优质蛋白供给，满足全球消费需求，提高人们营养健康水平，保障食品安全等方面具有重要意义。在国家政策和产学研联合攻关的背景下，"十二五"时期，我国水产养殖在优良品种培育、养殖模式构建、设施设备研发、饲料研制、疫病防控和数字化应用等方面取得了显著成效。"十三五"时期，我国水产绿色养殖发展扎实推进，转方式调结构取得积极进展，质量效益竞争力明显提升。水产养殖为保障国家粮食安全，打赢脱贫攻坚战，全面建成小康社会做出了积极贡献。

自"十四五"以来，我国水产养殖也面临一些制约和挑战。资源环境刚性约束突出，渔业资源衰退、水域生态环境退化态势尚未根本扭转。传统养殖空间日益受限，生产成本持续上涨，渔业比较效益优势不断下降。高品质水产品供给比重偏低，预制加工水产品研发不足，不能很好地满足人们对水产品消费多样的需求。部分水产苗种需要进口。休闲渔业发展水平总体不高，渔业"三产"比例需调整，渔业整体质量效益和竞争力有待进一步提高，水产养殖标准化、机械化、设施化程度低、水产品冷藏保障和加工流通设施建设滞后，养殖尾水处理设施装备不足。渔业生产信息化、数字化、智能化水平低。2019 年经国务院同意、十部委联合发布《关于推进水产养殖业绿色发展的若干意见》，提出用四年的时间，实现产地水产品抽检合格率保持在 98% 以上，到 2035 年，水产养殖布局更趋科学合理，养殖生产制度和监管体系更加健全，养殖尾水全面达标排放，产品优质、产地优美、装备一流、技术先进的养殖生产现代化基本实现。2021 年，《"十四五"全国渔业发展规划》（简称《规划》）要求坚持把保障水产品供给作为渔业发展第一要素，保障生空间，转变养殖方式，促进种业振兴，并提出推进渔业研发、生产、加工、流通、消费、服务等各环节有效链接、协同发展。该《规划》要求聚焦重点品种，加快补齐链条短板，做强产业链条各环节。实施农业生产"三品一标"提升行动，聚力推进品种培优，抓好品质提升，创响知名品牌，健全标准体系，促进全产业链按标生产。

（一）北京市淡水鱼发展现状

淡水养殖是北京市都市农业创新发展的重要产业之一，也是现代农业体系的重要组成部分，具有鲜明的规模化、标准化、集约化和产业化特征，是关系民生的重要产业。近年来，北京市依托政策、科技和市场优势，不断深化水产养殖的"生产、生活、生态"功能，大力推进绿色、生态、健康的适宜养殖品种、养殖技术和养殖模式。《北京市养殖水域滩涂规划（2021—2030 年）》要求稳定养殖水面，对水产品年产量做出具体要求，并要求品种结构和产品品质满足人们美好生活需要，精品食用鱼养殖和籽种渔业、观赏渔业、休闲渔业迈向高端，"一体、两区、多元"的北京渔业发展新格局迈向成熟，基本实现北京渔业现代化。在构建"多元"发展态势方面，要求完善水产苗种生产许可、水产品质量安全证明等管理办法，鼓励企业开展水产品绿色食品认证，对取得绿色产品认证的养殖场户给予奖励或资金扶持。《北京市"十四五"时期乡村振兴战略实施规划》提出完善绿色农业标准化体系，推进绿色有机农业发展，加强地理标志农产品登记保护。深入推进标准化生产与基地建设，加大农产品质量安全绿色防控及健康养殖技术集成与综合应用。完善农产品质量安全检测和追溯系统，强化全程智慧监管，开展生产主体追溯试点。

水产养殖涉及产地环境、机械、设施和设备、种质标准、养殖技术、饲料、渔药及动保产品等投入品控制、疫病防控、无害化处理等较多环节，并在此基础上，深入发掘渔业多种功能，加快一二三产业融合发展，发展水产品加工、冷链物流、休闲体验，打造渔业全产业链，拓展乡村产业增效空间。实施全链条标准化是水产行业产业化的基础，是"科技兴渔"的载体，为确保水产品质量安全，促进水产行业的节能减排，本项目对淡水鱼全产业链标准体系进行系统梳理，集成淡水鱼标准数据库，研究建立纵向涵盖产品、技术、管理标准，横向贯穿产前、产中、产后全产业链的淡水鱼标准体系，引导标准化生产和规范化管理，为推动北京市淡水鱼养殖产业可持续发展提供技术支撑。

从淡水鱼养殖规模来看，截至 2023 年，北京市共有 862 个水产养殖种质资源主体，其中繁育主体（在主体分类中包括省级以上水产原良种场、遗传育种中心、科研基地、苗种场等有种苗的主体）94 个，养殖主体（包括普通养殖场、苗种标粗场、其他等仅进行养殖的主体）768 个，总养殖面积 20 629.46 亩；存有繁育物种 72 个，种质资源 89 个；北京市共有 16 个区，其中 13 个涉农区均有水产养殖主体，东城、西城、石景山三个非涉农区没有水产养殖场。北京市多数养殖主体规模不大，30 亩以下（包括 30 亩）的养殖主体 667 个，约占总体的 77.4%；30～50 亩的养殖主体 92 个，约占总体的 10.7%；50～100 亩（包含 50 亩）的养殖主体 74 个，约占总体的 8.6%；大于 100 亩的养殖主体 29 个，约占总体的 3.4%。从全市养殖情况看，大宗淡水鱼类养殖户占比最高：鲢鱼、草鱼、鳙鱼、鲤鱼分别占总养殖户的 45.47%、55.22%、37.01%、27.26%，其中鲢鱼和鳙鱼多为池塘套养。通过调查发现，北京市以观赏鱼（包括锦鲤、金鱼、草金鱼）为主的养殖场共 229 户，占全市总养殖户的 26.57%，养殖面积为 7 288.53 亩，占全市总养殖面积的 35.33%。

据不完全统计，截至 2023 年北京市有从事水产苗种繁育的企事业单位 94 家，总面积为 4 024.79 亩，其中国家级水产原良种场 3 家，面积为 103 亩；省级水产原良种场 11 个，面积为 373.29 亩；科研基地 5 个，面积为 159 亩；苗种场 75 个，面积为 3 389.5 亩。94 家苗种场全部办理了养殖水域滩涂使用证和苗种生产许可证。从各区分布情况来看，通州、平谷、顺义三个区繁育主体数量较多，占比为 90% 以上。从繁育资源情况来看，共有繁育物种 72 个，其中淡水鱼 29 个、龟鳖类 43 个。淡水鱼类整体保种群体数量为 797 166 尾，其中雌性亲本数量为 398 130 尾，保存雄性亲本数量为 399 036 尾。淡水鱼中亲本群体保存数量比较多的是鲫、鲤、虹鳟，鲫类的亲本主要是金鱼和草金鱼，鲤类的亲本主要是锦鲤。2019—2023 年中国渔业统计年鉴显示，2018—2022 年北京市淡水鱼苗数量持续稳定恢复，但鱼种数量仍具有较大波动。2022 年全年各类鱼苗共 15.45 亿尾，同比增长 51%。2020 年鱼苗数量最少，为 5.78 亿尾。2022 年全市鱼种数量为 1 387 吨，为 2018 年（5 281 吨）产量的 26%。

从水产品供给情况来看，据农业农村部渔业渔政管理局等单位的统计数据显示，2018—2020 年，北京市水产品总产量呈现持续大幅下降的态势。2021—2022 年，虽有降低，但幅度不大；2022 年，北京市淡水鱼养殖总产量为 10 439 万吨，同比增长 11%，对比 2018 年则降低了 60%。具体从淡水鱼产品细分品种来看，目前北京市大宗淡水鱼产品和特色淡水鱼产品保持齐头并进的发展态势。2018—2021 年，大宗淡水鱼产品占比由 86% 提高至 91%，特色淡水鱼产品占比由 14% 降低至 9%。2022 年，北京市大宗淡水鱼产品产量为 9 116 吨，占淡水鱼养殖产量的比重为 87%，特色淡水鱼产量为 1 323 吨，占淡水鱼养殖产量的比重为 13%，两者之间的差距基本恢复到 2018 年水平。

从休闲渔业发展情况来看，北京市休闲渔业文化内涵丰富，在传统渔业日渐式微的形势下，依靠休闲渔业重振渔业成了北京淡水鱼产业发展的新思路。以垂钓、农家乐、采摘为代表的休闲农业已成为北京市重点发展的"六大农业"之一。2012 年北京松海盛达养殖科技发展有限责任公司、北京圣水渔村餐厅被农业部授予第一批全国休闲渔业示范基地称号，2014 年北京张克元渔场被农业部授予第二批全国休闲渔业示范基地称号，2017 年京城老渔（北京）农业科技园区被北京市农业局授予北京市级休闲渔业示范基地称号。2022 年融风寨天泉垂钓谷、松海生态园、金福艺农金福渔汇水产养殖基地、京郊大地庄园、万信淡水鱼养殖场和绿色港湾农场等被聚优网热搜称为"北京 6 个垂钓好去处"。近几年，北京市支持提升休闲农业精品线路 10 条，美丽休闲乡村 210 个，休闲农业园区 279 个，民宿接待示范户 463 个；延庆、怀柔、密云、平谷获评全国休闲农业重点区。2017 年农业部休闲渔业品牌创建主体认定名单中，"碧海（中国）钓具产业博览会"等被评为"国家级示范性渔业文化节庆（会展）"，"三友创美'坑冠王'中国休闲垂钓争霸战""'鱼岛杯'垂钓大赛"等被评为"全国有影响力的休闲渔业赛事"。2019 年，北京首个竞技休闲培训垂钓基地在房山区石楼镇落成。2021 年，600 尾中国彩鲤、兴国红鲤、四大家鱼等锦鳞放流故宫博物院内金水河与御花园水池，发挥了休闲渔业的服务功能，丰富了市民文化生活。据统计，2022 年北京市休闲农业和乡村旅游人均消费 179.7 元，同比增长 39%，较 2019 年增长 65.3%；带动农产品销售收入 8.8 亿元，促进 10.09 万农户增收。《2023 中国渔业统计年鉴》显示，2022 年，北京市休闲渔业产值为 1.64 亿元，占全国休闲渔业产值的 0.2‰左右，占北京市渔业经济总产值的 4.56%。2023 年，北京市休闲和乡村旅游业持续复苏，收入达到 36.2 亿元，同比增长 23.6%。

（二）北京市淡水鱼标准化示范基地建设情况

截至 2023 年，北京市标准化基地共 1 092 家，其中水产养殖业标准化基地 213 家，均为淡水鱼基地。

二、淡水鱼全产业链标准体系框架构建

确定重点产品后，结合北京市淡水鱼生产情况，构建全产业链标准体系框架。

（一）构建目标

以实现淡水鱼全产业链标准化最佳效益为指引，以优质化、集约化、绿色化、智慧化和价值提升为关键突破点，按照"有标贯标，缺标补标，低标提标"的原则，统筹淡水鱼全产业链标准规划布局，为科学指导设施蔬菜全产业链标准立项、编制、修订、管理及实施应用提供基本依据，为做强北京特色淡水鱼产业、打造优质淡水鱼品牌提供技术保障。

（二）构建原则

北京市淡水鱼全产业链标准体系构建遵循以下原则。

1. 系统性原则

体系布局系统完整，涵盖淡水鱼产前、产中、产后全链条各环节标准化相关要素，促进全产业链各环节和主体紧密关联、有效衔接、耦合配套，形成标准化推进合力。

2. 科学性原则

体系结构简明优化，形成层次清晰、分类明确、数量合理、指标科学、相互协调的科学开放的有机整体，促进实现淡水鱼全产业链标准化最佳效益。

3. 先进性原则

体系内容先进适用，基础性与前瞻性并重，在充分满足当前急需的前提下，兼顾产业和技术发展趋势，注重新技术、新模式的转化应用和引领。

（三）标准体系框架构建

以贯穿产前、产中、产后的全产业链维度，依据淡水鱼产业链重要环节以及标准化对象的内在联系和功能要求，构架淡水鱼全产业链标准体系，包括通用基础标准、生产标准、加工标准、产品标准、流通标准、品牌认证标准、休闲体验标准、管理服务标准 8 个标准子体系，体系结构见彩图 10-1。

（四）标准子体系功能及要素分析

系统梳理各子体系要素构成，广泛收集整理与淡水鱼产业直接相关要素的国家标准、行业标准和地方标准，评估标准的适用性，淡水鱼全产业链标准化过程中可直接应用。"北京市淡水鱼全产业链标准明细表"见表 10 - 1。

1. 通用基础标准

该子体系包含标准化导则与指南及规范淡水鱼名词术语，分类与命名，量、单位和符号，渔业大数据，其他通用标准等内容。

现有标准化导则与指南标准《农业综合标准化工作指南》（GB/T 31600）规定了农业标准化文件的结构、起草规则和相关活动的通用术语等内容，该标准是针对农业的基础通用标准，也适用于淡水鱼。《水产养殖术语》（GB/T 22213）规定了水产养殖专业的基本术语及其定义；《水产品加工术语》（GB/T 36193）规定了水产品加工领域常用的基本术语；《渔具分类、命名及代号》（GB/T 5147）规定了渔具分类的原则等内容；《水产养殖的量、单位和符号》（SC/T 1088）规定了水产养殖中使用的主要的量、单位和符号；北京市制定了《农业标准化基地等级划分与评定规范》（DB11/T 1188），规定了农业标准化基地等级划分的必备条件、评定内容和评定管理的要求，并于 2024 年正在制定《现代农业全产业链标准化基地标准体系建设规范 水产养殖业》地方标准，规定水产养殖全产业链标准化基地组织管理、建设要求、标准体系结构、标准实施及评价改进的相关要求。这些标准是针对水产养殖的通用基础标准，也适用于淡水鱼。

渔业大数据标准主要规定渔业信息化管理、水质在线监测、数字化管理等相关标准。在渔业信息化管理方面，目前主要有 3 个标准可以参考，《农产品流通信息管理技术通则》（GB/T 37060）、《养殖渔情信息采集规范》（SC/T 6137）、《农业信息资源数据集核心元数据》（DB11/T 836），标准较少，在质量安全追溯管理平台信息管理、大数据质量、大数据基础数据元、质量安全追溯信息化建设、流通信息管理等方面的标准缺乏，建议制定《淡水鱼质量安全追溯管理平台信息管理规范》《乡村振兴大数据基础数据元：淡水鱼种质资源》《乡村振兴大数据基础数据元：淡水鱼》《北京市乡村振兴淡水鱼大数据质量要求》《淡水鱼质量安全追溯信息化建设规范》《淡水鱼流通信息管理技术规范》《北京市淡水鱼质量安全信息化管理规范》等标准。在水质在线监测方面，生态环境部制定了《氨氮水质在线自动监测仪技术要求及检测方法》（HJ 101），规定了氨氮水质在线自动监测仪的技术要求、性能指标及检测方法，但是针对溶解氧、亚硝酸盐、酸碱度等水质在线自动监测仪技术要求及检测方法的技术标准尚未发布，建议制定《养殖水质在线监测技术要求》标准。在数字化管理方面，正在制定《农业物联网通用技术要求 第 3 部分：水产养殖》，规定了水产养殖物联网中水质传感器要求、数据要求、网络传输要求、无线控制设备技术要求等。通过标准的梳理发现，针对淡水鱼数字化管理方面的标准较少，根据北京市淡水鱼养殖的实际需求，建议制定《淡水养殖物联网数字视频监控系统技术规范》《水产养殖场数字化管理技术规范》《淡水鱼电子交易保密和安全技术规范》《淡水鱼品质数字化认证的产业链关键数据采集规范》《北京市智慧淡水鱼养殖场建设规范》等标准。

表 10-1 北京市淡水鱼全产业链标准明细表

序号	适用对象	适用环节	标准编码	标准编号/计划号	标准名称	标准层级	发布年份（年）	标准状态
通用基础（01）								
1	淡水鱼	标准化导则与指南	1001	GB/T 31600	农业综合标准化工作指南	国家标准	2015	现行有效
2	淡水鱼	名词与术语	1002	GB/T 22213	水产养殖术语	国家标准	2008	现行有效
3	淡水鱼	名词与术语	1003	GB/T 36193	水产品加工术语	国家标准	2018	现行有效
4	淡水鱼	分类与命名	1004	GB/T 5147	渔具分类、命名及代号	国家标准	2003	现行有效
5	淡水鱼	量、单位和符号	1005	SC/T 1088	水产养殖的量、单位和符号	行业标准	2007	现行有效
6	淡水鱼	渔业大数据	1006	GB/T 37060	农产品流通信息管理技术通则	国家标准	2018	现行有效
7	淡水鱼	渔业大数据	1007	SC/T 6137	养殖渔情信息采集规范	行业标准	2019	现行有效
8	淡水鱼	渔业大数据	1008	DB11/T 836	农业信息资源数据集核心元数据	地方标准	2011	现行有效
9	淡水鱼	渔业大数据	1009		淡水鱼质量安全追溯管理平台信息管理规范	地方标准		待制定
10	淡水鱼	渔业大数据	1010		乡村振兴大数据基础数据元：淡水鱼种质资源	地方标准		待制定
11	淡水鱼	渔业大数据	1011		乡村振兴大数据基础数据元：淡水鱼	地方标准		待制定
12	淡水鱼	渔业大数据	1012		北京市乡村振兴淡水鱼大数据质量要求	地方标准		待制定
13	淡水鱼	渔业大数据	1013		淡水鱼质量安全追溯信息化建设规范	地方标准		待制定
14	淡水鱼	渔业大数据	1014		淡水鱼流通信息管理规范	地方标准		待制定
15	淡水鱼	渔业大数据	1015		北京市淡水鱼质量安全信息化管理规范	地方标准		待制定
16	淡水鱼	渔业大数据	1016	HJ 101	氨氮水质在线自动监测仪技术要求及检测方法	行业标准	2019	现行有效
17	淡水鱼	渔业大数据	1017		养殖水质在线监测技术要求	地方标准		待制定
18	淡水鱼	渔业大数据	1018	20220290-T-326	农业物联网通用技术要求 第3部分：水产养殖	国家标准		正在制定
19	淡水鱼	渔业大数据	1019		淡水养殖数字视频监控系统技术规范	地方标准		待制定
20	淡水鱼	渔业大数据	1020		水产养殖场数字化管理技术规范	地方标准		待制定

（续）

序号	适用对象	适用环节	标准编码	标准编号/计划号	标准名称	标准层级	发布年份（年）	标准状态
21	淡水鱼	渔业大数据	1021		淡水鱼电子交易保密和安全技术规范	地方标准		待制定
22	淡水鱼	渔业大数据	1022		淡水鱼品质数字化认证的产业链关键数据采集规范	地方标准		待制定
23	淡水鱼	渔业大数据	1023		北京市智慧淡水鱼养殖场建设规范	地方标准		待制定
24	淡水鱼	其他通用	1024	DB11/T 1188	农业标准化基地等级划分与评定规范	地方标准	2022	现行有效
25	淡水鱼	其他通用	1025		现代农业全产业链标准化基地标准体系建设规范 水产养殖业	地方标准		正在制定
生产标准（02）								
26	淡水鱼	产地环境	2001	GB 11607	渔业水质标准	国家标准	1989	现行有效
27	淡水鱼	产地环境	2002	DB11/T 1764.5	用水定额 第5部分：水产养殖	地方标准	2022	现行有效
28	淡水鱼	产地环境	2003	SC/T 9101	淡水池塘养殖水排放要求	行业标准	2007	现行有效
29	淡水鱼	产地环境	2004	DB11/307	水污染物综合排放标准	地方标准	2013	现行有效
30	淡水鱼	产地环境	2005	DB11/T 191	水产良种场生产管理规范	地方标准	2021	现行有效
31	淡水鱼	产地环境	2006	DB11/T 192	水产养殖场生产管理规范	地方标准	2021	现行有效
32	淡水鱼	产地环境	2007	DB11/T 2149	设施渔业养殖场建设与生产技术规范	地方标准	2023	现行有效
33	淡水鱼	机械、设施和设备	2008	SC/T 6048	淡水养殖池塘设施要求	行业标准	2011	现行有效
34	淡水鱼	机械、设施和设备	2009	SC/T 6093	工厂化循环水养殖车间设计规范	行业标准	2019	现行有效
35	淡水鱼	机械、设施和设备	2010	SC/T 6017	水车式增氧机	行业标准	2019	现行有效
36	淡水鱼	机械、设施和设备	2011	GB/T 8586	探鱼仪工作频率分配及其防止声波干扰技术规范 微流速机	国家标准	2023	现行有效
37	淡水鱼	机械、设施和设备	2012	SC/T 6055	养殖水处理设备	行业标准	2015	现行有效
38	淡水鱼	机械、设施和设备	2013	SC/T 6050	水产养殖电器设备安全要求	行业标准	2011	现行有效
39	淡水鱼	机械、设施和设备	2014	SC/T 6023	投饲机	行业标准	2011	现行有效

（续）

序号	适用对象	适用环节	标准编码	标准编号/计划号	标准名称	标准层级	发布年份（年）	标准状态
40	淡水鱼	机械、设施和设备	2015	SC/T 6032	水族箱安全技术条件	行业标准	2007	现行有效
41	淡水鱼	机械、设施和设备	2016	SC/T 8023	淡水渔船船型表	行业标准	1997	现行有效
42	淡水鱼	机械、设施和设备	2017	SC 5010	塑料鱼箱	行业标准	1997	现行有效
43	淡水鱼	机械、设施和设备	2018	NY/T 3490	农业机械化水平评价 第3部分：水产养殖	行业标准	2019	现行有效
44	淡水鱼	投入品管控	2019	SC/T 1077	渔用配合饲料通用技术要求	行业标准	2004	现行有效
45	淡水鱼	投入品管控	2020	SC/T 1132	鱼药使用规范	行业标准	2016	现行有效
46	淡水鱼	投入品管控	2021	DB11/T 1397	鱼类口服抗菌药物选用技术规程	地方标准	2017	现行有效
47	淡水鱼	投入品管控	2022	DB11/T 1724	淡水养殖水体常用微生态制剂使用技术规范	地方标准	2020	现行有效
48	淡水鱼	种质	2023	GB/T 17715	草鱼	国家标准	1999	现行有效
49	淡水鱼	种质	2024	GB/T 17718	鳙	国家标准	1999	现行有效
50	淡水鱼	种质	2025	GB/T 17717	鲢	国家标准	1999	现行有效
51	淡水鱼	种质	2026	GB/T 18395	彭泽鲫	国家标准	2010	现行有效
52	淡水鱼	种质	2027	SC/T 1103	松浦鲤	行业标准	2008	现行有效
53	淡水鱼	种质	2028	DB11/T 987	鲟鱼种质鉴定规范	地方标准	2013	现行有效
54	淡水鱼	种质	2029		宫廷金鱼种质标准	地方标准		待制定
55	淡水鱼	品种选育	2030		淡水鱼亲本选育技术规程	地方标准		待制定
56	淡水鱼	品种选育	2031	SC/T 1035	德国镜鲤选育系（F4）	行业标准	1999	现行有效
57	淡水鱼	品种选育	2032		淡水鱼良种选育技术规范	地方标准		待制定
58	淡水鱼	品种选育	2033		观赏鱼选育品种登记技术规范	地方标准		待制定
59	淡水鱼	品种选育	2034		淡水鱼分子标记辅助选育技术规程	地方标准		待制定
60	淡水鱼	品种选育	2035	DB11/T 2023	鱼类贝类环境DNA识别技术规范	地方标准	2022	现行有效

（续）

序号	适用对象	适用环节	标准编码	标准编号/计划号	标准名称	标准层级	发布年份（年）	标准状态
61	淡水鱼	繁殖	2036	SC/T 1080.1	建鲤养殖技术规范 第1部分：亲鱼	行业标准	2006	现行有效
62	淡水鱼	繁殖	2037	SC/T 1030.1	虹鳟养殖技术规范 亲鱼	行业标准	1999	现行有效
63	淡水鱼	繁殖	2038		宫廷金鱼 亲鱼和苗种	地方标准		待制定
64	淡水鱼	繁殖	2039		锦鲤 亲鱼和苗种	地方标准		待制定
65	淡水鱼	繁殖	2040		锦鲤人工繁殖技术规范	地方标准		待制定
66	淡水鱼	繁殖	2041	SC/T 1030.3	虹鳟养殖技术规范 人工繁殖技术	行业标准	1999	现行有效
67	淡水鱼	繁殖	2042	DB11/T 1220	西伯利亚鲟全人工繁殖技术规范	地方标准	2015	现行有效
68	淡水鱼	繁殖	2043	DB11/T 1221	哲罗鲑苗种培育与养殖技术规范	地方标准	2015	现行有效
69	淡水鱼	养殖技术	2044	DB11/T 193	鲟鱼养殖技术规范	地方标准	2003	现行有效
70	淡水鱼	养殖技术	2045	DB11/T 736	锦鲤养殖技术规范	地方标准	2023	现行有效
71	淡水鱼	养殖技术	2046	DB11/T 737	北极红点鲑养殖技术规范	地方标准	2023	现行有效
72	淡水鱼	养殖技术	2047	DB11/T 2012	淡水鱼养殖质量安全控制规范	地方标准	2022	现行有效
73	淡水鱼	养殖技术	2048	DB11/T 924	观赏鱼养殖技术规范	地方标准	2022	现行有效
74	淡水鱼	养殖技术	2049	DB11/T 962	硬头鳟养殖技术规范	地方标准	2021	现行有效
75	淡水鱼	养殖技术	2050	DB11/T 1869	池塘养殖通用技术规范	地方标准	2021	现行有效
76	淡水鱼	养殖技术	2051		水产养殖多营养层次综合养殖技术规范	地方标准		待制定
77	淡水鱼	养殖技术	2052	DB11/T 1663	工厂化循环水养殖系统技术规范	地方标准	2019	现行有效
78	淡水鱼	资源循环型生产	2053	GB/T 43508	稻渔综合种养通用技术要求	国家标准	2023	现行有效
79	淡水鱼	资源循环型生产	2054	DB11/T 1993	鱼菜共生生态种养技术规范	地方标准	2022	现行有效
80	淡水鱼	资源循环型生产	2055		渔农综合种养用水生态化循环利用技术规范	地方标准		待制定
81	淡水鱼	节能减排	2056	20220837—T—469	节能监测技术通则	国家标准		正在修订

（续）

序号	适用对象	适用环节	标准编码	标准编号/计划号	标准名称	标准层级	发布年份（年）	标准状态
82	淡水鱼	节能减排	2057	GB/T 28750	节能量测量和验证技术通则	国家标准	2012	现行有效
83	淡水鱼	节能减排	2058	DB11/T 1533	企业低碳运行管理通则	地方标准	2018	现行有效
84	淡水鱼	节能减排	2059	DB11/T 1370	低碳企业评价技术导则	地方标准	2016	现行有效
85	淡水鱼	节能减排	2060	GB/T 15320	节能产品评价导则	国家标准	2001	现行有效
86	淡水鱼	节能减排	2061	GB/T 22336	企业节能标准体系编制通则	国家标准	2008	现行有效
87	淡水鱼	节能减排	2062	GB/T 31341	节能评估技术导则	国家标准	2014	现行有效
88	淡水鱼	水生生物资源养护	2063	HJ 1296	水生态监测技术指南 湖泊和水库水生生物监测与评价（试行）	行业标准	2023	现行有效
89	淡水鱼	水生生物资源养护	2064		淡水渔业生态环境监测规范	地方标准		待制定
90	淡水鱼	水生生物资源养护	2065	DB11/T 1721	水生生物调查技术规范	地方标准	2020	现行有效
91	淡水鱼	水生生物资源养护	2066		水生生物自然保护区评价技术规范	地方标准		待制定
92	淡水鱼	水生生物资源养护	2067	DB11/T 871	鱼类增殖放流技术规范	地方标准	2012	现行有效
93	淡水鱼	水生生物资源养护	2068		北京地方重点保护鱼类物种恢复流放标准	地方标准		待制定
94	淡水鱼	水生生物资源养护	2069	SC/T 1101	湖泊渔业生态类型参数	行业标准	2008	现行有效
95	淡水鱼	生物安全防控	2070	GB/T 15805.5	鲤春病毒血症诊断规程	国家标准	2018	现行有效
96	淡水鱼	生物安全防控	2071	GB/T 15805.3	病毒性出血性败血症诊断规程	国家标准	2018	现行有效
97	淡水鱼	生物安全防控	2072	SC/T 7228	传染性肌坏死病诊断规程	行业标准	2019	现行有效
98	淡水鱼	生物安全防控	2073	GB/T 36190	草鱼出血病诊断规程	国家标准	2018	现行有效
99	淡水鱼	生物安全防控	2074	GB/T 36194	金鱼造血器官坏死病检测方法	国家标准	2018	现行有效
100	淡水鱼	生物安全防控	2075	GB/T 15805.2	传染性造血器官坏死病诊断规程	国家标准	2017	现行有效
101	淡水鱼	生物安全防控	2076	GB/T 34734	淡水鱼类小瓜虫病诊断规程	国家标准	2017	现行有效

（续）

序号	适用对象	适用环节	标准编码	标准编号/计划号	标准名称	标准层级	发布年份（年）	标准状态
102	淡水鱼	生物安全防控	2077	SC/T 7226	鲟甲病毒感染诊断规程	行业标准	2017	现行有效
103	淡水鱼	生物安全防控	2078	SC/T 7229	鲤浮肿病诊断规程	行业标准	2019	现行有效
104	淡水鱼	生物安全防控	2079	DB11/T 196	常见鱼病防治技术操作规程	地方标准	2013	现行有效
105	淡水鱼	生物安全防控	2080	DB11/T 376	养殖鱼类疫病防控技术规范	地方标准	2021	现行有效
106	淡水鱼	生物安全防控	2081		淡水鱼疫苗免疫技术规范	地方标准		待制定
107	淡水鱼	生物安全防控	2082		淡水鱼病害生态防控技术规范	地方标准		待制定
108	淡水鱼	生物安全防控	2083	SC/T 7015	病死水生动物及病害水产品无害化处理规范	行业标准	2022	现行有效
109	淡水鱼	生物安全防控	2084	NY/T 3613	农村外来入侵物种监测评估中心建设规范	行业标准	2020	现行有效
110	淡水鱼	生物安全防控	2085		淡水鱼养殖水域外来入侵物种种及生态安全风险评价技术规范	地方标准		待制定
111	淡水鱼	生物安全防控	2086		北京市淡水鱼外来水生动物标本制作技术规范	地方标准		待制定
112	淡水鱼	捕捞	2087	GB/T 6964	渔网网目尺寸测量方法	国家标准	2010	现行有效
113	淡水鱼	捕捞	2088		天然水域淡水鱼品种可捕规格标准	地方标准		待制定

加工标准（03）

序号	适用对象	适用环节	标准编码	标准编号/计划号	标准名称	标准层级	发布年份（年）	标准状态
114	淡水鱼	加工产地环境	3001	GB/T 27304	食品安全管理体系 水产品加工企业要求	国家标准	2008	现行有效
115	淡水鱼	加工产地环境	3002	HJ 1109	排污许可证申请与核发技术规范 农副食品加工工业——水产品加工工业	行业标准	2020	现行有效
116	淡水鱼	加工操作规范	3003	NY/T 1256	冷冻水产品辐照杀菌工艺	行业标准	2006	现行有效
117	淡水鱼	加工操作规范	3004	SC/T 3009	水产品加工质量管理规范	行业标准	1999	现行有效
118	淡水鱼	加工操作规范	3005	SC/T 3056	鲟鱼子酱加工技术规范	行业标准	2022	现行有效
119	淡水鱼	加工安全卫生要求	3006	SC/T 9001	人造冰	行业标准	1984	现行有效

（续）

序号	适用对象	适用环节	标准编码	标准编号/计划号	标准名称	标准层级	发布年份（年）	标准状态
120	淡水鱼	加工安全卫生要求	3007	GB 5749	生活饮用水卫生标准	国家标准	2022	现行有效
121	淡水鱼	加工安全卫生要求	3008	GB 20941	食品安全国家标准 水产制品生产卫生规范	国家标准	2016	现行有效
122	淡水鱼	加工安全卫生要求	3009		水产品加工卫生管理规范	地方标准		待制定
123	淡水鱼	加工设施设备	3010	SC/T 6027	食品加工机械（鱼类）剥皮、去皮、去膜机械的安全和卫生要求	行业标准	2007	现行有效
124	淡水鱼	加工设施设备	3011	SC/T 6015	鱼肉采取机	行业标准	2002	现行有效
产品标准（04）								
125	淡水鱼	产品质量	4001	GB/T 37062	水产品感官评价指南	国家标准	2018	现行有效
126	淡水鱼	产品质量	4002	GB 10136	食品安全国家标准 动物性水产制品	国家标准	2015	现行有效
127	淡水鱼	产品质量	4003	20110926-T-326	冻淡水鱼片	国家标准		正在制定
128	淡水鱼	产品质量	4004	20220258-T-326	冻鱼	国家标准		正在修订
129	淡水鱼	产品质量	4005	SC/T 3905	鲟鱼籽酱	行业标准	2011	现行有效
130	淡水鱼	产品质量	4006	DB11/T 903	金鱼鉴赏规范	地方标准	2012	现行有效
131	淡水鱼	产品质量	4007	DB11/T 1467	农产品质量安全快速检测实验室基本要求	地方标准	2017	现行有效
132	淡水鱼	分等分级	4008	SC/T 5707	金鱼分级 和金	行业标准	2018	现行有效
133	淡水鱼	分等分级	4009	SC/T 5708	锦鲤分级 墨底三色类	行业标准	2017	现行有效
134	淡水鱼	分等分级	4010	SC/T 5707	锦鲤分级 白底三色类	行业标准	2017	现行有效
135	淡水鱼	分等分级	4011	SC/T 5706	金鱼分级 珍珠鳞类	行业标准	2017	现行有效
136	淡水鱼	分等分级	4012	SC/T 5705	金鱼分级 龙晴	行业标准	2016	现行有效
137	淡水鱼	分等分级	4013	SC/T 5704	金鱼分级 蝶尾	行业标准	2016	现行有效
138	淡水鱼	分等分级	4014	SC/T 5702	金鱼分级 琉金	行业标准	2014	现行有效

（续）

序号	适用对象	适用环节	标准编码	标准编号/计划号	标准名称	标准层级	发布年份（年）	标准状态
139	淡水鱼	分等分级	4015	SC/T 5701	金鱼分级 狮头	行业标准	2014	现行有效
140	淡水鱼	分等分级	4016	SC/T 3108	鲜活青鱼、草鱼、鲢、鳙、鲤	行业标准	2011	现行有效
141	淡水鱼	分等分级	4017	SC/T 5709	金鱼分级 水泡眼	行业标准	2019	现行有效
142	淡水鱼	分等分级	4018		淡水鱼质量分等分级标准	地方标准		待制定
143	淡水鱼	检验检测	4019	GB/T 30891	水产品抽样规范	国家标准	2014	现行有效
144	淡水鱼	检验检测	4020	GB 31650.1	食品安全国家标准 食品中41种兽药最大残留限量	国家标准	2022	现行有效
145	淡水鱼	检验检测	4021	GB 31656.12	食品安全国家标准 水产品中青霉素类药物多残留的测定 液相色谱—串质谱法	国家标准	2021	现行有效
146	淡水鱼	检验检测	4022	NY/T 3410	畜禽肉和水产品中呋喃唑酮的测定	行业标准	2018	现行有效
147	淡水鱼	检验检测	4023	GB/T 34748	水产种质资源新基因组DNA的微卫星分析	国家标准	2017	现行有效
148	淡水鱼	检验检测	4024	GB 5009.231	食品安全国家标准 水产品中挥发酚残留量的测定	国家标准	2016	现行有效
149	淡水鱼	检验检测	4025	DB11/T 677	动物防疫监测抽样规范	地方标准	2023	现行有效
150	淡水鱼	检验检测	4026		淡水鱼中吡喹酮残留量的测定	地方标准		待制定
151	淡水鱼	检验检测	4027		淡水鱼中硫酸新霉素残留量的测定	地方标准		待制定
152	淡水鱼	检验检测	4028		淡水鱼中氟甲喹残留量的测定	地方标准		待制定
153	淡水鱼	检验检测	4029		淡水鱼常用麻醉剂、保活剂和保水剂残留量的测定	地方标准		待制定
154	淡水鱼	试验	4030	SC/T 1087.1	渔药毒性试验方法 第1部分：外用渔药急性毒性试验	行业标准	2006	现行有效
155	淡水鱼	试验	4031	SC/T 1087.2	渔药毒性试验方法 第2部分：外用渔药慢性毒性试验	行业标准	2006	现行有效
156	淡水鱼	试验	4032	GB/T 22487	水产饲料安全性评价 急性毒性试验规程	国家标准	2008	现行有效

（续）

序号	适用对象	适用环节	标准编码	标准编号/计划号	标准名称	标准层级	发布年份（年）	标准状态
157	淡水鱼	试验	4033	SC/T 1142	水产新品种生长性能测试 鱼类	行业标准	2019	现行有效
158	淡水鱼	试验	4034	SC/T 7019	水生动物病原微生物实验室保存规范	行业标准	2015	现行有效
流通标准（05）								
159	淡水鱼	标识包装	5001	SC/T 3035	水产品包装、标识通则	行业标准	2018	现行有效
160	淡水鱼	运输贮存	5002	GB/T 36192	活水产品运输技术规范	国家标准	2024	即将实施
161	淡水鱼	溯源	5003	NY/T 3204	农产品质量安全追溯操作规程 水产品	行业标准	2018	现行有效
162	淡水鱼	溯源	5004		淡水鱼质量安全监测样品制备及保存技术规程	地方标准		待制定
163	淡水鱼	溯源	5005		淡水鱼质量安全追溯信息编码与标识规范	地方标准		待制定
品牌认证标准（06）								
164	淡水鱼	区域品牌建设	6001	NY/T 4169	农产品区域公用品牌建设指南	行业标准	2022	现行有效
165	淡水鱼	区域品牌建设	6002	GH/T 1375	供销合作社品牌建设 区域公用品牌运营管理	行业标准	2022	现行有效
166	淡水鱼	绿色食品	6003	NY/T 755	绿色食品 渔药使用准则	行业标准	2022	现行有效
167	淡水鱼	绿色食品	6004	NY/T 391	绿色食品 产地环境质量	行业标准	2021	现行有效
168	淡水鱼	绿色食品	6005	NY/T 842	绿色食品 鱼	行业标准	2021	现行有效
169	淡水鱼	绿色食品	6006	NY/T 1056	绿色食品 贮藏运输准则	行业标准	2021	现行有效
170	淡水鱼	绿色食品	6007	NY/T 658	绿色食品 包装通用准则	行业标准	2015	现行有效
171	淡水鱼	绿色食品	6008	NY/T 2112	绿色食品 渔业饲料及饲料添加剂使用准则	行业标准	2011	现行有效
172	淡水鱼	绿色食品	6009	NY/T 896	绿色食品 产品抽样准则	行业标准	2015	现行有效
173	淡水鱼	绿色食品	6010	NY/T 1055	绿色食品 产品检验规则	行业标准	2015	现行有效
174	淡水鱼	有机食品	6011	GB/T 19630	有机产品 生产、加工、标识与管理体系要求	国家标准	2019	现行有效

（续）

序号	适用对象	适用环节	标准编码	标准编号/计划号	标准名称	标准层级	发布年份（年）	标准状态
175	淡水鱼	有机食品	6012	RB/T 165.3	有机产品产地环境适宜性评价技术规范 第3部分：淡水水产养殖	行业标准	2018	现行有效
176	淡水鱼	良好农业规范	6013	GB/T 20014.14	良好农业规范 第14部分：水产池塘养殖基础控制点与符合性规范	国家标准	2013	现行有效
177	淡水鱼	良好农业规范	6014	GB/T 20014.15	良好农业规范 第15部分：水产工厂化养殖基础控制点与符合性规范	国家标准	2013	现行有效

休闲体验标准（07）

序号	适用对象	适用环节	标准编码	标准编号/计划号	标准名称	标准层级	发布年份（年）	标准状态
178	淡水鱼	垂钓	7001	SC/T 5061	人工钓饵	行业标准	2015	现行有效
179	淡水鱼	垂钓	7002		池塘型休闲垂钓场建设规范	行业标准		正在制定
180	淡水鱼	垂钓	7003		垂钓园水产品质量安全控制规范	地方标准		正在制定
181	淡水鱼	休闲渔庄	7004		休闲渔庄生产经营与服务规范	地方标准		正在制定
182	淡水鱼	其他	7005	GB/T 34409	休闲渔业主体功能区服务质量规范	国家标准	2017	现行有效
183	淡水鱼	其他	7006	DB11/T 334	公共场所中文标识英文译写规范 通则	地方标准	2020	现行有效
184	淡水鱼	其他	7007	GB/T 41132	科普信息资源唯一标识符	国家标准	2021	现行有效

管理服务标准（08）

序号	适用对象	适用环节	标准编码	标准编号/计划号	标准名称	标准层级	发布年份（年）	标准状态
185	淡水鱼	管理	8001		淡水鱼生产记录规范	地方标准		待制定
186	淡水鱼	管理	8002	DB11/T 203	农业企业标准体系 养殖业	地方标准	2013	现行有效
187	淡水鱼	管理	8003	NY/T 2298	农产品质量安全检测员	行业标准	2013	现行有效
188	淡水鱼	服务	8004	GB/T 36733	服务质量评价通则	国家标准	2018	现行有效
189	淡水鱼	服务	8005	NY/T 4320	水产品产地批发市场建设规范	行业标准	2023	现行有效
190	淡水鱼	服务	8006	NY/T 3126	休闲农业服务员	行业标准	2017	现行有效

综上所述，通用基础标准包括 10 项已经发布的标准、2 项正在制定的标准和 13 项待制定的标准。已经发布的标准按照标准层级划分，包括国家标准 5 项，行业标准 3 项，地方标准 2 项。

2. 生产标准

该子体系包括产地环境，机械、设施和设备，投入品管控，种质标准，品种选育，繁殖，养殖技术，资源循环型生产，节能减排，水生生物资源养护，生物安全防控，捕捞等相关标准。

①产地环境。主要规范淡水鱼养殖用水、养殖水排放、场区环境等内容。

养殖用水。水质、水温、水流、水体等水环境质量对淡水鱼至关重要，水环境直接影响淡水鱼的生长、繁殖和生存。水体如果养分过多会导致藻类生长过度，养殖水体出现富营养化，导致氨氮、亚硝酸盐和硫化氢等有害物质含量不断升高，溶解氧含量不断下降，严重影响淡水鱼品种的生理机能，甚至导致大量死亡。养殖水体被重金属污染后，重金属通过淡水鱼品种鳃的呼吸作用不断进入鱼体内；此外，重金属也会通过饵料，以及鱼体表与水体的渗透作用在鱼体内积累。重金属不但会损伤鱼体机能，而且被重金属污染的淡水鱼在被人类食用后，会造成重金属在人体内富集，造成重金属中毒、发育畸形等问题。此外，水环境污染还易造成水中病毒、细菌、真菌、寄生虫等的滋生，引发疱疹病毒病、细菌性烂鳃病、白头白嘴病、赤皮病、水霉病、车轮虫病等鱼病，进而导致淡水鱼死亡。为贯彻执行《环境保护法》《水污染防治法》《渔业法》等，防止和控制渔业水域水质污染，保证养殖对象正常生长、繁殖和产品的质量优质稳定，国家制定了强制性国家标准《渔业水质标准》（GB 11607），渔业水域的水质须符合强制性国家标准要求。针对水产养殖取水量的控制，北京市制定了《用水定额 第 5 部分：水产养殖》（DB11/T 1764.5），规定了水产养殖用水定额的计算方法、用水定额和管理要求。

养殖水排放。在养殖水排放方面，有行业标准《淡水池塘养殖水排放要求》（SC/T 9101）可参考，该标准规定了淡水池塘养殖水排放的废水排放分级与水域划分、要求、测定方法、结果判定、标准实施与监督，该标准也适用于淡水鱼池塘养殖水排放，其他养殖模式也可以参照执行。

场区环境。针对淡水鱼养殖场区环境要求，北京市制定了《水产良种场生产管理规范》（DB11/T 191）、《水产养殖场生产管理规范》（DB11/T 192）两项地方标准，规定了水产良种场和水产养殖场的基本要求、人员要求、选址要求、生产设施、组织生产、质量管理、销售管理、档案管理等要求。

综上所述，淡水鱼相关的产地环境标准 7 项。按照标准层级划分，包括国家标准 1 项，行业标准 1 项，地方标准 5 项。

②机械、设施和设备。主要规定淡水鱼养殖过程中池塘、工厂化的设施建设要求，养殖用机械、设备的性能及使用，以及水产养殖机械化评价。

农业农村部《"十四五"全国农业机械化发展规划》提出，到 2025 年水产养殖机械化率总体将达到 50% 以上，到 2035 年水产养殖机械化水平大幅跃升，"机械化＋"信息化、智能化全面应用于农业机械化管理、作业监测与服务，农业生产基本实现机械化全覆盖。《北京市农业机械化提升行动实施方案（2023—2025）》要求，2025 年水产养殖机械化率达到50％以上，开展水质监控、新型增氧、投饵等技术装备和尾水处理设施设备的推广应用。因此，淡水鱼机械化设备生产应用应作为淡水鱼标准体系的重要组成部分，适应淡水鱼机械化的生产技术要求。

设施建设。针对淡水养殖设施建设的需求，《淡水养殖池塘设施要求》（SC/T 6048）、《工厂化循环水养殖车间设计规范》（SC/T 6093）分别规定了池塘设施和工厂化设施建设的要求，适用于淡水鱼养殖。

机械设备要求。淡水鱼养殖涉及增氧、水处理、电器设备、投饲机、水族箱、渔船、塑料鱼箱（养殖槽）等多种机械设备，现有部分国家标准和行业标准可作为技术依据。《水车式增氧机》（SC/T 6017）、《探鱼仪工作频率分配及其防止声波干扰技术规范》（GB/T 8586）、《养殖水处理设备 微滤机》（SC/T 6055）、《水产养殖电器设备安全要求》（SC/T 6050）、《投饲机》（SC/T 6023）、《水族箱安全技术条件》（SC/T 6032）、《淡水渔船船型表》（SC/T 8023）、《塑料鱼箱》（SC 5010）8项国家标准和行业标准分别规定了增氧机、探鱼仪、水处理、电器设备、投饲机、水族箱、渔船（主机安装、船型表、电子设备电源、尾轴系安装、电机修理等）、塑料鱼箱等相关要求。上述标准全部适用于淡水鱼的养殖。

机械化评价。农业行业标准《农业机械化水平评价 第3部分：水产养殖》（NY/T 3490）规定了水产养殖机械化水平的评价指标和计算方法，淡水鱼机械化评价可参照执行。

综上所述，淡水鱼相关的机械、设施和设备标准11项。按照标准层级划分，包括国家标准1项，行业标准10项。

③投入品管控。主要规范淡水鱼养殖生产过程中投入品的使用，包括饲料及饲料添加剂、渔药及其他投入品的使用等相关标准。

饲料及饲料添加剂。《渔用配合饲料通用技术要求》（SC/T 1077）规定了渔用粉状配合饲料、颗粒配合饲料和膨化颗粒配合饲料等渔用配合饲料产品的质量基本要求、试验方法、检验规则等要求，淡水鱼可参照执行。

渔药使用要求。《鱼药使用规范》（SC/T 1132）规定了水产养殖生产过程中渔药的购买与鉴别、使用等要求；北京市制定了《鱼类口服抗菌药物选用技术规程》（DB11/T 1397），规定了养殖鱼类细菌性感染治疗时口服抗菌药物选用原则、程序和操作流程，两项标准适用于淡水鱼的养殖过程渔药使用规范。

其他投入品。北京市制定了《淡水养殖水体常用微生态制剂使用技术规范》（DB11/T 1724），规定了用于调控和改善淡水养殖水体水质的光合细菌、乳酸菌及枯草芽孢杆菌的等常用微生态制剂的使用、效果评价等技术要求，适用于淡水鱼的养殖。

综上所述，淡水鱼相关的投入品管控标准4项。按照标准层级划分，行业标准2项，地方标准2项。

④种质。主要包括淡水鱼品种要求、遗传资源等相关标准，以及水产种质资源描述通用要求。

在青、草、鲢、鳙、鲤等淡水鱼品种种质方面，有国家标准和行业标准，可参照执行。《草鱼》（GB/T 17715）、《鳙》（GB/T 17718）、《鲢》（GB/T 17717）、《青鱼》（GB/T

17716)《松浦鲤》（SC/T 1103）等分别对不同的淡水鱼品种种质鉴定过程中涉及的主要形态构造特征、生长与繁殖、遗传学特性，以及检测方法进行了规范。北京市制定了《鲟鱼种质鉴定规范》（DB11/T 987），规定了鲟鱼的主要生物学特征、生长与繁殖、遗传学特征及检测方法。宫廷金鱼没有种质标准，宫廷金鱼是北京市水产重点保护物种和特色种质资源，自 2021 年起北京市农业农村局在全市建立了 6 家宫廷金鱼保种场，开展了对蛋种绒球、鹅头红、王字虎头三种北京特色宫廷金鱼的保育工作，但目前对种质资源评价鉴定方面仍显不足，建议制定《宫廷金鱼种质标准》。

综上所述，淡水鱼相关的种质标准包括 6 项已经发布的标准和 1 项待制定的标准。已经发布的标准按照标准层级划分，包括国家标准 4 项，行业标准 1 项，地方标准 1 项。

⑤品种选育。主要包括淡水鱼品种选育过程中所涉及的亲本保存选育、品种选育系、良种选育系及其他相关等标准。

《德国锦鲤选育系（F4）》（SC/T 1035）规定了德国锦鲤选育系（F4）的相关要求。北京市地方标准《鱼类贝类环境 DNA 识别技术规范》（DB11/T 2023），规定了鱼类等 eDNA 识别的对象、技术方法、采集和实验分析等技术要求。上述标准适用于淡水鱼，但未明确规定淡水鱼的选育技术标准，特别是随着分子标记辅助育种技术的不断成熟，SSR、SNP 等分子标记在遗传多样性分析、数量性状的定位、DNA 指纹图谱构建、遗传连锁图谱构建等方面具有较大突破，但缺乏技术标准，建议制定《淡水鱼亲本选育技术规程》《淡水鱼良种选育技术规范》《观赏鱼选育品种登记技术规程》《淡水鱼分子标记辅助选育技术规程》。

综上所述，淡水鱼相关的品种选育标准包括 2 项已经发布的标准和 4 项待制定的标准。已经发布的标准按照标准层级划分，包括行业标准 1 项，地方标准 1 项。

⑥繁殖。主要包括淡水鱼亲鱼和苗种、人工繁殖、人工孵化及种苗培育等方面的标准。

针对亲鱼和苗种，农业农村部制定了《建鲤养殖技术规范　第 1 部分：亲鱼》（SC/T 1080.1）、《虹鳟养殖技术规范　亲鱼》（SC/T 1030.1），规定了亲鱼的来源、主要生物学性状、繁殖年龄与体重、使用年限及亲鱼管理等内容。但对北京市重点发展的观赏鱼品种缺乏亲鱼和苗种技术标准，建议制定《宫廷金鱼　亲鱼和苗种》"锦鲤亲鱼和苗种"地方标准。针对人工繁殖和苗种培育，农业农村部制定《虹鳟养殖技术规范　人工繁殖技术》（SC/T 1030.39），规定了虹鳟临产亲鱼的选择、采精和产卵、人工授精、发眼卵运输等技术内容。北京市制定了《西伯利亚鲟全人工繁殖技术规范》（DB11/T 1220）、《哲罗鲑苗种培育与养殖技术规范》（DB11/T 1221）。针对观赏鱼的人工繁殖技术缺乏相应标准，建议制定《锦鲤人工繁殖技术规范》地方标准。

综上所述，淡水鱼相关的繁殖标准包括 5 项已经发布的标准和 3 项待制定的标准。已经发布的标准按照标准层级划分，包括行业标准 3 项，地方标准 2 项。建议制定《宫廷金鱼　亲鱼和苗种》《锦鲤　亲鱼和苗种》《锦鲤人工繁殖技术规范》。

⑦养殖技术。主要是淡水鱼养殖技术方面的标准，以及根据北京市淡水鱼主要养殖模式，涵盖池塘养殖、工厂化养殖等方面的通用养殖技术标准。

针对养殖技术过程中的质量安全，北京市制定了《淡水鱼养殖质量安全控制规范》

（DB11/T 2012）、《池塘养殖通用技术规范》（DB11/T 1869）、《工厂化循环水养殖系统技术规范》（DB11/T 1663）等通用性地方标准，具体到每个淡水鱼品种的养殖生产实践，还需要针对性地制定涵盖养殖生产全过程的生产技术规范，分别制定了《鲟鱼养殖技术规范》（DB11/T 193）、《锦鲤养殖技术规范》（DB11/T 736）、《北极红点鲑养殖技术规范》（DB11/T 737）、《观赏鱼养殖技术规范》（DB11/T 924）、《硬头鳟养殖技术规范》（DB11/T 962）等5项分别针对鲟鱼、锦鲤、北极红点鲑、观赏鱼、硬头鳟等淡水鱼养殖品种的养殖技术标准。

农业农村部自2020年起实施水产绿色健康养殖"五大行动"，以绿色发展理念为导向，以优质高效、生态安全为标准，重点依托国家级水产健康养殖示范场，开展水产生态健康养殖技术模式示范，加快推广一批较为成熟的水产生态健康养殖技术模式成为"五大行动"之首，并形成了水产养殖多营养层次综合养殖等9种技术模式。目前针对水产养殖多营养层次综合养殖技术缺乏统一的技术标准，因此建议结合北京市淡水鱼养殖实际需求，制定《水产养殖多营养层次综合养殖技术规范》标准。

综上所述，淡水鱼相关的养殖技术标准包括已经发布的地方标准8项，待制定的地方标准1项。

⑧资源循环型生产。主要涵盖工厂化渔耕综合种养，鱼菜共生生态种养（池塘）等方面的绿色循环标准。

《稻渔综合种养通用技术要求》（GB/T 43508）规定了稻渔综合种养的总体要求以及稻渔设施建设、水稻种植、水产养殖、日常管理等技术要求，描述了记录等相应的证实方法。北京市制定了《鱼菜共生生态种养技术规范》（DB11/T 1993），规定了鱼菜共生生态种养技术的基本条件、鱼类养殖、蔬菜种植、鱼类捕捞与蔬菜采收的要求。但是，在渔农综合种养过程中针对用水生态化循环利用尚无标准可参考，建议制定《渔农综合种养用水生态化循环利用技术规范》。

综上所述，淡水鱼相关的资源环境型生产标准包括2项已经发布的标准和1项待制定的标准。已经发布的标准按照标准层级划分，包括国家标准1项，地方标准1项。

⑨节能减排。主要涵盖节能监测、节能测量与验证、低碳减排及其他相关标准。淡水鱼可参照执行。

综上所述，淡水鱼相关的节能减排标准7项。按照标准层级划分，国家标准5项，地方标准2项。

⑩水生生物资源养护。主要涵盖生态环境监测与修复、水生生物多样性、增殖放流、资源合理利用与养护等方面的标准。在生态环境监测与修复方面，《水生态监测技术指南 湖泊和水库水生生物监测与评价（试行）》（HJ 1296）规定了湖泊和水库（以下简称湖库）水生态监测中水生生物监测点位布设与监测频次、监测方法、质量保证和质量控制、评价方法等技术内容，淡水渔业生态环境监测技术缺乏。在水生生物多样性方面，北京市制定了《水生生物调查技术规范》（DB11/T 1721），但是评价技术方面的标准尚无。在增殖放流方面，北京市制定了《鱼类增殖放流技术规范》（DB11/T 871），规定了鱼类人工增殖放流的水域环境条件、物（品）种选择、苗种来源、苗种规格、苗种质量、检验、苗种规格测定与计数、苗种运输、放流、记录、放流后管理、效果评估等技术要点，

但是针对北京地方重点保护鱼类物种恢复放流技术及相关要求并未做出规定。在资源合理利用与养护方面，有行业标准《湖泊渔业生态类型参数》（SC/T 1101）指导。因此，建议制定《淡水渔业生态环境监测规范》《水生生物自然保护区评价技术规范》《北京地方重点保护鱼类物种恢复放流标准》。

综上所述，淡水鱼相关的水生生物资源养护标准包括 4 项已经发布的标准和 3 项待制定的标准。已经发布的标准按照标准层级划分，包括行业标准 2 项，地方标准 2 项。

⑪生物安全防控。主要包括淡水鱼病害诊断、疫病防治、无害化处理、外来入侵物种防控等方面的标准。

针对淡水鱼病害诊断，国家制定了《鲤春病毒血症诊断规程》（GB/T 15805.5）、《病毒性出血性败血症诊断规程》（GB/T 15805.3）、《草鱼出血病诊断规程》（GB/T 36190）、《金鱼造血器官坏死病毒检测方法》（GB/T 36194）、《传染性造血器官坏死病诊断规程》（GB/T 15805.2）、《淡水鱼类小瓜虫病诊断规程》（GB/T 34734），农业农村部制定了《传染性肌坏死病诊断规程》（SC/T 7228）、《鲤甲病毒感染诊断规程》（SC/T 7226）、《鲤浮肿病诊断规程》（SC/T 7229）等，分别就养殖鱼类频发且危害较重的鲤春病毒血症、病毒性出血性败血症、草鱼出血病、金鱼造血器官坏死病、传染性造血器官坏死病、淡水鱼类小瓜虫病、传染性肌坏死病、鲤甲病毒病、鲤浮肿病等相关病原检测和综合判定方法做出规定，淡水鱼相关病毒等检测及诊断须符合上述要求。针对疫病防治，北京市制定了《常见鱼病防治技术操作规程》（DB11/T 196）、《养殖鱼类疫病防控技术规范》（DB11/T 376）等地方标准，但尚未针对疫苗免疫、常规鱼病生态防控等制定技术规范，建议制定《淡水鱼疫苗免疫技术规范》《淡水鱼病害生态防控技术规范》。针对无害化处理，农业农村部制定了《病死水生动物及病害水生动物产品无害化处理规范》（SC/T 7015），规定了无害化处理，水体及周围环境处理，使用工具及包装处理，以及人员和消毒的要求，描述了上述各环节记录的内容，北京淡水鱼可遵照执行。针对外来入侵物种防控，《2020 中国生态环境状况公报》显示，我国已发现 660 多种外来入侵物种。其中，71 种对自然生态系统已造成威胁或具有潜在威胁，并被列入《中国外来入侵物种名单》，219 种已入侵国家级自然保护区。中共中央、国务院《关于做好 2022 年全面推进乡村振兴重点工作的意见》，强调加强外来入侵物种防控管理，做好普查监测、入境检疫、国内防控，对已传入并造成严重危害的要"一种一策"精准治理、有效灭除。目前农业农村部制定了《农村外来入侵物种监测评估中心建设规范》（NY/T 3613），规定了农业外来入侵物种监测评估中心的建设规模与项目构成、选址与建设条件、工艺与设备、规划布局、建筑工程与公共设施、农业防疫隔离设施、环境保护和经济技术指标。淡水鱼养殖水域外来入侵物种监测及生态安全风险评价技术，以及标本制作技术等方面尚无标准可参照，因此建议制定《淡水鱼养殖水域外来入侵物种监测及生态安全风险评价技术规范》《北京市淡水鱼外来入侵水生动物标本制作技术规范》。

综上所述，淡水鱼相关的生物安全防控标准包括 13 项已经发布的标准和 4 项待制定的标准。已经发布的标准按照标准层级划分，包括国家标准 6 项，行业标准 5 项，地方标准 2 项。

⑫捕捞。主要包括网目尺寸、可捕规格等方面的标准。

国家制定了《渔网网目尺寸测量方法》(GB/T 6964),规定了测量渔网网目尺寸的测量器具、测量用力、试验要求、测量步骤、数据处理、试验报告等要求。为保护和合理利用好北京市渔业资源,维护渔业生产秩序,保障渔业生产者的合法权益,保护水域生态环境,建议制定《天然水域淡水鱼品种可捕规格标准》标准。

综上所述,淡水鱼相关的捕捞标准包括 2 项已经发布的国家标准和 1 项待制定的地方标准。

3. 加工标准

该子体系主要规范加工产地环境、加工操作规范、加工安全卫生要求、加工设施设备等相关标准。

针对加工产地环境,《食品安全管理体系　水产品加工企业要求》(GB/T 27304)、《排污许可证申请与核发技术规范 农副食品加工工业——水产品加工工业》(HJ 1109)规定了水产品加工企业建设质量要求及水产品加工场区环境要求。针对加工操作规范,《冷冻水产品辐照杀菌工艺》(NY/T 1256)、《水产品加工质量管理规范》(SC/T 3009)、《鲟鱼子酱加工技术规程》(SC/T 3056)规范了冷冻水产品辐照杀菌、加工质量及鲟鱼子酱加工等方法及管理方面的要求。针对加工安全卫生要求,《人造冰》(SC/T 9001)、《生活饮用水卫生标准》(GB 5749)、《食品安全国家标准 水产制品生产卫生规范》(GB 20941),规定了人造冰、生活饮用水及水产制品生产卫生要求,但是尚无水产品加工卫生管理相关标准。针对加工设施设备,制定了《食品加工机械(鱼类)剥皮、去皮、去膜机械的安全和卫生要求》(SC/T 6027)、《鱼肉采取机》(SC/T 6015),淡水鱼产品加工可参照执行。因此,建议制定《水产品加工卫生管理规范》。

综上所述,淡水鱼相关的加工标准包括 10 项已经发布的标准和 1 项待制定的标准。已经发布的标准按照标准层级划分,包括国家标准 3 项,行业标准 7 项。

4. 产品标准

该子体系主要包括产品质量、分等分级、检验检测、试验等相关标准。

①产品质量。国家和行业部门制定了主要涵盖冻鱼、冻淡水鱼片、鲟鱼子酱等产品质量,水产品感官评价、动物性水产制品食品安全的国家标准,以及金鱼鉴赏规范等方面的标准。淡水鱼可参照执行。

②分等分级。在分等分级方面,主要包括水产品分等分级的标准,目前标准中主要是针对观赏鱼的等级划分,针对淡水鱼的目前只有《鲜活青鱼、草鱼、鲢、鳙、鲤》(SC/T 3108),缺乏淡水鱼质量分等分级标准,因此建议制定。

③检验检测。主要涵盖水产品抽样、残留限量、残留检测、种质检验、防疫监测等方面的标准。目前针对吡喹酮、硫酸新霉素、氟甲喹、麻醉剂、保活剂和保水剂残留量尚无标准可参考,建议制定《淡水鱼中吡喹酮残留量的测定》《淡水鱼中硫酸新霉素残留量的测定》《淡水鱼中氟甲喹残留量的测定》《淡水鱼常用麻醉剂、保活剂和保水剂残留量的测定》4 项标准。

④试验。主要包含外用渔药慢性毒性试验、外用渔药急性毒性试验、水产饲料安全性评价、水产新品种生长性能测试,以及水生动物病原微生物实验室保存等有关淡水鱼科研生产试验方面的标准。

综上所述，淡水鱼相关的产品标准包括 27 项已经发布的标准、1 项正在制定的标准、1 项正在修订的标准和 5 项待制定的标准。已经发布的标准按照标准层级划分，包括国家标准 8 项，行业标准 16 项，地方标准 3 项。

5. 流通标准

该子体系主要规定包装标识、运输贮存、溯源等环节相关的标准。

在包装标识方面，按照《水产品包装、标识通则》（SC/T 3035）的要求执行。在运输和贮存方面，国家制定了《活水产品运输技术规范》（GB/T 36192）。在溯源方面，制定了《农产品质量安全追溯操作规程 水产品》（NY/T 3204），规定了水产品质量安全追溯术语和定义、要求、追溯码编码、追溯精度、信息采集、信息管理、追溯标识、体系运行自查和质量安全问题处置。目前尚无淡水鱼质量安全监测样品制备及保存技术、淡水鱼质量安全追溯信息编码与标识等方面的技术标准。因此，建议制定《淡水鱼质量安全监测样品制备及保存技术规程》《淡水鱼质量安全追溯信息编码与标识规范》。

综上所述，淡水鱼相关的流通标准子体系包括已经发布的国家标准 1 项，行业标准 2 项，待制定的标准 2 项。

6. 品牌认证标准

该子体系主要规定区域品牌创建、绿色食品、有机食品、良好农业规范等相关标准。

①区域品牌创建。区域品牌创建须符合行业标准《供销合作社品牌建设 区域公用品牌运营管理》（GH/T 1375）、《农产品区域公用品牌建设指南》（NY/T 4169）的要求。

②绿色食品。绿色食品标准体系中的产地环境质量、渔药使用准则、贮藏运输准则、包装通用准则、渔业饲料及饲料添加剂使用准则等方面的 32 项标准以及鱼产品标准，适用于指导绿色淡水鱼产品的养殖生产。

③有机食品。有机淡水鱼产品须符合国家标准《有机产品 生产、加工、标识与管理体系要求》（GB/T 19630）的要求。

④良好农业规范。良好农业规范产品须符合国家标准《良好农业规范 第 15 部分：水产工厂化养殖基础控制点与符合性规范》（GB/T 20014.15）、《良好农业规范 第 14 部分：水产池塘养殖基础控制点与符合性规范》（GB/T 20014.14）的要求。

综上所述，淡水鱼相关的品牌认证标准子体系标准 14 项。按照标准层级划分，国家标准 3 项，行业标准 11 项。

7. 休闲体验标准

该子体系主要规定垂钓、休闲渔庄、其他环节相关的标准。

①垂钓。农业农村部已经制定了《人工钓饵》（SC/T 5061）标准，还有《池塘型休闲垂钓场建设规范》的标准正在制定。北京市正在制定《垂钓园水产品质量安全控制规范》，可对北京市淡水鱼的垂钓进行标准化指导。

②休闲渔庄。北京市正在制定《休闲渔庄生产经营与服务规范》地方标准，主要规范休闲渔庄的基本要求、经营分区、鱼类养殖、生态景观、美化、亮化、安全、消防、服务质量和产业发展等内容。

③其他。国家制定了《休闲主体功能区服务质量规范》（GB/T 34409）、《科普信息资源唯一标识符》（GB/T 41132）标准，北京市制定了《公共场所中文标识英文译写规范

通则》（DB11/T 334），淡水鱼的体验服务可参照执行。

综上所述，淡水鱼相关的休闲体验标准包括 4 项已经发布的标准和 3 项正在制定的标准。

8. 管理服务标准

该子体系主要规定管理和服务等相关标准。

①管理。淡水鱼管理方面的标准有《农产品质量安全检测员》（NY/T 2298）、《农业企业标准体系 养殖业》（DB11/T 203）可参照执行，目前尚无养殖过程记录的标准，建议制定《淡水鱼生产记录规范》。

②服务。淡水鱼服务方面的标准有《服务质量评价通则》（GB/T 36733）、《水产品产地批发市场建设规范》（NY/T 4320）、《休闲农业服务员》（NY/T 3126），可参照执行。

综上所述，淡水鱼相关的管理服务标准包括 5 项已经发布的标准和 1 项待制定的标准。已经发布的标准按照标准层级划分，包括国家标准 1 项，行业标准 3 项，地方标准 1 项。

（五）淡水鱼全产业链标准制修订建议

淡水鱼全产业链标准体系共计整理相关标准 190 项。其中，国家标准 45 项（含正在修订、正在制定），行业标准 69 项（含正在制定），地方标准 76 项（含待制定、正在制定）。通过对相关标准进行梳理分析和筛选分类，形成北京市淡水鱼全产业链标准体系标准明细。其中待制定标准总计 40 项，包括：渔业大数据管理标准《淡水鱼质量安全追溯管理平台信息管理规范》《乡村振兴大数据基础数据元：淡水鱼种质资源》《乡村振兴大数据基础数据元：淡水鱼》《北京市乡村振兴淡水鱼大数据质量要求》《淡水鱼质量安全追溯信息化建设规范》《淡水鱼流通信息管理技术规范》《北京市淡水鱼质量安全信息化管理规范》《养殖水质在线监测技术要求》；数字化管理标准《淡水养殖物联网数字视频监控系统技术规范》《水产养殖场数字化管理技术规范》《淡水鱼电子交易保密和安全技术规范》《淡水鱼品质数字化认证的产业链关键数据采集规范》《北京市智慧淡水鱼养殖场建设规范》；种质标准《宫廷金鱼种质标准》；品种选育标准《淡水鱼良种选育技术规范》《淡水鱼亲本选育技术规程》《淡水鱼分子标记辅助选育技术规程》《观赏鱼选育品种登记技术规程》；繁殖标准《宫廷金鱼 亲鱼和苗种》《锦鲤 亲鱼和苗种》《锦鲤人工繁殖技术规范》；养殖技术标准《水产养殖多营养层次综合养殖技术规范》；资源循环型生产标准《渔农综合种养用水生态化循环利用技术规范》；水生生物资源养护标准《淡水渔业生态环境监测规范》《水生生物自然保护区评价技术规范》《北京地方重点保护鱼类物种恢复放流标准》；生物安全防控标准《淡水鱼疫苗免疫技术规范》《淡水鱼病害生态防控技术规范》《淡水鱼养殖水域外来入侵物种监测及生态安全风险评价技术规范》《北京市淡水鱼外来入侵水生动物标本制作技术规范》；捕捞标准《天然水域淡水鱼品种可捕规格标准》；加工安全卫生要求标准《水产品加工卫生管理规范》；分等分级标准《淡水鱼质量分等分级标准》；检验检测标准《淡水鱼中吡喹酮残留量的测定》《淡水鱼中硫酸新霉素残留量的测定》《淡水鱼中氟甲喹残留量的测定》《淡水鱼常用麻醉剂、保活剂和保水剂残留量的测定》；溯源标准《淡水鱼质量安全监测样品制备及保存技术规程》《淡水鱼质量安全追溯信息编码与标识规范》；管理标准《淡水鱼生产记录规范》。

结合以上标准体系各要素的分析结果，对北京市地方标准制修订提出以下建议。

一是按照淡水鱼行业发展需求，以促进北京市淡水鱼产业升级为核心，配合国家种业战略，推进绿色养殖发展，集中制定种质、育种、繁殖、养殖、资源循环型生产、生物安全防控、加工安全卫生、检验检测、分等分级、溯源等领域亟需的重要标准，形成完整的淡水鱼全产业链标准体系。持续关注产业发展动态和技术进步，适时更新和完善标准体系。

二是在国家标准、行业标准与北京市地方标准相配套的淡水鱼全产业链标准体系结构指引下，鼓励企业积极参与标准制定和修订工作，推动产业链各方的共同发展和进步。如针对"水产养殖多营养层次综合养殖""渔农综合种养"等绿色养殖模式，采用标准化示范方式，加强淡水鱼标准化宣贯，大力培育典型示范户，通过"重点示范、典型带动"扩大淡水鱼标准化推广应用范围，从而建立并完善淡水鱼全产业链标准实施体系。

三是加强淡水鱼标准体系宣传和推广，利用网络、电视等媒体大力宣传普及标准化知识，加强技术服务培训，通过定制标准模式图、拆解标准关键点、转化明白纸等形式指导标准化应用，进一步加强对品种、技术、品牌、管理服务等方面标准化的宣贯，提高全产业链对标准的认知和接受度。

三、淡水鱼全产业链标准体系表应用

淡水鱼全产业链标准体系表依据标准制修订情况实行动态完善，为北京市淡水鱼生产企业建设淡水鱼全产业链标准化示范基地提供了集成标准综合体的技术依据。下面以虹鳟鱼生产企业建设全产业链标准化示范基地为例，从标准体系表的应用、宣贯、转化、验证和再完善五个方面介绍淡水鱼全产业链标准体系表在实际生产中的应用。

（一）应用

虹鳟鱼是鲑科鱼类中第一个被开发成养殖品种的鱼类，也是国内最普遍的养殖品种。在北京市淡水鱼基地中是数量最多、规模最大的养殖鱼类。从工厂化养殖模式、品种选育、投入品管控、养殖管理、疫病防控、产品加工、乡村旅游特色业态、质量安全检测等方面探索适合北京地区的虹鳟鱼高产高效养殖技术，不但可以提高虹鳟鱼的产量和品质，增加农民的经济效益，而且可以减少饲料和渔药的投入使用，改善生态环境，并且还能促进形成一套科学的虹鳟鱼全产业链标准化管控模式，以点带面，促进北京市农业标准化总体水平进一步提升，带动北京及周边地区的农业标准化发展。

生产企业可对照已构建的虹鳟鱼全产业链标准体系表，结合企业实际生产情况，对照企业全产业链的各环节，分析确定控制要素，按照"有标贯标、缺标补标、低标提标"的原则，有针对性地选择准体系表中适用于企业的标准，对于无标准可采用的情况，编制适用于企业的企业标准，最终构建适用于企业的标准体系表，形成标准综合体。

北京市怀柔区一家农业企业创建虹鳟鱼全产业链标准化示范基地时，分析涉及产前、产中、产后通用的 19 个控制环节的 51 项控制要素，应用虹鳟鱼全产业链标准体系表，建立并完善了虹鳟鱼高品质标准体系、常见鱼病防治技术体系、鱼产品加工技术体系、农产品质量安全自检技术支撑体系和乡村特色旅游服务体系，编制了适合该企业的标准体系表（表 10-2），形成了《虹鳟鱼养殖全产业链管理技术规范》一整套标准综合体，集成了 1 套集工厂化养殖模式、品种选育、投入品管控、养殖管理、疫病防控、产品加工、乡村旅游特色业态、质量安全检测于一体的全程管理体系和技术支撑体系。

表 10-2　虹鳟鱼全产业链质量安全标准综合体明细表

控制环节	控制要素	质量安全要求	标准体系
产地环境	场区位置	场区位置符合无公害农产品/食品相关标准	Q/×××虹鳟鱼养殖全产业链管理技术规范
	环境要求	环境保护、养殖用水、产地底质符合无公害农产品/食品相关标准	NY/T 5361—2016　无公害农产品　淡水养殖产地环境条件
			Q/×××虹鳟鱼养殖全产业链管理技术规范
	尾水排放	尾水达标排放	SC/T 9101—2007　淡水池塘养殖水排放要求
			Q/×××虹鳟鱼养殖质量安全控制规范
	池塘、工厂化及配套设施设备	池塘、工厂化及配套设施设备正常使用	Q/×××虹鳟鱼养殖全产业链管理技术规范
			Q/×××虹鳟鱼养殖质量安全控制规范
苗种采购	苗种选择	选择体质健壮、规格整齐的苗种	Q/×××虹鳟鱼养殖质量安全控制规范
	苗种质量	苗种质量达到卵黄囊吸收 2/3，可上浮游泳	Q/×××虹鳟鱼养殖质量安全控制规范
	采购查验	应从具有水产苗种生产许可证、水产苗种产地检疫合格证的苗种场或良种场购买苗种，并查验	
	采购记录	做好采购记录	
投入品管理	饲料及饲料添加剂管理	饲料及饲料添加剂的采购、配制、贮存、记录应符合要求	Q/×××虹鳟鱼养殖质量安全控制规范
	渔药管理	渔药的采购、贮存、记录应符合要求	
养殖管理	繁殖管理	亲鱼选择与培育应符合相关要求	Q/×××虹鳟鱼养殖全产业链管理技术规范
	苗种培育	苗种放养、投饲与管理等应符合相关要求	
	商品鱼养殖	鱼种放养、饲养管理、筛选等应符合相关要求	

（续）

控制环节	控制要素	质量安全要求	标准体系
病害防控	鱼病防治	常见鱼病的预防、诊断及治疗技术应符合相关要求	Q/×××虹鳟鱼常见鱼病防治技术操作规程
	疫病防控	重大疫病防控应符合相关要求	
	病害监测	使用正确的检测技术定期开展病害监测，建立监测记录，并符合相关要求	
	病死鱼处理	及时处理病死鱼，建立病死鱼生物安全处理记录，并符合相关要求	Q/×××虹鳟鱼养殖质量安全控制规范
			Q/×××虹鳟鱼常见鱼病防治技术操作规程
投入品使用	渔药	病害防控过程中的各类用药应符合相关要求	SC/T 1132—2016 渔药使用规范
			Q/×××投入品使用规范
	饲料及添加剂	饲料卫生、采购、配制、贮存、记录等应符合相关要求，饲料添加剂应符合绿色食品要求	GB 13078—2017 饲料卫生标准
			GB 2760—2024 食品安全国家标准 食品添加剂使用标准
			NY/T 471—2023 绿色食品 饲料及饲料添加剂使用准则
			Q/×××投入品使用规范
	微生态制剂	光合细菌、乳酸菌、枯草芽孢杆菌等微生态制剂产品应购自正规厂家，使用技术应符合相关要求	Q/×××投入品使用规范
休药期	休药期	严格执行休药期，休药期过后方可捕捞上市	Q/×××虹鳟鱼养殖质量安全控制规范
捕捞	规格和方式	根据市场需求，捕捞适宜规格的商品鱼，并采取适宜的方式捕捞	Q/×××虹鳟鱼养殖质量安全控制规范
	工具消毒	捕捞工具应做好消毒，并符合相关要求	
	记录管理	应做好捕捞记录，并符合相关要求	
质量安全检测	检测要求	对即将上市的水产品进行质量安全自检或委托检测，产品质量应符合相关标准	Q/×××渔（兽）药残检测技术规范
	检测记录	建立虹鳟鱼水产品检测记录，并符合相关要求	

（续）

控制环节	控制要素	质量安全要求	标准体系
包装	包装用材料	应环保、无毒、无挥发性有害物质产生	Q/×××虹鳟鱼养殖质量安全控制规范
	标识	销售包装、运输包装应符合相关要求	
质量等级	分为一级品和二级品	鲜活虹鳟鱼分级应符合相关要求	Q/×××虹鳟鱼养殖全产业链管理技术规范
贮存	活体虹鳟鱼、冰鲜虹鳟鱼保鲜、冷冻虹鳟鱼冷藏	活体虹鳟鱼、冰鲜虹鳟鱼保鲜、冷冻虹鳟鱼冷藏符合相关要求	Q/×××虹鳟鱼养殖全产业链管理技术规范
运输	活虹鳟鱼、虹鳟鱼流通管理、销售与配送	活虹鳟鱼、虹鳟鱼流通管理、销售与配送等应符合相关要求	Q/×××虹鳟鱼养殖质量安全控制规范
溯源管理	溯源、召回及处理	采取有效手段对产品进行溯源，不合格的产品应及时召回，并进行相应处理	Q/×××虹鳟鱼养殖质量安全控制规范
产品加工	卫生	工厂卫生、水产品卫生应符合相关要求	Q/×××虹鳟鱼养殖全产业链管理技术规范
	原料	外观、理化指标、微生物指标应符合相关要求	Q/×××虹鳟鱼养殖质量安全控制规范
	辅料	水产品加工过程中所加入的添加剂应符合相关要求	Q/×××虹鳟鱼产品加工技术规范
	加工用水与用冰	加工过程中使用的水和冰应符合相关要求	
	加工操作	水产品加工、操作规范应符合相关要求	
	成品	感官指标、理化指标应符合相关要求	

（续）

控制环节	控制要素	质量安全要求	标准体系
休闲渔业	布局和功能分区	应符合怀柔区土地利用总体规划，结合地形、地貌、水系等自然环境条件，总体布局科学合理，因地制宜进行功能分区	Q/×××虹鳟鱼养殖全产业链管理技术规范
	卫生	休闲区域卫生、餐饮场所、住宿场所卫生、公厕质量、垃圾箱配备应符合相关要求	Q/×××虹鳟鱼养殖质量安全控制规范
	水电、安全与消防	生活饮用水的水质、生活污水处理、电力建设、改造及供电等应符合相关标准	
	餐饮与住宿	餐厅规模应与接待能力相适应，食（饮）具定时消毒，油烟排放、住宿客房建设等应符合相关标准	
乡村旅游特色业态	通用要求、虹鳟鱼特色文化与服务	通用要求、虹鳟鱼特色文化与服务应符合相关要求	Q/×××虹鳟鱼养殖质量安全控制规范
			Q/×××乡村旅游特色业态服务规范
人员	人员管理	企业负责人、技术人员、采购人员、财务人员、检测人员、库管人员的管理	Q/×××虹鳟鱼养殖质量安全控制规范
监控	视频监控	监控淡水鱼养殖过程	Q/×××虹鳟鱼养殖质量安全控制规范
养殖过程检查	养殖过程检查	对虹鳟鱼养殖过程及相关记录进行检查，建立养殖过程检查记录	Q/×××虹鳟鱼养殖质量安全控制规范
记录	记录管理	安排专人负责记录管理，定期收集各环节的生产和质量安全记录	Q/×××虹鳟鱼养殖质量安全控制规范
			Q/×××虹鳟鱼养殖过程记录规范
决策	决策人员	基地负责人的工作应符合相关要求	Q/×××虹鳟鱼养殖质量安全控制规范
管理	管理人员	技术组长、产品质量管理部部长、生产技术指导部部长、产品质量检测部部长、销售部部长、财务主管的工作应符合相关要求	Q/×××虹鳟鱼养殖质量安全控制规范
操作	操作人员	技术员、质检员、采购员、财会人员、标准化人员、后勤保障人员、休闲渔业服务员、设施设备维修人员、销售人员的工作应符合相关要求	Q/×××虹鳟鱼养殖质量安全控制规范

（二）宣贯

开展标准宣贯材料制作，一是制作虹鳟鱼全产业链标准化基地创建大型宣传牌，包括基地简介、获得荣誉、地理位置卫星图、特色图片等信息，用于基地的对外宣传展示。二是安装建设标牌、宣传橱窗、标准宣贯走廊等，展示基地标准体系框架图、标准综合体等资料（图 10 - 1）。该基地制作标准宣贯上墙材料 9 套（图 10 - 2）。

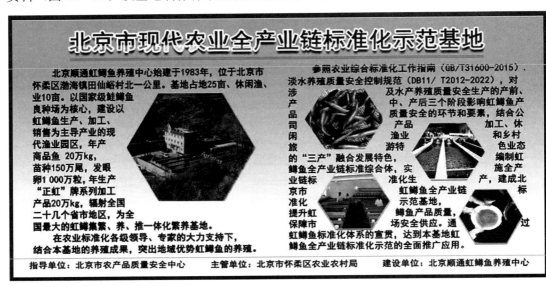

图 10 - 1　全产业链标准化基地宣传橱窗展示

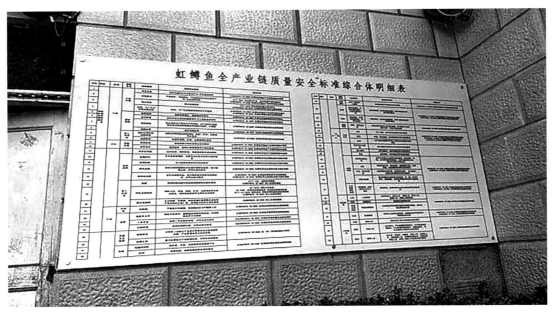

图 10 - 2　淡水鱼全产业链标准综合体展示

（三）转化应用

将虹鳟鱼标准综合体转化为简便易懂的生产模式图、操作明白纸、风险管控手册等。为保障虹鳟鱼标准综合体的实施运营，基地结合生产实际配备水质改良剂、水质快速检测盒、病害检测设备、饲料及包装等相关材料（图10-3）。

图10-3 淡水鱼全产业链基地标准转化配备材料体展示

（四）验证

将经过试用的标准综合体中养殖生态调控、水质快速检测、病害检测及包装溯源的转化技术应用于基地，取得了以下效果。

一是提升了基地生态养殖水平。将水质改良菌剂应用于基地，通过光合细菌、乳酸菌和枯草芽孢杆菌等有益微生物制剂调控养殖水体环境，操作简单，在提高虹鳟鱼生长性能、减少病害发生及降低水质氨氮、亚硝酸盐等方面效果显著。

二是提升了基地自检能力。将水质快速检测技术、寄生虫快速镜检技术应用于基地，实现了养殖质量的快速检测，提高了养殖效率。

三是有效预防病害发生。采用生物预防、物理预防、药物预防以及科学、合理、安全使用渔药技术，并严格遵守休药期规定。产前，场区选址远离污染源，水质符合要求，养殖设施不串联，养殖池塘清整消毒，苗种检疫合格；产中，在规范苗种放养、养殖用水调控、饲料投喂等日常管理的基础上，配合生物、物理或中草药等进行综合防治，用药标准化，按要求对病死鱼进行无害化处理；产后，严格执行休药期规定，捕捞工具消毒、产品质量检测。有效防治鱼病，确保虹鳟鱼养殖生产、质量安全，促进淡水鱼产业可持续发展。

四是通过包装有效溯源。为基地设计制作鲜活鱼和鱼苗包装箱，并结合养殖生产记录，形成了完整的追溯信息系统，增强了对虹鳟鱼产品生产和流通过程的监控，实现了水产品的来源可查、去向可追、责任可究和防伪营销等。

经在基地试点应用，基地产量增加5%，产值增长10%，加速了虹鳟鱼游钓、烧烤、观光等休闲体验产业的发展，为农民增加就业机会300人次。在推进农业农村经济结构的调整，促进农民增收，保障农产品质量安全等方面起到了积极的示范作用。全产业链标准体系在虹鳟鱼生产基地中的示范应用为北京市全产业链标准化生产基地建设提供了可借鉴的模板，促进了绿色生态农业的发展，通过设施设备的提升和标准化宣传展示，提高了农产品全产业链质量控制能力，实现了投入品减量化，有效改善了产地环境，保护了淡水产品的生态安全。

（五）再完善

根据基地的实际情况，严格落实全产业链标准化基地各项标准，不断提高产品质量，推进产业升级，推广生态养殖，逐步将虹鳟鱼品质提升到绿色水平，并制修订绿色相关标准，补充在全产业链标准综合体中。同时，根据国家标准的变化（如禁用渔药的使用），适时更新完善标准体系表和标准综合体，再经过宣贯、转化、验证等过程，周而复始地螺旋提升基地全产业链标准化应用水平。

附录 1

中华人民共和国标准化法

（1988 年 12 月 29 日第七届全国人民代表大会常务委员会第五次会议通过　2017 年 11 月 4 日第十二届全国人民代表大会常务委员会第三十次会议修订）

第一章　总　　则

第一条　为了加强标准化工作，提升产品和服务质量，促进科学技术进步，保障人身健康和生命财产安全，维护国家安全、生态环境安全，提高经济社会发展水平，制定本法。

第二条　本法所称标准（含标准样品），是指农业、工业、服务业以及社会事业等领域需要统一的技术要求。

标准包括国家标准、行业标准、地方标准和团体标准、企业标准。国家标准分为强制性标准、推荐性标准，行业标准、地方标准是推荐性标准。

强制性标准必须执行。国家鼓励采用推荐性标准。

第三条　标准化工作的任务是制定标准、组织实施标准以及对标准的制定、实施进行监督。

县级以上人民政府应当将标准化工作纳入本级国民经济和社会发展规划，将标准化工作经费纳入本级预算。

第四条　制定标准应当在科学技术研究成果和社会实践经验的基础上，深入调查论证，广泛征求意见，保证标准的科学性、规范性、时效性，提高标准质量。

第五条　国务院标准化行政主管部门统一管理全国标准化工作。国务院有关行政主管部门分工管理本部门、本行业的标准化工作。

县级以上地方人民政府标准化行政主管部门统一管理本行政区域内的标准化工作。县级以上地方人民政府有关行政主管部门分工管理本行政区域内本部门、本行业的标准化工作。

第六条　国务院建立标准化协调机制，统筹推进标准化重大改革，研究标准化重大政策，对跨部门跨领域、存在重大争议标准的制定和实施进行协调。

设区的市级以上地方人民政府可以根据工作需要建立标准化协调机制，统筹协调本行政区域内标准化工作重大事项。

第七条　国家鼓励企业、社会团体和教育、科研机构等开展或者参与标准化工作。

第八条　国家积极推动参与国际标准化活动，开展标准化对外合作与交流，参与制定国际标准，结合国情采用国际标准，推进中国标准与国外标准之间的转化运用。

国家鼓励企业、社会团体和教育、科研机构等参与国际标准化活动。

第九条　对在标准化工作中做出显著成绩的单位和个人，按照国家有关规定给予表彰和奖励。

第二章　标准的制定

第十条　对保障人身健康和生命财产安全、国家安全、生态环境安全以及满足经济社会管理基本需要的技术要求，应当制定强制性国家标准。

国务院有关行政主管部门依据职责负责强制性国家标准的项目提出、组织起草、征求意见和技术审查。国务院标准化行政主管部门负责强制性国家标准的立项、编号和对外通报。国务院标准化行政主管部门应当对拟制定的强制性国家标准是否符合前款规定进行立项审查，对符合前款规定的予以立项。

省、自治区、直辖市人民政府标准化行政主管部门可以向国务院标准化行政主管部门提出强制性国家标准的立项建议，由国务院标准化行政主管部门会同国务院有关行政主管部门决定。社会团体、企业事业组织以及公民可以向国务院标准化行政主管部门提出强制性国家标准的立项建议，国务院标准化行政主管部门认为需要立项的，会同国务院有关行政主管部门决定。

强制性国家标准由国务院批准发布或者授权批准发布。

法律、行政法规和国务院决定对强制性标准的制定另有规定的，从其规定。

第十一条　对满足基础通用、与强制性国家标准配套、对各有关行业起引领作用等需要的技术要求，可以制定推荐性国家标准。

推荐性国家标准由国务院标准化行政主管部门制定。

第十二条　对没有推荐性国家标准、需要在全国某个行业范围内统一的技术要求，可以制定行业标准。

行业标准由国务院有关行政主管部门制定，报国务院标准化行政主管部门备案。

第十三条　为满足地方自然条件、风俗习惯等特殊技术要求，可以制定地方标准。

地方标准由省、自治区、直辖市人民政府标准化行政主管部门制定；设区的市级人民政府标准化行政主管部门根据本行政区域的特殊需要，经所在地省、自治区、直辖市人民政府标准化行政主管部门批准，可以制定本行政区域的地方标准。地方标准由省、自治区、直辖市人民政府标准化行政主管部门报国务院标准化行政主管部门备案，由国务院标准化行政主管部门通报国务院有关行政主管部门。

第十四条　对保障人身健康和生命财产安全、国家安全、生态环境安全以及经济社会发展所急需的标准项目，制定标准的行政主管部门应当优先立项并及时完成。

第十五条　制定强制性标准、推荐性标准，应当在立项时对有关行政主管部门、企业、社会团体、消费者和教育、科研机构等方面的实际需求进行调查，对制定标准的必要性、可行性进行论证评估；在制定过程中，应当按照便捷有效的原则采取多种方式征求意见，组织对标准相关事项进行调查分析、实验、论证，并做到有关标准之间的协调配套。

第十六条　制定推荐性标准，应当组织由相关方组成的标准化技术委员会，承担标准的起草、技术审查工作。制定强制性标准，可以委托相关标准化技术委员会承担标准的起草、技术审查工作。未组成标准化技术委员会的，应当成立专家组承担相关标准的起草、技术审查工作。标准化技术委员会和专家组的组成应当具有广泛代表性。

第十七条　强制性标准文本应当免费向社会公开。国家推动免费向社会公开推荐性标准文本。

第十八条　国家鼓励学会、协会、商会、联合会、产业技术联盟等社会团体协调相关市场主体共同制定满足市场和创新需要的团体标准，由本团体成员约定采用或者按照本团体的规定供社会自愿采用。

制定团体标准，应当遵循开放、透明、公平的原则，保证各参与主体获取相关信息，反映各参与主体的共同需求，并应当组织对标准相关事项进行调查分析、实验、论证。

国务院标准化行政主管部门会同国务院有关行政主管部门对团体标准的制定进行规范、引导和监督。

第十九条　企业可以根据需要自行制定企业标准，或者与其他企业联合制定企业标准。

第二十条　国家支持在重要行业、战略性新兴产业、关键共性技术等领域利用自主创新技术制定团体标准、企业标准。

第二十一条　推荐性国家标准、行业标准、地方标准、团体标准、企业标准的技术要求不得低于强制性国家标准的相关技术要求。

国家鼓励社会团体、企业制定高于推荐性标准相关技术要求的团体标准、企业标准。

第二十二条　制定标准应当有利于科学合理利用资源，推广科学技术成果，增强产品的安全性、通用性、可替换性，提高经济效益、社会效益、生态效益，做到技术上先进、经济上合理。

禁止利用标准实施妨碍商品、服务自由流通等排除、限制市场竞争的行为。

第二十三条　国家推进标准化军民融合和资源共享，提升军民标准通用化水平，积极推动在国防和军队建设中采用先进适用的民用标准，并将先进适用的军用标准转化为民用标准。

第二十四条　标准应当按照编号规则进行编号。标准的编号规则由国务院标准化行政主管部门制定并公布。

第三章　标准的实施

第二十五条　不符合强制性标准的产品、服务，不得生产、销售、进口或者提供。

第二十六条　出口产品、服务的技术要求，按照合同的约定执行。

第二十七条　国家实行团体标准、企业标准自我声明公开和监督制度。企业应当公开其执行的强制性标准、推荐性标准、团体标准或者企业标准的编号和名称；企业执行自行制定的企业标准的，还应当公开产品、服务的功能指标和产品的性能指标。国家鼓励团体标准、企业标准通过标准信息公共服务平台向社会公开。

企业应当按照标准组织生产经营活动，其生产的产品、提供的服务应当符合企业公开标准的技术要求。

第二十八条　企业研制新产品、改进产品，进行技术改造，应当符合本法规定的标准化要求。

第二十九条　国家建立强制性标准实施情况统计分析报告制度。

国务院标准化行政主管部门和国务院有关行政主管部门、设区的市级以上地方人民政府标准化行政主管部门应当建立标准实施信息反馈和评估机制，根据反馈和评估情况对其制定的标准进行复审。标准的复审周期一般不超过五年。经过复审，对不适应经济社会发展需要和技术进步的应当及时修订或者废止。

第三十条 国务院标准化行政主管部门根据标准实施信息反馈、评估、复审情况，对有关标准之间重复交叉或者不衔接配套的，应当会同国务院有关行政主管部门做出处理或者通过国务院标准化协调机制处理。

第三十一条 县级以上人民政府应当支持开展标准化试点示范和宣传工作，传播标准化理念，推广标准化经验，推动全社会运用标准化方式组织生产、经营、管理和服务，发挥标准对促进转型升级、引领创新驱动的支撑作用。

第四章 监督管理

第三十二条 县级以上人民政府标准化行政主管部门、有关行政主管部门依据法定职责，对标准的制定进行指导和监督，对标准的实施进行监督检查。

第三十三条 国务院有关行政主管部门在标准制定、实施过程中出现争议的，由国务院标准化行政主管部门组织协商；协商不成的，由国务院标准化协调机制解决。

第三十四条 国务院有关行政主管部门、设区的市级以上地方人民政府标准化行政主管部门未依照本法规定对标准进行编号、复审或者备案的，国务院标准化行政主管部门应当要求其说明情况，并限期改正。

第三十五条 任何单位或者个人有权向标准化行政主管部门、有关行政主管部门举报、投诉违反本法规定的行为。

标准化行政主管部门、有关行政主管部门应当向社会公开受理举报、投诉的电话、信箱或者电子邮件地址，并安排人员受理举报、投诉。对实名举报人或者投诉人，受理举报、投诉的行政主管部门应当告知处理结果，为举报人保密，并按照国家有关规定对举报人给予奖励。

第五章 法律责任

第三十六条 生产、销售、进口产品或者提供服务不符合强制性标准，或者企业生产的产品、提供的服务不符合其公开标准的技术要求的，依法承担民事责任。

第三十七条 生产、销售、进口产品或者提供服务不符合强制性标准的，依照《中华人民共和国产品质量法》、《中华人民共和国进出口商品检验法》、《中华人民共和国消费者权益保护法》等法律、行政法规的规定查处，记入信用记录，并依照有关法律、行政法规的规定予以公示；构成犯罪的，依法追究刑事责任。

第三十八条 企业未依照本法规定公开其执行的标准的，由标准化行政主管部门责令限期改正；逾期不改正的，在标准信息公共服务平台上公示。

第三十九条 国务院有关行政主管部门、设区的市级以上地方人民政府标准化行政主管部门制定的标准不符合本法第二十一条第一款、第二十二条第一款规定的，应当及时改正；拒不改正的，由国务院标准化行政主管部门公告废止相关标准；对负有责任的领导人员和直接责任人员依法给予处分。

社会团体、企业制定的标准不符合本法第二十一条第一款、第二十二条第一款规定的，由标准化行政主管部门责令限期改正；逾期不改正的，由省级以上人民政府标准化行政主管部门废止相关标准，并在标准信息公共服务平台上公示。

违反本法第二十二条第二款规定，利用标准实施排除、限制市场竞争行为的，依照《中华人民共和国反垄断法》等法律、行政法规的规定处理。

第四十条 国务院有关行政主管部门、设区的市级以上地方人民政府标准化行政主管部门未依照本法规定对标准进行编号或者备案，又未依照本法第三十四条的规定改正的，由国务院标准化行政主管部门撤销相关标准编号或者公告废止未备案标准；对负有责任的领导人员和直接责任人员依法给予处分。

国务院有关行政主管部门、设区的市级以上地方人民政府标准化行政主管部门未依照本法规定对其制定的标准进行复审，又未依照本法第三十四条的规定改正的，对负有责任的领导人员和直接责任人员依法给予处分。

第四十一条 国务院标准化行政主管部门未依照本法第十条第二款规定对制定强制性国家标准的项目予以立项，制定的标准不符合本法第二十一条第一款、第二十二条第一款规定，或者未依照本法规定对标准进行编号、复审或者予以备案的，应当及时改正；对负有责任的领导人员和直接责任人员可以依法给予处分。

第四十二条 社会团体、企业未依照本法规定对团体标准或者企业标准进行编号的，由标准化行政主管部门责令限期改正；逾期不改正的，由省级以上人民政府标准化行政主管部门撤销相关标准编号，并在标准信息公共服务平台上公示。

第四十三条 标准化工作的监督、管理人员滥用职权、玩忽职守、徇私舞弊的，依法给予处分；构成犯罪的，依法追究刑事责任。

第六章 附 则

第四十四条 军用标准的制定、实施和监督办法，由国务院、中央军事委员会另行制定。

第四十五条 本法自 2018 年 1 月 1 日起施行。

附录 2

中华人民共和国农产品质量安全法

（中华人民共和国第十三届全国人民代表大会常务委员会第三十六次会议于 2022 年 9 月 2 日修订通过，现予公布，自 2023 年 1 月 1 日起施行）

第一章 总 则

第一条 为了保障农产品质量安全，维护公众健康，促进农业和农村经济发展，制定本法。

第二条 本法所称农产品，是指来源于种植业、林业、畜牧业和渔业等的初级产品，即在农业活动中获得的植物、动物、微生物及其产品。

本法所称农产品质量安全，是指农产品质量达到农产品质量安全标准，符合保障人的健康、安全的要求。

第三条 与农产品质量安全有关的农产品生产经营及其监督管理活动，适用本法。

《中华人民共和国食品安全法》对食用农产品的市场销售、有关质量安全标准的制定、有关安全信息的公布和农业投入品已经做出规定的，应当遵守其规定。

第四条 国家加强农产品质量安全工作，实行源头治理、风险管理、全程控制，建立科学、严格的监督管理制度，构建协同、高效的社会共治体系。

第五条 国务院农业农村主管部门、市场监督管理部门依照本法和规定的职责，对农产品质量安全实施监督管理。

国务院其他有关部门依照本法和规定的职责承担农产品质量安全的有关工作。

第六条 县级以上地方人民政府对本行政区域的农产品质量安全工作负责，统一领导、组织、协调本行政区域的农产品质量安全工作，建立健全农产品质量安全工作机制，提高农产品质量安全水平。

县级以上地方人民政府应当依照本法和有关规定，确定本级农业农村主管部门、市场监督管理部门和其他有关部门的农产品质量安全监督管理工作职责。各有关部门在职责范围内负责本行政区域的农产品质量安全监督管理工作。

乡镇人民政府应当落实农产品质量安全监督管理责任，协助上级人民政府及其有关部门做好农产品质量安全监督管理工作。

第七条 农产品生产经营者应当对其生产经营的农产品质量安全负责。

农产品生产经营者应当依照法律、法规和农产品质量安全标准从事生产经营活动，诚信自律，接受社会监督，承担社会责任。

第八条 县级以上人民政府应当将农产品质量安全管理工作纳入本级国民经济和社会发展规划，所需经费列入本级预算，加强农产品质量安全监督管理能力建设。

第九条 国家引导、推广农产品标准化生产，鼓励和支持生产绿色优质农产品，禁止生产、销售不符合国家规定的农产品质量安全标准的农产品。

第十条　国家支持农产品质量安全科学技术研究，推行科学的质量安全管理方法，推广先进安全的生产技术。国家加强农产品质量安全科学技术国际交流与合作。

第十一条　各级人民政府及有关部门应当加强农产品质量安全知识的宣传，发挥基层群众性自治组织、农村集体经济组织的优势和作用，指导农产品生产经营者加强质量安全管理，保障农产品消费安全。

新闻媒体应当开展农产品质量安全法律、法规和农产品质量安全知识的公益宣传，对违法行为进行舆论监督。有关农产品质量安全的宣传报道应当真实、公正。

第十二条　农民专业合作社和农产品行业协会等应当及时为其成员提供生产技术服务，建立农产品质量安全管理制度，健全农产品质量安全控制体系，加强自律管理。

第二章　农产品质量安全风险管理和标准制定

第十三条　国家建立农产品质量安全风险监测制度。

国务院农业农村主管部门应当制定国家农产品质量安全风险监测计划，并对重点区域、重点农产品品种进行质量安全风险监测。省、自治区、直辖市人民政府农业农村主管部门应当根据国家农产品质量安全风险监测计划，结合本行政区域农产品生产经营实际，制定本行政区域的农产品质量安全风险监测实施方案，并报国务院农业农村主管部门备案。县级以上地方人民政府农业农村主管部门负责组织实施本行政区域的农产品质量安全风险监测。

县级以上人民政府市场监督管理部门和其他有关部门获知有关农产品质量安全风险信息后，应当立即核实并向同级农业农村主管部门通报。接到通报的农业农村主管部门应当及时上报。制定农产品质量安全风险监测计划、实施方案的部门应当及时研究分析，必要时进行调整。

第十四条　国家建立农产品质量安全风险评估制度。

国务院农业农村主管部门应当设立农产品质量安全风险评估专家委员会，对可能影响农产品质量安全的潜在危害进行风险分析和评估。国务院卫生健康、市场监督管理等部门发现需要对农产品进行质量安全风险评估的，应当向国务院农业农村主管部门提出风险评估建议。

农产品质量安全风险评估专家委员会由农业、食品、营养、生物、环境、医学、化工等方面的专家组成。

第十五条　国务院农业农村主管部门应当根据农产品质量安全风险监测、风险评估结果采取相应的管理措施，并将农产品质量安全风险监测、风险评估结果及时通报国务院市场监督管理、卫生健康等部门和有关省、自治区、直辖市人民政府农业农村主管部门。

县级以上人民政府农业农村主管部门开展农产品质量安全风险监测和风险评估工作时，可以根据需要进入农产品产地、储存场所及批发、零售市场。采集样品应当按照市场价格支付费用。

第十六条　国家建立健全农产品质量安全标准体系，确保严格实施。农产品质量安全标准是强制执行的标准，包括以下与农产品质量安全有关的要求：

（一）农业投入品质量要求、使用范围、用法、用量、安全间隔期和休药期规定；

（二）农产品产地环境、生产过程管控、储存、运输要求；

（三）农产品关键成分指标等要求；

（四）与屠宰畜禽有关的检验规程；

（五）其他与农产品质量安全有关的强制性要求。

《中华人民共和国食品安全法》对食用农产品的有关质量安全标准做出规定的，依照其规定执行。

第十七条 农产品质量安全标准的制定和发布，依照法律、行政法规的规定执行。

制定农产品质量安全标准应当充分考虑农产品质量安全风险评估结果，并听取农产品生产经营者、消费者、有关部门、行业协会等的意见，保障农产品消费安全。

第十八条 农产品质量安全标准应当根据科学技术发展水平以及农产品质量安全的需要，及时修订。

第十九条 农产品质量安全标准由农业农村主管部门商有关部门推进实施。

第三章 农产品产地

第二十条 国家建立健全农产品产地监测制度。

县级以上地方人民政府农业农村主管部门应当会同同级生态环境、自然资源等部门制定农产品产地监测计划，加强农产品产地安全调查、监测和评价工作。

第二十一条 县级以上地方人民政府农业农村主管部门应当会同同级生态环境、自然资源等部门按照保障农产品质量安全的要求，根据农产品品种特性和产地安全调查、监测、评价结果，依照土壤污染防治等法律、法规的规定提出划定特定农产品禁止生产区域的建议，报本级人民政府批准后实施。

任何单位和个人不得在特定农产品禁止生产区域种植、养殖、捕捞、采集特定农产品和建立特定农产品生产基地。

特定农产品禁止生产区域划定和管理的具体办法由国务院农业农村主管部门商国务院生态环境、自然资源等部门制定。

第二十二条 任何单位和个人不得违反有关环境保护法律、法规的规定向农产品产地排放或者倾倒废水、废气、固体废物或者其他有毒有害物质。

农业生产用水和用作肥料的固体废物，应当符合法律、法规和国家有关强制性标准的要求。

第二十三条 农产品生产者应当科学合理使用农药、兽药、肥料、农用薄膜等农业投入品，防止对农产品产地造成污染。

农药、肥料、农用薄膜等农业投入品的生产者、经营者、使用者应当按照国家有关规定回收并妥善处置包装物和废弃物。

第二十四条 县级以上人民政府应当采取措施，加强农产品基地建设，推进农业标准化示范建设，改善农产品的生产条件。

第四章 农产品生产

第二十五条 县级以上地方人民政府农业农村主管部门应当根据本地区的实际情况，制定保障农产品质量安全的生产技术要求和操作规程，并加强对农产品生产经营者的培训和指导。

农业技术推广机构应当加强对农产品生产经营者质量安全知识和技能的培训。国家鼓励科研教育机构开展农产品质量安全培训。

第二十六条 农产品生产企业、农民专业合作社、农业社会化服务组织应当加强农产品质量安全管理。

农产品生产企业应当建立农产品质量安全管理制度，配备相应的技术人员；不具备配备条件的，应当委托具有专业技术知识的人员进行农产品质量安全指导。

国家鼓励和支持农产品生产企业、农民专业合作社、农业社会化服务组织建立和实施危害分析和关键控制点体系，实施良好农业规范，提高农产品质量安全管理水平。

第二十七条 农产品生产企业、农民专业合作社、农业社会化服务组织应当建立农产品生产记录，如实记载下列事项：

（一）使用农业投入品的名称、来源、用法、用量和使用、停用的日期；

（二）动物疫病、农作物病虫害的发生和防治情况；

（三）收获、屠宰或者捕捞的日期。

农产品生产记录应当至少保存二年。禁止伪造、变造农产品生产记录。

国家鼓励其他农产品生产者建立农产品生产记录。

第二十八条 对可能影响农产品质量安全的农药、兽药、饲料和饲料添加剂、肥料、兽医器械，依照有关法律、行政法规的规定实行许可制度。

省级以上人民政府农业农村主管部门应当定期或者不定期组织对可能危及农产品质量安全的农药、兽药、饲料和饲料添加剂、肥料等农业投入品进行监督抽查，并公布抽查结果。

农药、兽药经营者应当依照有关法律、行政法规的规定建立销售台账，记录购买者、销售日期和药品施用范围等内容。

第二十九条 农产品生产经营者应当依照有关法律、行政法规和国家有关强制性标准、国务院农业农村主管部门的规定，科学合理使用农药、兽药、饲料和饲料添加剂、肥料等农业投入品，严格执行农业投入品使用安全间隔期或者休药期的规定；不得超范围、超剂量使用农业投入品危及农产品质量安全。

禁止在农产品生产经营过程中使用国家禁止使用的农业投入品以及其他有毒有害物质。

第三十条 农产品生产场所以及生产活动中使用的设施、设备、消毒剂、洗涤剂等应当符合国家有关质量安全规定，防止污染农产品。

第三十一条 县级以上人民政府农业农村主管部门应当加强对农业投入品使用的监督管理和指导，建立健全农业投入品的安全使用制度，推广农业投入品科学使用技术，普及安全、环保农业投入品的使用。

第三十二条 国家鼓励和支持农产品生产经营者选用优质特色农产品品种，采用绿色生产技术和全程质量控制技术，生产绿色优质农产品，实施分等分级，提高农产品品质，打造农产品品牌。

第三十三条 国家支持农产品产地冷链物流基础设施建设，健全有关农产品冷链物流标准、服务规范和监管保障机制，保障冷链物流农产品畅通高效、安全便捷，扩大高品质市场供给。

从事农产品冷链物流的生产经营者应当依照法律、法规和有关农产品质量安全标准，加强冷链技术创新与应用、质量安全控制，执行对冷链物流农产品及其包装、运输工具、作业环境等的检验检测检疫要求，保证冷链农产品质量安全。

第五章　农产品销售

第三十四条 销售的农产品应当符合农产品质量安全标准。

农产品生产企业、农民专业合作社应当根据质量安全控制要求自行或者委托检测机构对农产品质量安全进行检测；经检测不符合农产品质量安全标准的农产品，应当及时采取管控措施，且不得销售。

农业技术推广等机构应当为农户等农产品生产经营者提供农产品检测技术服务。

第三十五条 农产品在包装、保鲜、储存、运输中所使用的保鲜剂、防腐剂、添加剂、包装材料等，应当符合国家有关强制性标准以及其他农产品质量安全规定。

储存、运输农产品的容器、工具和设备应当安全、无害。禁止将农产品与有毒有害物质一同储存、运输，防止污染农产品。

第三十六条 有下列情形之一的农产品，不得销售：

（一）含有国家禁止使用的农药、兽药或者其他化合物；

（二）农药、兽药等化学物质残留或者含有的重金属等有毒有害物质不符合农产品质量安全标准；

（三）含有的致病性寄生虫、微生物或者生物毒素不符合农产品质量安全标准；

（四）未按照国家有关强制性标准以及其他农产品质量安全规定使用保鲜剂、防腐剂、添加剂、包装材料等，或者使用的保鲜剂、防腐剂、添加剂、包装材料等不符合国家有关强制性标准以及其他质量安全规定；

（五）病死、毒死或者死因不明的动物及其产品；

（六）其他不符合农产品质量安全标准的情形。

对前款规定不得销售的农产品，应当依照法律、法规的规定进行处置。

第三十七条 农产品批发市场应当按照规定设立或者委托检测机构，对进场销售的农产品质量安全状况进行抽查检测；发现不符合农产品质量安全标准的，应当要求销售者立即停止销售，并向所在地市场监督管理、农业农村等部门报告。

农产品销售企业对其销售的农产品，应当建立健全进货检查验收制度；经查验不符合农产品质量安全标准的，不得销售。

食品生产者采购农产品等食品原料，应当依照《中华人民共和国食品安全法》的规定查验许可证和合格证明，对无法提供合格证明的，应当按照规定进行检验。

第三十八条 农产品生产企业、农民专业合作社以及从事农产品收购的单位或者个人销售的农产品，按照规定应当包装或者附加承诺达标合格证等标识的，须经包装或者附加标识后方可销售。包装物或者标识上应当按照规定标明产品的品名、产地、生产者、生产日期、保质期、产品质量等级等内容；使用添加剂的，还应当按照规定标明添加剂的名称。具体办法由国务院农业农村主管部门制定。

第三十九条 农产品生产企业、农民专业合作社应当执行法律、法规的规定和国家有关强制性标准，保证其销售的农产品符合农产品质量安全标准，并根据质量安全控制、检测结果等开具承诺达标合格证，承诺不使用禁用的农药、兽药及其他化合物且使用的常规农药、兽药残留不超标等。鼓励和支持农户销售农产品时开具承诺达标合格证。法律、行政法规对畜禽产品的质量安全合格证明有特别规定的，应当遵守其规定。

从事农产品收购的单位或者个人应当按照规定收取、保存承诺达标合格证或者其他质量安全合格证明，对其收购的农产品进行混装或者分装后销售的，应当按照规定开具承诺达标合格证。

农产品批发市场应当建立健全农产品承诺达标合格证查验等制度。

县级以上人民政府农业农村主管部门应当做好承诺达标合格证有关工作的指导服务，加强日常监督检查。

农产品质量安全承诺达标合格证管理办法由国务院农业农村主管部门会同国务院有关部门制定。

第四十条 农产品生产经营者通过网络平台销售农产品的，应当依照本法和《中华人民共和国电子商务法》、《中华人民共和国食品安全法》等法律、法规的规定，严格落实质量安全责任，保证其销售的农产品符合质量安全标准。网络平台经营者应当依法加强对农产品生产经营者的管理。

第四十一条 国家对列入农产品质量安全追溯目录的农产品实施追溯管理。国务院农业农村主管部门应当会同国务院市场监督管理等部门建立农产品质量安全追溯协作机制。农产品质量安全追溯管理办法和追溯目录由国务院农业农村主管部门会同国务院市场监督管理等部门制定。

国家鼓励具备信息化条件的农产品生产经营者采用现代信息技术手段采集、留存生产记录、购销记录等生产经营信息。

第四十二条 农产品质量符合国家规定的有关优质农产品标准的，农产品生产经营者可以申请使用农产品质量标志。禁止冒用农产品质量标志。

国家加强地理标志农产品保护和管理。

第四十三条 属于农业转基因生物的农产品，应当按照农业转基因生物安全管理的有关规定进行标识。

第四十四条 依法需要实施检疫的动植物及其产品，应当附具检疫标志、检疫证明。

第六章 监督管理

第四十五条 县级以上人民政府农业农村主管部门和市场监督管理等部门应当建立健全农产品质量安全全程监督管理协作机制，确保农产品从生产到消费各环节的质量安全。

县级以上人民政府农业农村主管部门和市场监督管理部门应当加强收购、储存、运输过程中农产品质量安全监督管理的协调配合和执法衔接，及时通报和共享农产品质量安全监督管理信息，并按照职责权限，发布有关农产品质量安全日常监督管理信息。

第四十六条 县级以上人民政府农业农村主管部门应当根据农产品质量安全风险监测、风险评估结果和农产品质量安全状况等，制定监督抽查计划，确定农产品质量安全监督抽查的重点、方式和频次，并实施农产品质量安全风险分级管理。

第四十七条 县级以上人民政府农业农村主管部门应当建立健全随机抽查机制，按照监督抽查计划，组织开展农产品质量安全监督抽查。

农产品质量安全监督抽查检测应当委托符合本法规定条件的农产品质量安全检测机构进行。监督抽查不得向被抽查人收取费用，抽取的样品应当按照市场价格支付费用，并不得超过国务院农业农村主管部门规定的数量。

上级农业农村主管部门监督抽查的同批次农产品，下级农业农村主管部门不得另行重复抽查。

第四十八条 农产品质量安全检测应当充分利用现有的符合条件的检测机构。

从事农产品质量安全检测的机构，应当具备相应的检测条件和能力，由省级以上人民政府农业农村主管部门或者其授权的部门考核合格。具体办法由国务院农业农村主管部门制定。

农产品质量安全检测机构应当依法经资质认定。

第四十九条 从事农产品质量安全检测工作的人员，应当具备相应的专业知识和实际操作技能，遵纪守法，恪守职业道德。

农产品质量安全检测机构对出具的检测报告负责。检测报告应当客观公正，检测数据应当真实可靠，禁止出具虚假检测报告。

第五十条 县级以上地方人民政府农业农村主管部门可以采用国务院农业农村主管部门会同国务院市场监督管理等部门认定的快速检测方法，开展农产品质量安全监督抽查检测。抽查检测结果确定有关农产品不符合农产品质量安全标准的，可以作为行政处罚的证据。

第五十一条 农产品生产经营者对监督抽查检测结果有异议的，可以自收到检测结果之日起五个工作日内，向实施农产品质量安全监督抽查的农业农村主管部门或者其上一级农业农村主管部门申请复检。复检机构与初检机构不得为同一机构。

采用快速检测方法进行农产品质量安全监督抽查检测，被抽查人对检测结果有异议的，可以自收到检测结果时起四小时内申请复检。复检不得采用快速检测方法。

复检机构应当自收到复检样品之日起七个工作日内出具检测报告。

因检测结果错误给当事人造成损害的，依法承担赔偿责任。

第五十二条 县级以上地方人民政府农业农村主管部门应当加强对农产品生产的监督管理，开展日常检查，重点检查农产品产地环境、农业投入品购买和使用、农产品生产记录、承诺达标合格证开具等情况。

国家鼓励和支持基层群众性自治组织建立农产品质量安全信息员工作制度，协助开展有关工作。

第五十三条　开展农产品质量安全监督检查，有权采取下列措施：

（一）进入生产经营场所进行现场检查，调查了解农产品质量安全的有关情况；

（二）查阅、复制农产品生产记录、购销台账等与农产品质量安全有关的资料；

（三）抽样检测生产经营的农产品和使用的农业投入品以及其他有关产品；

（四）查封、扣押有证据证明存在农产品质量安全隐患或者经检测不符合农产品质量安全标准的农产品；

（五）查封、扣押有证据证明可能危及农产品质量安全或者经检测不符合产品质量标准的农业投入品以及其他有毒有害物质；

（六）查封、扣押用于违法生产经营农产品的设施、设备、场所以及运输工具；

（七）收缴伪造的农产品质量标志。

农产品生产经营者应当协助、配合农产品质量安全监督检查，不得拒绝、阻挠。

第五十四条　县级以上人民政府农业农村等部门应当加强农产品质量安全信用体系建设，建立农产品生产经营者信用记录，记载行政处罚等信息，推进农产品质量安全信用信息的应用和管理。

第五十五条　农产品生产经营过程中存在质量安全隐患，未及时采取措施消除的，县级以上地方人民政府农业农村主管部门可以对农产品生产经营者的法定代表人或者主要负责人进行责任约谈。农产品生产经营者应当立即采取措施，进行整改，消除隐患。

第五十六条　国家鼓励消费者协会和其他单位或者个人对农产品质量安全进行社会监督，对农产品质量安全监督管理工作提出意见和建议。任何单位和个人有权对违反本法的行为进行检举控告、投诉举报。

县级以上人民政府农业农村主管部门应当建立农产品质量安全投诉举报制度，公开投诉举报渠道，收到投诉举报后，应当及时处理。对不属于本部门职责的，应当移交有权处理的部门并书面通知投诉举报人。

第五十七条　县级以上地方人民政府农业农村主管部门应当加强对农产品质量安全执法人员的专业技术培训并组织考核。不具备相应知识和能力的，不得从事农产品质量安全执法工作。

第五十八条　上级人民政府应当督促下级人民政府履行农产品质量安全职责。对农产品质量安全责任落实不力、问题突出的地方人民政府，上级人民政府可以对其主要负责人进行责任约谈。被约谈的地方人民政府应当立即采取整改措施。

第五十九条　国务院农业农村主管部门应当会同国务院有关部门制定国家农产品质量安全突发事件应急预案，并与国家食品安全事故应急预案相衔接。

县级以上地方人民政府应当根据有关法律、行政法规的规定和上级人民政府的农产品质量安全突发事件应急预案，制定本行政区域的农产品质量安全突发事件应急预案。

发生农产品质量安全事故时，有关单位和个人应当采取控制措施，及时向所在地乡镇人民政府和县级人民政府农业农村等部门报告；收到报告的机关应当按照农产品质量安全突发事件应急预案及时处理并报本级人民政府、上级人民政府有关部门。发生重大农产品质量安全事故时，按照规定上报国务院及其有关部门。

任何单位和个人不得隐瞒、谎报、缓报农产品质量安全事故，不得隐匿、伪造、毁灭有关证据。

第六十条　县级以上地方人民政府市场监督管理部门依照本法和《中华人民共和国食品安全法》等法律、法规的规定，对农产品进入批发、零售市场或者生产加工企业后的生产经营活动进行监督检查。

第六十一条　县级以上人民政府农业农村、市场监督管理等部门发现农产品质量安全违法行为涉嫌犯罪的，应当及时将案件移送公安机关。对移送的案件，公安机关应当及时审查；认为有犯罪事实需要追究刑事责任的，应当立案侦查。

公安机关对依法不需要追究刑事责任但应当给予行政处罚的，应当及时将案件移送农业农村、市场监督管理等部门，有关部门应当依法处理。

公安机关商请农业农村、市场监督管理、生态环境等部门提供检验结论、认定意见以及对涉案农产品进行无害化处理等协助的，有关部门应当及时提供、予以协助。

第七章　法律责任

第六十二条　违反本法规定，地方各级人民政府有下列情形之一的，对直接负责的主管人员和其他直接责任人员给予警告、记过、记大过处分；造成严重后果的，给予降级或者撤职处分：

（一）未确定有关部门的农产品质量安全监督管理工作职责，未建立健全农产品质量安全工作机制，或者未落实农产品质量安全监督管理责任；

（二）未制定本行政区域的农产品质量安全突发事件应急预案，或者发生农产品质量安全事故后未按照规定启动应急预案。

第六十三条　违反本法规定，县级以上人民政府农业农村等部门有下列行为之一的，对直接负责的主管人员和其他直接责任人员给予记大过处分；情节较重的，给予降级或者撤职处分；情节严重的，给予开除处分；造成严重后果的，其主要负责人还应当引咎辞职：

（一）隐瞒、谎报、缓报农产品质量安全事故或者隐匿、伪造、毁灭有关证据；

（二）未按照规定查处农产品质量安全事故，或者接到农产品质量安全事故报告未及时处理，造成事故扩大或者蔓延；

（三）发现农产品质量安全重大风险隐患后，未及时采取相应措施，造成农产品质量安全事故或者不良社会影响；

（四）不履行农产品质量安全监督管理职责，导致发生农产品质量安全事故。

第六十四条　县级以上地方人民政府农业农村、市场监督管理等部门在履行农产品质量安全监督管理职责过程中，违法实施检查、强制等执法措施，给农产品生产经营者造成损失的，应当依法予以赔偿，对直接负责的主管人员和其他直接责任人员依法给予处分。

第六十五条　农产品质量安全检测机构、检测人员出具虚假检测报告的，由县级以上人民政府农业农村主管部门没收所收取的检测费用，检测费用不足一万元的，并处五万元以上十万元以下罚款，检测费用一万元以上的，并处检测费用五倍以上十倍以下罚款；对直接负责的主管人员和其他直接责任人员处一万元以上五万元以下罚款；使消费者的合法权益受到损害的，农产品质量安全检测机构应当与农产品生产经营者承担连带责任。

因农产品质量安全违法行为受到刑事处罚或者因出具虚假检测报告导致发生重大农产品质量安全事故的检测人员，终身不得从事农产品质量安全检测工作。农产品质量安全检测机构不得聘用上述人员。

农产品质量安全检测机构有前两款违法行为的，由授予其资质的主管部门或者机构吊销该农产品质量安全检测机构的资质证书。

第六十六条　违反本法规定，在特定农产品禁止生产区域种植、养殖、捕捞、采集特定农产品或者建立特定农产品生产基地的，由县级以上地方人民政府农业农村主管部门责令停止违法行为，没收农产品和违法所得，并处违法所得一倍以上三倍以下罚款。

违反法律、法规规定，向农产品产地排放或者倾倒废水、废气、固体废物或者其他有毒有害物质的，依照有关环境保护法律、法规的规定处理、处罚；造成损害的，依法承担赔偿责任。

第六十七条　农药、肥料、农用薄膜等农业投入品的生产者、经营者、使用者未按照规定回收并妥善处置包装物或者废弃物的，由县级以上地方人民政府农业农村主管部门依照有关法律、法规的规定处理、处罚。

第六十八条　违反本法规定，农产品生产企业有下列情形之一的，由县级以上地方人民政府农业农村主管部门责令限期改正；逾期不改正的，处五千元以上五万元以下罚款：

（一）未建立农产品质量安全管理制度；

（二）未配备相应的农产品质量安全管理技术人员，且未委托具有专业技术知识的人员进行农产品质量安全指导。

第六十九条　农产品生产企业、农民专业合作社、农业社会化服务组织未依照本法规定建立、保存农产品生产记录，或者伪造、变造农产品生产记录的，由县级以上地方人民政府农业农村主管部门责令限期改正；逾期不改正的，处二千元以上二万元以下罚款。

第七十条　违反本法规定，农产品生产经营者有下列行为之一，尚不构成犯罪的，由县级以上地方人民政府农业农村主管部门责令停止生产经营、追回已经销售的农产品，对违法生产经营的农产品进行无害化处理或者予以监督销毁，没收违法所得，并可以没收用于违法生产经营的工具、设备、原料等物品；违法生产经营的农产品货值金额不足一万元的，并处十万元以上十五万元以下罚款，货值金额一万元以上的，并处货值金额十五倍以上三十倍以下罚款；对农户，并处一千元以上一万元以下罚款；情节严重的，有许可证的吊销许可证，并可以由公安机关对其直接负责的主管人员和其他直接责任人员处五日以上十五日以下拘留：

（一）在农产品生产经营过程中使用国家禁止使用的农业投入品或者其他有毒有害物质；

（二）销售含有国家禁止使用的农药、兽药或者其他化合物的农产品；

（三）销售病死、毒死或者死因不明的动物及其产品。

明知农产品生产经营者从事前款规定的违法行为，仍为其提供生产经营场所或者其他条件的，由县级以上地方人民政府农业农村主管部门责令停止违法行为，没收违法所得，并处十万元以上二十万元以下罚款；使消费者的合法权益受到损害的，应当与农产品生产经营者承担连带责任。

第七十一条 违反本法规定，农产品生产经营者有下列行为之一，尚不构成犯罪的，由县级以上地方人民政府农业农村主管部门责令停止生产经营、追回已经销售的农产品，对违法生产经营的农产品进行无害化处理或者予以监督销毁，没收违法所得，并可以没收用于违法生产经营的工具、设备、原料等物品；违法生产经营的农产品货值金额不足一万元的，并处五万元以上十万元以下罚款，货值金额一万元以上的，并处货值金额十倍以上二十倍以下罚款；对农户，并处五百元以上五千元以下罚款：

（一）销售农药、兽药等化学物质残留或者含有的重金属等有毒有害物质不符合农产品质量安全标准的农产品；

（二）销售含有的致病性寄生虫、微生物或者生物毒素不符合农产品质量安全标准的农产品；

（三）销售其他不符合农产品质量安全标准的农产品。

第七十二条 违反本法规定，农产品生产经营者有下列行为之一的，由县级以上地方人民政府农业农村主管部门责令停止生产经营、追回已经销售的农产品，对违法生产经营的农产品进行无害化处理或者予以监督销毁，没收违法所得，并可以没收用于违法生产经营的工具、设备、原料等物品；违法生产经营的农产品货值金额不足一万元的，并处五千元以上五万元以下罚款，货值金额一万元以上的，并处货值金额五倍以上十倍以下罚款；对农户，并处三百元以上三千元以下罚款：

（一）在农产品生产场所以及生产活动中使用的设施、设备、消毒剂、洗涤剂等不符合国家有关质量安全规定；

（二）未按照国家有关强制性标准或者其他农产品质量安全规定使用保鲜剂、防腐剂、添加剂、包装材料等，或者使用的保鲜剂、防腐剂、添加剂、包装材料等不符合国家有关强制性标准或者其他质量安全规定；

（三）将农产品与有毒有害物质一同储存、运输。

第七十三条 违反本法规定，有下列行为之一的，由县级以上地方人民政府农业农村主管部门按照职责给予批评教育，责令限期改正；逾期不改正的，处一百元以上一千元以下罚款：

（一）农产品生产企业、农民专业合作社、从事农产品收购的单位或者个人未按照规定开具承诺达标合格证；

（二）从事农产品收购的单位或者个人未按照规定收取、保存承诺达标合格证或者其他合格证明。

第七十四条 农产品生产经营者冒用农产品质量标志，或者销售冒用农产品质量标志的农产品的，由县级以上地方人民政府农业农村主管部门按照职责责令改正，没收违法所得；违法生产经营的农产品货值金额不足五千元的，并处五千元以上五万元以下罚款，货值金额五千元以上的，并处货值金额十倍以上二十倍以下罚款。

第七十五条 违反本法关于农产品质量安全追溯规定的，由县级以上地方人民政府农业农村主管部门按照职责责令限期改正；逾期不改正的，可以处一万元以下罚款。

第七十六条 违反本法规定，拒绝、阻挠依法开展的农产品质量安全监督检查、事故调查处理、抽样检测和风险评估的，由有关主管部门按照职责责令停产停业，并处二千元以上五万元以下罚款；构成违反治安管理行为的，由公安机关依法给予治安管理处罚。

第七十七条 《中华人民共和国食品安全法》对食用农产品进入批发、零售市场或者生产加工企业后的违法行为和法律责任有规定的，由县级以上地方人民政府市场监督管理部门依照其规定进行处罚。

第七十八条 违反本法规定，构成犯罪的，依法追究刑事责任。

第七十九条 违反本法规定，给消费者造成人身、财产或者其他损害的，依法承担民事赔偿责任。生产经营者财产不足以同时承担民事赔偿责任和缴纳罚款、罚金时，先承担民事赔偿责任。

食用农产品生产经营者违反本法规定，污染环境、侵害众多消费者合法权益，损害社会公共利益的，人民检察院可以依照《中华人民共和国民事诉讼法》、《中华人民共和国行政诉讼法》等法律的规定向人民法院提起诉讼。

第八章 附 则

第八十条 粮食收购、储存、运输环节的质量安全管理，依照有关粮食管理的法律、行政法规执行。

第八十一条 本法自 2023 年 1 月 1 日起施行。

附录3

国家标准化发展纲要

标准是经济活动和社会发展的技术支撑，是国家基础性制度的重要方面。标准化在推进国家治理体系和治理能力现代化中发挥着基础性、引领性作用。新时代推动高质量发展、全面建设社会主义现代化国家，迫切需要进一步加强标准化工作。为统筹推进标准化发展，制定本纲要。

一、总体要求

（一）指导思想。以习近平新时代中国特色社会主义思想为指导，深入贯彻党的十九大和十九届二中、三中、四中、五中全会精神，按照统筹推进"五位一体"总体布局和协调推进"四个全面"战略布局要求，坚持以人民为中心的发展思想，立足新发展阶段、贯彻新发展理念、构建新发展格局，优化标准化治理结构，增强标准化治理效能，提升标准国际化水平，加快构建推动高质量发展的标准体系，助力高技术创新，促进高水平开放，引领高质量发展，为全面建成社会主义现代化强国、实现中华民族伟大复兴的中国梦提供有力支撑。

（二）发展目标。到 2025 年，实现标准供给由政府主导向政府与市场并重转变，标准运用由产业与贸易为主向经济社会全域转变，标准化工作由国内驱动向国内国际相互促进转变，标准化发展由数量规模型向质量效益型转变。标准化更加有效推动国家综合竞争力提升，促进经济社会高质量发展，在构建新发展格局中发挥更大作用。

——全域标准化深度发展。农业、工业、服务业和社会事业等领域标准全覆盖，新兴产业标准地位凸显，健康、安全、环境标准支撑有力，农业标准化生产普及率稳步提升，推动高质量发展的标准体系基本建成。

——标准化水平大幅提升。共性关键技术和应用类科技计划项目形成标准研究成果的比率达到 50%以上，政府颁布标准与市场自主制定标准结构更加优化，国家标准平均制定周期缩短至 18 个月以内，标准数字化程度不断提高，标准化的经济效益、社会效益、质量效益、生态效益充分显现。

——标准化开放程度显著增强。标准化国际合作深入拓展，互利共赢的国际标准化合作伙伴关系更加密切，标准化人员往来和技术合作日益加强，标准信息更大范围实现互联共享，我国标准制定透明度和国际化环境持续优化，国家标准与国际标准关键技术指标的一致性程度大幅提升，国际标准转化率达到 85%以上。

——标准化发展基础更加牢固。建成一批国际一流的综合性、专业性标准化研究机构，若干国家级质量标准实验室，50 个以上国家技术标准创新基地，形成标准、计量、认证认可、检验检测一体化运行的国家质量基础设施体系，标准化服务业基本适应经济社会发展需要。

到2035年，结构优化、先进合理、国际兼容的标准体系更加健全，具有中国特色的标准化管理体制更加完善，市场驱动、政府引导、企业为主、社会参与、开放融合的标准化工作格局全面形成。

二、推动标准化与科技创新互动发展

（三）加强关键技术领域标准研究。在人工智能、量子信息、生物技术等领域，开展标准化研究。在两化融合、新一代信息技术、大数据、区块链、卫生健康、新能源、新材料等应用前景广阔的技术领域，同步部署技术研发、标准研制与产业推广，加快新技术产业化步伐。研究制定智能船舶、高铁、新能源汽车、智能网联汽车和机器人等领域关键技术标准，推动产业变革。适时制定和完善生物医学研究、分子育种、无人驾驶等领域技术安全相关标准，提升技术领域安全风险管理水平。

（四）以科技创新提升标准水平。建立重大科技项目与标准化工作联动机制，将标准作为科技计划的重要产出，强化标准核心技术指标研究，重点支持基础通用、产业共性、新兴产业和融合技术等领域标准研制。及时将先进适用科技创新成果融入标准，提升标准水平。对符合条件的重要技术标准按规定给予奖励，激发全社会标准化创新活力。

（五）健全科技成果转化为标准的机制。完善科技成果转化为标准的评价机制和服务体系，推进技术经理人、科技成果评价服务等标准化工作。完善标准必要专利制度，加强标准制定过程中的知识产权保护，促进创新成果产业化应用。完善国家标准化技术文件制度，拓宽科技成果标准化渠道。将标准研制融入共性技术平台建设，缩短新技术、新工艺、新材料、新方法标准研制周期，加快成果转化应用步伐。

三、提升产业标准化水平

（六）筑牢产业发展基础。加强核心基础零部件（元器件）、先进基础工艺、关键基础材料与产业技术基础标准建设，加大基础通用标准研制应用力度。开展数据库等方面标准攻关，提升标准设计水平，制定安全可靠、国际先进的通用技术标准。

（七）推进产业优化升级。实施高端装备制造标准化强基工程，健全智能制造、绿色制造、服务型制造标准，形成产业优化升级的标准群，部分领域关键标准适度领先于产业发展平均水平。完善扩大内需方面的标准，不断提升消费品标准和质量水平，全面促进消费。推进服务业标准化、品牌化建设，健全服务业标准，重点加强食品冷链、现代物流、电子商务、物品编码、批发零售、房地产服务等领域标准化。健全和推广金融领域科技、产品、服务与基础设施等标准，有效防范化解金融风险。加快先进制造业和现代服务业融合发展标准化建设，推行跨行业跨领域综合标准化。建立健全大数据与产业融合标准，推进数字产业化和产业数字化。

（八）引领新产品新业态新模式快速健康发展。实施新产业标准化领航工程，开展新兴产业、未来产业标准化研究，制定一批应用带动的新标准，培育发展新业态新模式。围绕食品、医疗、应急、交通、水利、能源、金融等领域智慧化转型需求，加快完善相关标准。建立数据资源产权、交易流通、跨境传输和安全保护等标准规范，推动平台经济、共享经济标准化建设，支撑数字经济发展。健全依据标准实施科学有效监管机制，鼓励社会组织应用标准化手段加强自律、维护市场秩序。

（九）增强产业链供应链稳定性和产业综合竞争力。围绕生产、分配、流通、消费，加快关键环节、关键领域、关键产品的技术攻关和标准研制应用，提升产业核心竞争力。发挥关键技术标准在产业协同、技术协作中的纽带和驱动作用，实施标准化助力重点产业稳链工程，促进产业链上下游标准有效衔接，提升产业链供应链现代化水平。

（十）助推新型基础设施提质增效。实施新型基础设施标准化专项行动，加快推进通信网络基础设施、新技术基础设施、算力基础设施等信息基础设施系列标准研制，协同推进融合基础设施标准研制，建立工业互联网标准，制定支撑科学研究、技术研发、产品研制的创新基础设施标准，促进传统基础设施转型升级。

四、完善绿色发展标准化保障

（十一）建立健全碳达峰、碳中和标准。加快节能标准更新升级，抓紧修订一批能耗限额、产品设备能效强制性国家标准，提升重点产品能耗限额要求，扩大能耗限额标准覆盖范围，完善能源核算、检测认证、评估、审计等配套标准。加快完善地区、行业、企业、产品等碳排放核查核算标准。制定重点行业和产品温室气体排放标准，完善低碳产品标准标识制度。完善可再生能源标准，研究制定生态碳汇、碳捕集利用与封存标准。实施碳达峰、碳中和标准化提升工程。

（十二）持续优化生态系统建设和保护标准。不断完善生态环境质量和生态环境风险管控标准，持续改善生态环境质量。进一步完善污染防治标准，健全污染物排放、监管及防治标准，筑牢污染排放控制底线。统筹完善应对气候变化标准，制定修订应对气候变化减缓、适应、监测评估等标准。制定山水林田湖草沙多生态系统质量与经营利用标准，加快研究制定水土流失综合防治、生态保护修复、生态系统服务与评价、生态承载力评估、生态资源评价与监测、生物多样性保护及生态效益评估与生态产品价值实现等标准，增加优质生态产品供给，保障生态安全。

（十三）推进自然资源节约集约利用。构建自然资源统一调查、登记、评价、评估、监测等系列标准，研究制定土地、矿产资源等自然资源节约集约开发利用标准，推进能源资源绿色勘查与开发标准化。以自然资源资产清查统计和资产核算为重点，推动自然资源资产管理体系标准化。制定统一的国土空间规划技术标准，完善资源环境承载能力和国土空间开发适宜性评价机制。制定海洋资源开发保护标准，发展海洋经济，服务陆海统筹。

（十四）筑牢绿色生产标准基础。建立健全土壤质量及监测评价、农业投入品质量、适度规模养殖、循环型生态农业、农产品食品安全、监测预警等绿色农业发展标准。建立健全清洁生产标准，不断完善资源循环利用、产品绿色设计、绿色包装和绿色供应链、产业废弃物综合利用等标准。建立健全绿色金融、生态旅游等绿色发展标准。建立绿色建造标准，完善绿色建筑设计、施工、运维、管理标准。建立覆盖各类绿色生活设施的绿色社区、村庄建设标准。

（十五）强化绿色消费标准引领。完善绿色产品标准，建立绿色产品分类和评价标准，规范绿色产品、有机产品标识。构建节能节水、绿色采购、垃圾分类、制止餐饮浪费、绿色出行、绿色居住等绿色生活标准。分类建立绿色公共机构评价标准，合理制定消耗定额和垃圾排放指标。

五、加快城乡建设和社会建设标准化进程

（十六）推进乡村振兴标准化建设。强化标准引领，实施乡村振兴标准化行动。加强高标准农田建设，加快智慧农业标准研制，加快健全现代农业全产业链标准，加强数字乡村标准化建设，建立农业农村标准化服务与推广平台，推进地方特色产业标准化。完善乡村建设及评价标准，以农村环境监测与评价、村容村貌提升、农房建设、农村生活垃圾与污水治理、农村卫生厕所建设改造、公共基础设施建设等为重点，加快推进农村人居环境改善标准化工作。推进度假休闲、乡村旅游、民宿经济、传统村落保护利用等标准化建设，促进农村一二三产业融合发展。

（十七）推动新型城镇化标准化建设。研究制定公共资源配置标准，建立县城建设标准、小城镇公共设施建设标准。研究制定城市体检评估标准，健全城镇人居环境建设与质量评价标准。完善城市生态修复与功能完善、城市信息模型平台、建设工程防灾、更新改造及海绵城市建设等标准。推进城市设计、城市历史文化保护传承与风貌塑造、老旧小区改造等标准化建设，健全街区和公共设施配建标准。建立智能化城市基础设施建设、运行、管理、服务等系列标准，制定城市休闲慢行系统和综合管理服务等标准，研究制定新一代信息技术在城市基础设施规划建设、城市管理、应急处治等方面的应用标准。健全住房标准，完善房地产信息数据、物业服务等标准。推动智能建造标准化，完善建筑信息模型技术、施工现场监控等标准。开展城市标准化行动，健全智慧城市标准，推进城市可持续发展。

（十八）推动行政管理和社会治理标准化建设。探索开展行政管理标准建设和应用试点，重点推进行政审批、政务服务、政务公开、财政支出、智慧监管、法庭科学、审判执行、法律服务、公共资源交易等标准制定与推广，加快数字社会、数字政府、营商环境标准化建设，完善市场要素交易标准，促进高标准市场体系建设。强化信用信息采集与使用、数据安全和个人信息保护、网络安全保障体系和能力建设等领域标准的制定实施。围绕乡村治理、综治中心、网格化管理，开展社会治理标准化行动，推动社会治理标准化创新。

（十九）加强公共安全标准化工作。坚持人民至上、生命至上，实施公共安全标准化筑底工程，完善社会治安、刑事执法、反恐处突、交通运输、安全生产、应急管理、防灾减灾救灾标准，织密筑牢食品、药品、农药、粮食能源、水资源、生物、物资储备、产品质量、特种设备、劳动防护、消防、矿山、建筑、网络等领域安全标准网，提升洪涝干旱、森林草原火灾、地质灾害、地震等自然灾害防御工程标准，加强重大工程和各类基础设施的数据共享标准建设，提高保障人民群众生命财产安全水平。加快推进重大疫情防控

救治、国家应急救援等领域标准建设，抓紧完善国家重大安全风险应急保障标准。构建多部门多区域多系统快速联动、统一高效的公共安全标准化协同机制，推进重大标准制定实施。

（二十）推进基本公共服务标准化建设。围绕幼有所育、学有所教、劳有所得、病有所医、老有所养、住有所居、弱有所扶等方面，实施基本公共服务标准体系建设工程，重点健全和推广全国统一的社会保险经办服务、劳动用工指导和就业创业服务、社会工作、养老服务、儿童福利、残疾人服务、社会救助、殡葬公共服务以及公共教育、公共文化体育、住房保障等领域技术标准，使发展成果更多更公平惠及全体人民。

（二十一）提升保障生活品质的标准水平。围绕普及健康生活、优化健康服务、倡导健康饮食、完善健康保障、建设健康环境、发展健康产业等方面，建立广覆盖、全方位的健康标准。制定公共体育设施、全民健身、训练竞赛、健身指导、线上和智能赛事等标准，建立科学完备、门类齐全的体育标准。开展养老和家政服务标准化专项行动，完善职业教育、智慧社区、社区服务等标准，加强慈善领域标准化建设。加快广播电视和网络视听内容融合生产、网络智慧传播、终端智能接收、安全智慧保障等标准化建设，建立全媒体传播标准。提高文化旅游产品与服务、消费保障、公园建设、景区管理等标准化水平。

六、提升标准化对外开放水平

（二十二）深化标准化交流合作。履行国际标准组织成员国责任义务，积极参与国际标准化活动。积极推进与共建"一带一路"国家在标准领域的对接合作，加强金砖国家、亚太经合组织等标准化对话，深化东北亚、亚太、泛美、欧洲、非洲等区域标准化合作，推进标准信息共享与服务，发展互利共赢的标准化合作伙伴关系。联合国际标准组织成员，推动气候变化、可持续城市和社区、清洁饮水与卫生设施、动植物卫生、绿色金融、数字领域等国际标准制定，分享我国标准化经验，积极参与民生福祉、性别平等、优质教育等国际标准化活动，助力联合国可持续发展目标实现。支持发展中国家提升利用标准化实现可持续发展的能力。

（二十三）强化贸易便利化标准支撑。持续开展重点领域标准比对分析，积极采用国际标准，大力推进中外标准互认，提高我国标准与国际标准的一致性程度。推出中国标准多语种版本，加快大宗贸易商品、对外承包工程等中国标准外文版编译。研究制定服务贸易标准，完善数字金融、国际贸易单一窗口等标准。促进内外贸质量标准、检验检疫、认证认可等相衔接，推进同线同标同质。创新标准化工作机制，支撑构建面向全球的高标准自由贸易区网络。

（二十四）推动国内国际标准化协同发展。统筹推进标准化与科技、产业、金融对外交流合作，促进政策、规则、标准联通。建立政府引导、企业主体、产学研联动的国际标准化工作机制。实施标准国际化跃升工程，推进中国标准与国际标准体系兼容。推动标准制度型开放，保障外商投资企业依法参与标准制定。支持企业、社会团体、科研机构等积极参与各类国际性专业标准组织。支持国际性专业标准组织来华落驻。

七、推动标准化改革创新

（二十五）优化标准供给结构。充分释放市场主体标准化活力，优化政府颁布标准与市场自主制定标准二元结构，大幅提升市场自主制定标准的比重。大力发展团体标准，实施团体标准培优计划，推进团体标准应用示范，充分发挥技术优势企业作用，引导社会团体制定原创性、高质量标准。加快建设协调统一的强制性国家标准，筑牢保障人身健康和生命财产安全、生态环境安全的底线。同步推进推荐性国家标准、行业标准和地方标准改革，强化推荐性标准的协调配套，防止地方保护和行业垄断。建立健全政府颁布标准采信市场自主制定标准的机制。

（二十六）深化标准化运行机制创新。建立标准创新型企业制度和标准融资增信制度，鼓励企业构建技术、专利、标准联动创新体系，支持领军企业联合科研机构、中小企业等建立标准合作机制，实施企业标准领跑者制度。建立国家统筹的区域标准化工作机制，将区域发展标准需求纳入国家标准体系建设，实现区域内标准发展规划、技术规则相互协同，服务国家重大区域战略实施。持续优化标准制定流程和平台、工具，健全企业、消费者等相关方参与标准制定修订的机制，加快标准升级迭代，提高标准质量水平。

（二十七）促进标准与国家质量基础设施融合发展。以标准为牵引，统筹布局国家质量基础设施资源，推进国家质量基础设施统一建设、统一管理，健全国家质量基础设施一体化发展体制机制。强化标准在计量量子化、检验检测智能化、认证市场化、认可全球化中的作用，通过人工智能、大数据、区块链等新一代信息技术的综合应用，完善质量治理，促进质量提升。强化国家质量基础设施全链条技术方案提供，运用标准化手段推动国家质量基础设施集成服务与产业价值链深度融合。

（二十八）强化标准实施应用。建立法规引用标准制度、政策实施配套标准制度，在法规和政策文件制定时积极应用标准。完善认证认可、检验检测、政府采购、招投标等活动中应用先进标准机制，推进以标准为依据开展宏观调控、产业推进、行业管理、市场准入和质量监管。健全基于标准或标准条款订立、履行合同的机制。建立标准版权制度、呈缴制度和市场自主制定标准交易制度，加大标准版权保护力度。按照国家有关规定，开展标准化试点示范工作，完善对标达标工作机制，推动企业提升执行标准能力，瞄准国际先进标准提高水平。

（二十九）加强标准制定和实施的监督。健全覆盖政府颁布标准制定实施全过程的追溯、监督和纠错机制，实现标准研制、实施和信息反馈闭环管理。开展标准质量和标准实施第三方评估，加强标准复审和维护更新。健全团体标准化良好行为评价机制。强化行业自律和社会监督，发挥市场对团体标准的优胜劣汰作用。有效实施企业标准自我声明公开和监督制度，将企业产品和服务符合标准情况纳入社会信用体系建设。建立标准实施举报、投诉机制，鼓励社会公众对标准实施情况进行监督。

八、夯实标准化发展基础

（三十）提升标准化技术支撑水平。加强标准化理论和应用研究，构建以国家级综合标准化研究机构为龙头，行业、区域和地方标准化研究机构为骨干的标准化科技体系。发挥优势企业在标准化科技体系中的作用。完善专业标准化技术组织体系，健全跨领域工作机制，提升开放性和透明度。建设若干国家级质量标准实验室、国家标准验证点和国家产品质量检验检测中心。有效整合标准技术、检测认证、知识产权、标准样品等资源，推进国家技术标准创新基地建设。建设国家数字标准馆和全国统一协调、分工负责的标准化公共服务平台。发展机器可读标准、开源标准，推动标准化工作向数字化、网络化、智能化转型。

（三十一）大力发展标准化服务业。完善促进标准、计量、认证认可、检验检测等标准化相关高技术服务业发展的政策措施，培育壮大标准化服务业市场主体，鼓励有条件地区探索建立标准化服务业产业集聚区，健全标准化服务评价机制和标准化服务业统计分析报告制度。鼓励标准化服务机构面向中小微企业实际需求，整合上下游资源，提供标准化整体解决方案。大力发展新型标准化服务工具和模式，提升服务专业化水平。

（三十二）加强标准化人才队伍建设。将标准化纳入普通高等教育、职业教育和继续教育，开展专业与标准化教育融合试点。构建多层次从业人员培养培训体系，开展标准化专业人才培养培训和国家质量基础设施综合教育。建立健全标准化领域人才的职业能力评价和激励机制。造就一支熟练掌握国际规则、精通专业技术的职业化人才队伍。提升科研人员标准化能力，充分发挥标准化专家在国家科技决策咨询中的作用，建设国家标准化高端智库。加强基层标准化管理人员队伍建设，支持西部地区标准化专业人才队伍建设。

（三十三）营造标准化良好社会环境。充分利用世界标准日等主题活动，宣传标准化作用，普及标准化理念、知识和方法，提升全社会标准化意识，推动标准化成为政府管理、社会治理、法人治理的重要工具。充分发挥标准化社会团体的桥梁和纽带作用，全方位、多渠道开展标准化宣传，讲好标准化故事。大力培育发展标准化文化。

九、组织实施

（三十四）加强组织领导。坚持党对标准化工作的全面领导。进一步完善国务院标准化协调推进部际联席会议制度，健全统一、权威、高效的管理体制和工作机制，强化部门协同、上下联动。各省（自治区、直辖市）要建立健全标准化工作协调推进领导机制，将标准化工作纳入政府绩效评价和政绩考核。各地区各有关部门要将本纲要主要任务与国民经济和社会发展规划有效衔接、同步推进，确保各项任务落到实处。

（三十五）完善配套政策。各地区各有关部门要强化金融、信用、人才等政策支持，促进科技、产业、贸易等政策协同。按照有关规定开展表彰奖励。发挥财政资金引导作用，积极引导社会资本投入标准化工作。完善标准化统计调查制度，开展标准化发展评价，将相关指标纳入国民经济和社会发展统计。建立本纲要实施评估机制，把相关结果作为改进标准化工作的重要依据。重大事项及时向党中央、国务院请示报告。

附录 4

农业农村标准化管理办法

（2024 年 1 月 10 日国家市场监督管理总局令第 87 号公布 自 2024 年 7 月 1 日起施行）

第一条 为了加强农业农村标准化工作，推进农业农村现代化，根据《中华人民共和国标准化法》，制定本办法。

第二条 本办法所称农业农村标准（含标准样品），是指种植业、林草业、畜牧业和渔业等产业，包括与其直接相关的产前、产中、产后服务，以及农村设施环境、公共服务、乡村治理等领域需要统一的技术要求。

第三条 农业农村标准化工作的任务是农业农村标准的制定、组织实施，以及对标准的制定、实施进行监督。

第四条 农业农村标准化是实现农业农村现代化的一项综合性技术基础工作。农业农村标准化工作应当纳入县级以上地方人民政府国民经济和社会发展规划。

第五条 国务院标准化行政主管部门牵头建立农业农村标准化工作协调机制，统筹协调农业农村标准化重大事项，协调标准制定、实施和监督等工作中的重大问题。

鼓励县级以上地方人民政府标准化行政主管部门牵头建立农业农村标准化协调机制，根据工作需要协调推进本行政区域内农业农村领域重大标准化工作。

第六条 对下列事项中需要统一的技术要求，可以制定农业农村标准（含标准样品）：

（一）农业农村方面的名词术语、符号、分类、代号（含代码）、编码和缩略语，以及通用的指南、方法、管理体系、评价规则等；

（二）作为商品的农产品及其初加工品（以下统称农产品）、农业投入品的品种、规格、质量、等级、安全、环保以及风险评估等；

（三）农产品的种养殖、收获、加工、检验、包装、贮存、运输、交易与利用等产业链全过程中的设备、作业、技术、方法、管理、安全、服务、环保等；

（四）农田、水利、能源、道路，渔港、草原围栏、农产品仓储和流通，动植物原种良种基地、农业防灾减灾、农业生态环境保护等农业基础设施和保障条件；

（五）农村基础设施、公共服务设施、人居环境、生态环境等农村设施环境；

（六）农村公共教育、医疗卫生、文化体育、社会保障等农村公共服务；

（七）治安防控、矛盾调解、乡风文明、村务管理等乡村治理；

（八）其他需要统一技术要求的事项。

第七条 农业农村标准制定应当符合下列要求：

（一）有利于推动国家标准化及农业农村有关法律、法规、政策有效实施，解决农业农村领域突出共性问题；

（二）有利于提高农产品质量和效率，提升乡村治理能力，做到技术先进、经济合理、简约适用；

（三）有利于合理利用资源，保护生态环境，提高经济社会效益；

（四）根据农业生产全生命周期验证结果，合理确定标准指标参数及数值范围；

（五）充分考虑产地环境和区域特点，因地制宜确定标准技术内容，做到切实可行；

（六）广泛吸纳有关新型农业经营主体、农村基层组织和村民自治组织等利益相关方参与。

第八条　对农产品、农业投入品的生产、加工、流通和使用过程中保障人身健康和生命财产安全、国家安全、生态环境安全，以及满足农村经济社会管理基本需要的技术要求，应当制定强制性国家标准。

第九条　对满足基础通用、与强制性国家标准配套或者对农业农村发展起引领作用等需要的技术要求，可以制定推荐性国家标准。对尚在发展中，需要引导其发展或者具有标准化价值的农业农村技术要求，可以制定为国家标准化指导性技术文件。

对没有推荐性国家标准、需要在农业农村领域内统一的技术要求，可以制定行业标准。

为满足农业产地环境、气候条件、风俗习惯、乡村治理等需要统一的特殊技术要求，可以制定地方标准。农业投入品及一般性农产品质量、检测方法原则上不制定地方标准。

第十条　鼓励依法成立的社会团体，根据市场需求和创新发展需要，制定农业农村团体标准。对于术语、分类、量值、符号等基础通用方面的内容，应当遵守国家标准、行业标准、地方标准，农业农村团体标准一般不另行规定。

农业农村团体标准技术要求不得低于强制性国家标准规定。

禁止利用团体标准实施妨碍农产品、农业投入品和服务自由流通等排除、限制市场竞争的行为。

第十一条　鼓励有关单位参与国际标准化组织（ISO）、世界动物卫生组织（WOAH）、国际植物保护公约（IPPC）、国际食品法典委员会（CAC）、经济合作与发展组织（OECD）等标准化活动，开展标准化对外合作与交流，参与制定国际标准，结合国情采用国际标准，提升我国标准与国际标准的一致性。鼓励涉及国际贸易的农产品和农业投入品、适宜对外传播推广的农业经验技术同步制定标准外文版。

第十二条　鼓励县级以上地方人民政府标准化行政主管部门联合农业农村有关行政主管部门，综合运用文字、图片、音视频等多种形式，采用信息化等手段，加强标准宣贯，因地制宜推动农业农村标准实施与应用。

第十三条　农业农村强制性国家标准必须执行。不符合强制性标准的农产品、农业投入品、农村经济社会管理和有关服务，不得生产、销售、进口或者提供。

第十四条　鼓励在农业产业政策制定、农业技术推广、农产品质量安全监督、乡村建设等工作中应用农业农村标准。

鼓励县级以上地方人民政府搭建区域性农业农村标准化服务平台，普及标准化知识、解读农业农村标准、推广标准化经验，支持农业标准化生产和农村标准化建设与治理。

第十五条　县级以上地方人民政府应当支持开展农业农村标准化试点示范工作，传播标准化理念，验证标准有效性，探索标准化经验，树立标准化标杆，推动农业农村领域标准化建设、生产、经营、管理和服务。

　　鼓励县级以上地方人民政府标准化行政主管部门和农业农村有关行政主管部门联合开展试点示范项目建设督导和评估验收。

　　第十六条　鼓励有关单位和个人向县级以上人民政府标准化行政主管部门、农业农村有关行政主管部门反馈农业农村标准实施情况。有关部门根据反馈情况，组织对其制定的相关标准开展复审，做出标准继续有效、修订或者废止结论，提高农业农村标准的先进性和适用性。

　　第十七条　鼓励有关单位将农业农村标准与计量、认证认可、检验检测、知识产权、质量管理或者品牌培育等手段融合运用。

　　第十八条　鼓励标准化服务机构开展农业农村领域标准化研究、培训、咨询或者评估等，服务农业农村标准制定、实施和应用。

　　第十九条　县级以上人民政府标准化行政主管部门、有关行政主管部门依据法定职责，对农业农村标准的制定进行指导和监督，对农业农村标准的实施进行监督检查。

　　第二十条　鼓励县级以上人民政府建立各类人才参与农业农村标准化工作的激励机制，将农业农村标准纳入科技成果奖励范围，支持符合规定的农业农村标准项目申报科学技术奖励。

　　第二十一条　本办法自 2024 年 7 月 1 日起施行。1991 年 2 月 26 日原国家技术监督局第 19 号令公布的《农业标准化管理办法》同时废止。

附录 5

首都标准化发展纲要 2035

标准是经济活动和社会发展的技术支撑，是国家基础性制度的重要方面。标准化在促进首都科技创新、引领产业升级、支撑对外开放、规范社会治理中的作用愈发突出。

2011 年《首都标准化战略纲要》出台以来，首都标准化工作实现了跨越式发展。一是首都标准化工作体制机制基本完善，率先建立了首都标准化工作统筹协调机制。二是标准研制能力大幅提升，提出和参与制定的国际标准、牵头制定的国家和行业标准数量居全国首位，制定的地方标准有力服务了首都经济社会发展，率先培育发展了一批具有全国影响力的团体标准组织。三是标准化作用全面发挥，为科技成果转化、城市精细化管理、生态环境建设、民生福祉改善、公共安全保障提供了有力支撑，促进首都经济社会高质量发展。四是首都标准国际化水平全国领先，承办了第 39 届国际标准化组织（ISO）大会，承担国际标准化技术机构秘书处职能的在京单位数量以及担任技术机构领导职务的专家数量分别占全国的一半以上。

为更好落实首都城市战略定位、建设国际一流的和谐宜居之都，以标准化助力高技术创新、促进高水平开放、引领高质量发展，根据中共中央、国务院《国家标准化发展纲要》精神，制定本纲要。

一、总体要求

（一）指导思想

以习近平新时代中国特色社会主义思想为指导，深入贯彻习近平总书记对北京一系列重要讲话精神，立足新发展阶段，完整、准确、全面贯彻新发展理念，优化标准化治理结构，增强标准化治理效能，提升标准国际化水平，加快建设现代化、国际化的首都标准体系，助力加强"四个中心"功能建设，推动"五子"联动融入新发展格局，为率先基本实现社会主义现代化提供有力支撑。

（二）基本原则

——深化标准化改革。推动标准供给向政府和市场并重转变，巩固首都标准化发展的资源和政策优势，落实国家标准化工作要求，持续优化政府颁布标准与市场自主制定标准二元结构。

——加强工作统筹协调。推动标准运用向经济社会全域转变，健全首都标准体系，强化首都标准化委员会统筹协调作用，构建国际合作、央地合力、区域协同、多主体协作的标准化工作格局，以标准化服务首都经济社会高质量发展。

——深化科技创新引领。推动标准化发展向质量效益型转变，同步部署技术研发、标准研制与产业推广，充分发挥关键技术标准的引领带动作用，提升各类市场主体的标准研制能力。

——持续提升国际影响力。推动标准化工作向国内国际相互促进转变，坚持全球视野，优化国际标准化合作交流环境，促进标准制度型开放。

（三）发展目标

到 2025 年，标准化服务"四个中心"功能建设的能力充分提升，以标准化助力首都经济社会高质量发展的作用更加显著。

——"四个中心"功能建设的标准化支撑更加有力。政治中心服务保障的标准化水平明显增强，政务环境风貌管控治理有标可依。全国文化中心建设领域标准更加健全，历史文化名城保护标准进一步完善。国际交往中心功能及环境建设标准化水平不断提高，标准化对国际交往中心建设的支撑作用更加彰显。国际科技创新中心的标准成果不断涌现，"三城一区"主平台和中关村国家自主创新示范区主阵地的标准创新引领示范效应凸显。

——京津冀标准化发展更加协同。制定区域协同地方标准 30 项以上，促进非首都功能疏解和北京城市副中心建设取得更大成效，有力推动京津冀协同发展。

——首都标准体系更加完善。以新时代首都发展需求为导向，对标国际先进经验，建立健全覆盖经济社会各领域的标准体系，助力首都创新发展、协调发展、绿色发展、开放发展、共享发展。

——首都标准化开放程度更加提升。制定国际标准 80 项以上。积极开展标准化活动，争取若干国际标准化技术机构秘书处在京落地，对国际性专业标准组织和国际标准化人才的聚集效应更加显著，培育若干国际标准化研究中心和具有国际影响力的团体标准组织。

——首都标准化综合能力更加凸显。制定地方标准 800 项以上，平均制定周期在 18 个月以内。团体标准规范优质发展，企业标准化水平持续提升，科技项目形成标准研究成果的比率达到 60％以上。开展 40 项标准化试点示范，建成至少 12 个国家技术标准创新基地。标准实施评估和监督机制基本建立。

到 2035 年，标准化全面服务"四个中心"功能建设。结构优化、先进合理、国际兼容的首都标准体系更加健全，标准化在推进首都治理体系和治理能力现代化中的基础性、引领性作用得到充分体现，科技标准创新、治理标准示范、生态标准引领和标准化领域国际交往活跃的目标全面实现。

二、加强"四个中心"功能建设标准化支撑

（一）夯实服务保障政治中心的标准基础

加快推进城市规划与建设标准化，坚决维护《北京城市总体规划（2016 年—2035 年）》的严肃性和权威性，持续推动城市空间布局和功能优化调整，科学实施减量提质，促进均衡协调发展。推进重大活动服务保障、风险评估、安全防范等方面的标准化建设，

更好保障国家政务活动和重要会议的安全、高效、有序运行。

（二）筑牢全国文化中心建设的标准化保障

以标准化助力中国特色社会主义先进文化之都建设。构建涵盖老城、中心城区、市域和京津冀的历史文化名城保护标准体系，完善文物保护标准，发挥标准化在博物馆之城建设中的推动作用，充分展现古都北京独特的历史风貌和人文魅力。加强标准在大运河、长城、西山永定河三条文化带传承保护利用中的引领支撑，构建融合历史人文、生态风景与现代设施的城市文脉。建立公共文化服务标准动态调整机制，助力公共文化服务体系示范区创建。贯彻实施国家文化产业标准，释放首都文化创新活力，推动文化产业发展引领区建设。

（三）增强国际交往中心建设的标准化支撑

高标准优化"一核、两轴、多板块"的国际交往空间格局，加强国际交往设施的标准化建设。拓宽首都标准化工作对外交往渠道，通过国际标准化活动聚集国际高端要素。持续优化国际交往服务环境，重点在人员往来便利化服务、一流国际人才社区建设、国际教育医疗服务、国际化旅游接待设施建设和服务、国际化商务环境优化、国际高端赛事举办等方面，对标国际先进提高服务的标准化水平。

（四）加快国际科技创新中心建设标准化进程

着眼前沿领域和未来产业发展，重点布局有关标准化的科技项目，强化科技成果向标准转化，持续加大资金支持力度。在具有技术和市场优势的产业领域，增强利用自主知识产权成果研制标准的能力。将形成标准研究成果作为科技项目的重要产出，畅通基础研究到产业化的通道。依托"三城一区"建设，发挥首都标准化资源集聚优势，积极承担国家标准化科学研究、试点、平台建设等项目。深化中关村标准创新试点，聚焦人工智能、量子信息、区块链、生物技术等前沿领域，支持中关村企业组建更多产业技术联盟，打造具有国际领先水平的"中关村标准"品牌，推动相关标准的海外示范应用，提升中关村国家自主创新示范区在国际标准化活动中的领先地位。

三、推动标准化助力京津冀协同发展，服务国家重大战略

（一）促进京津冀区域的标准联通

充分发挥首都标准化委员会作用，强化京津冀协同"3＋X"标准化工作机制，加快建立京津冀三地标准化行政主管部门联动、三地行业主管部门协作的标准实施工作格局。推动区域协同地方标准由交通、生态环境、政务服务、基本公共服务等重点领域向经济社会全域拓展，全面构建区域协同发展标准体系。开展京津冀协同发展标准化试点示范，加强相关标准的实施评估，推动京津冀协同发展，实现目标同向、措施一体、优势互补、互利共赢。

（二）提高北京城市副中心建设的标准化水平

以打造国家绿色发展示范区为目标，对标国际领先的能效水平，建立健全北京城市副

中心节能减污降碳领跑者标准体系。围绕北京城市副中心绿色发展的重点领域，加快相关标准升级迭代，建立规划、设计、建设、运行及监管的全流程标准体系。鼓励入驻北京城市副中心的企业对标行业最优水平，提升标准化能力。推动将北京城市副中心范围内先进适用的标准和规范转化为国家标准、国际标准，助力将北京城市副中心打造成为京津冀协同发展的高质量样板。

四、提升产业标准化水平，引领现代化经济体系建设

（一）推动高精尖产业标准化建设

围绕培育形成国际引领支柱产业，提升人工智能、先进通信网络、超高清视频和新型显示等新一代信息技术领域标准化能力，推动研制医药研发制造、医疗器械、医药健康服务标准。依托特色优势产业，健全智能制造、绿色制造标准体系，完善智能网联汽车、智能制造与装备、绿色能源与节能环保等"北京智造"领域标准。加强高端芯片、零部件和元器件、新材料等领域"卡脖子"技术攻关与标准研制，优先部署干细胞、脑科学与类脑研究等前沿领域标准化研究，重点围绕新型网络、数据智能、产业生态系统、可信安全等方面加大产业基础设施相关标准的研制和实施力度。

（二）强化数字经济标准引领作用

深度实施物联网、人工智能和新一代互联网技术等标准，率先建设数据原生的城市基础设施。依托《北京大数据行动计划工作方案》，推动数字孪生、区块链、量子科技、分布式存储、云原生等核心技术标准研制，提升数字技术的产业引领能力。推进数字经济标准化建设，打造新兴数字产业集群。加快数字领域基础共性标准制定和推广，支撑数字贸易示范区建设。围绕数字经济开展标准化试点工作，积极参与数字领域国际标准制定，树立全球数字经济发展"北京标杆"。

（三）提升现代服务业标准化水平

对标国际先进标准推动绿色流通、数字商务等新兴服务业发展，重点围绕超大城市现代流通体系的流通设施、供应链物流、商贸流通数字化等方面加强标准研制、推广与升级。发挥技术经理人的桥梁作用，加强科技成果转化服务的标准化建设，持续健全知识产权服务标准体系。聚焦金融科技创新中心建设，推动形成贸易金融区块链标准体系。发挥北京证券交易所作用，支持国家金融标准制定和实施，助力国家金融监管体系建设。健全服务型制造标准，促进先进制造业和现代服务业深度融合，推动跨行业跨领域综合标准化。

（四）优化都市型现代农业标准

围绕打造"种业之都"研制相关标准，推动农林业科技创新和成果转化。推动制定苗木培育和林草种质资源保护利用标准，促进种业产业整体水平提升。以满足都市型现代农业发展为目标，突出质量安全和生态优先，围绕主导品种、名优产品和特色产业，推动地

理标志领域标准研制，构建北京农业标准体系。深入开展国家级农业标准化试点示范项目和市、区两级农业标准化基地建设，探索建立农业全产业链标准化基地，为北京农业发展提供技术支撑。以标准化助力观光农业、特色农业、智慧农业、精品民宿发展，促进乡村一二三产业融合发展。

五、提高城市治理标准化效能，服务高品质宜居城市建设

（一）强化规划建设管理标准引领

健全城市空间发展、规划设计、建筑施工和运行维护等领域标准体系。完善城市公共设施标准体系，提升首都基础设施建设和维护标准。完善无障碍环境建设和管理标准。围绕支持城市更新行动计划，重点开展老旧小区改造、老旧厂房活力复兴、传统商务楼宇及商圈升级改造等相关标准的研制。完善住房保障相关标准，切实提高房屋质量。完善物业服务相关标准，以标准化推动品牌化建设。推动制定农村基础设施建设和运行维护标准，完善农宅建设标准，加快数字乡村标准化建设，打造美丽乡村建设样本。

（二）加快智慧城市管理标准化进程

科学布局"城市大脑"，推动智慧城市基础设施建设、运营、应用服务标准化建设，重点围绕"城市码"开展编码和应用规范的标准研制，健全城市智慧化管理标准体系，助力建设数字孪生城市。推动智能建造标准化，完善建筑信息模型技术、施工现场监控等标准。完善数字生活、智慧民生等领域技术与服务标准，开启智慧生活新体验。

（三）构建现代化城市交通标准体系

完善城市综合交通标准体系，重点推进慢行系统、地面公交等标准研制。围绕综合客运枢纽建设，完善交通基础设施相关标准。积极开展自动驾驶、智慧高速公路等标准研制。围绕站城一体化、轨道交通一体化，推进规划设计、交通配套及综合评价等相关标准研制，打造"轨道上的都市生活"。

（四）加强城市运行标准化支撑

完善供水、供电、供气、供热等城市生命线工程的设计、建设和维护标准，推动构建综合管廊标准体系。健全市容环境卫生管理标准体系，提升长安街及其延长线等重点地区市容环境景观管理标准化水平，重点开展环境卫生、户外广告设施及牌匾标识、城市照明等标准研制。构建公共信息图形符号和公共场所外语标识译写、引导标识系统等标准体系，优化首都国际化都市形象。

（五）提升社会治理标准化水平

建设"互联网＋政务服务"标准体系，推广行政管理标准建设和应用试点，重点推进行政审批、政务公开、公共资源交易等标准制定与推广，提升首都营商环境国际化水平。健全基层治理标准体系，研制综治中心、社区建设和服务等方面相关标准，以标准化手段

助推党建引领"吹哨报到"向主动治理深化。研制 12345 市民服务热线的动态监测、数据获取和共享使用相关标准，推动接诉即办数字化转型，助力首都超大城市治理。

六、完善绿色发展标准化保障，推动绿色北京建设

（一）加强实现碳达峰、碳中和的标准化支撑

大力实施绿色北京战略，开展碳达峰、碳中和标准化提升工程，建立健全低碳标准体系。加快完善碳排放核查核算、碳排放权交易、低碳建设和评价的标准，为发布碳中和时间表和路线图提供支撑。实施低碳产品标准标识制度，引导企业争创绿色低碳领跑者。大力发展清洁生产技术标准，推动制定产业园区绿色升级的标准。

（二）优化生态系统建设和保护标准

健全生态环境标准体系，制定生态环境评价及相关配套标准，以标准化助力构建现代环境治理体系。以改善生态环境质量为核心，构建环境污染防治标准体系，完善大气、水、土壤、固体废物、噪声等污染排放、监管及防治标准。推进园林绿化标准建设，健全园林绿化高质量发展标准体系，打造高品质城市绿色生态空间，提升生态系统服务功能。

（三）构建资源节约集约利用标准体系

建立完善建筑、供热、交通等重点行业和重点领域能耗限额标准，打造能效领跑者。围绕建筑能效管理、节能低碳与循环化改造等领域，率先开展节能技术、节能评价等标准制定。建设水务标准体系，深入开展百项节水标准规范提升工程。建设太阳能光伏、地源热泵等可再生能源标准体系，优化首都能源结构。构建资源循环利用及设施建设标准体系，推进垃圾分类回收与再生资源回收"两网融合"。

七、强化公共服务标准化建设，切实保障和改善民生

（一）推进首都教育标准化建设

围绕建设更加公平更高质量的新时代首都教育，强化课程设置、教学培训、设备设施、监测评估、质量保障等方面的标准化支撑。针对教学组织、课堂教学、实践实习、考试评价等教育教学过程中的关键环节，健全首都特色课程教材标准体系，研制国际一流的首都教育质量标准。加强数字教育标准化建设，促进线上线下教育融合发展。

（二）筑牢健康北京标准化保障

健全卫生健康标准体系，强化公共卫生与医疗标准化建设，提高健康服务水平。推进市、区两级疾控中心基础设施、技术能力的标准化建设，提升社区卫生服务机构的标准化水平。建立健全健康大数据标准体系，推进医药数据共享和"互联网＋健康医疗"数据应用的成果转化。加快中医药服务标准体系建设，促进中医药传承创新发展。做优做响"双奥之城"品牌，提升冰雪运动、集体球类运动与城市特色项目等体育项目标准化水平。分

类建设全民健身公共服务及青少年体育锻炼标准体系，加强运动技能、赛事活动、体育教育培训等体育服务领域标准制定修订，分级优化城市体育场地建设标准。

（三）强化社会保障标准化支撑

完善公共就业服务、人力资源服务等相关标准，提升居民就业质量。根据需要制定困难人群服务、慈善服务、殡葬服务、残疾人服务等标准。优化"三边四级"就近精准养老服务体系，制定养老机构服务监测和评价标准，推动环首都圈养老服务标准互通互认。依托家政服务业提质扩容领跑者行动，拓展高品质生活性服务业标准的覆盖广度与深度，提升社群营销、云逛街、移动"菜篮子"等新业态新模式标准化水平。

八、深化平安北京标准化建设，筑牢首都安全防线

（一）系统构筑风险防控标准体系

以全周期风险防控和全链条安全管理为主线，完善相关标准体系，提高社会治安、公共卫生安全、消防安全、网络安全、食品安全、安全生产等公共安全领域的标准化水平，织密筑牢安全标准网，推动问题联治、工作联动、平安联创。

（二）增强防灾减灾标准化能力

立足预防在先，健全气象灾害防御、防震减灾等标准体系，保障交通物流、市政能源、通信等安全运行。加强自然灾害风险监测、防御和救助的标准化建设，提升重大自然灾害抗御能力和适应能力，助力韧性城市建设。

（三）提升应急管理标准化水平

开展前瞻性治理，推进构建覆盖预案与演练、响应与处置、救援与安置等全流程的应急管理标准体系，加快事故灾难调查与处置、应急物资与装备等标准化建设，打造专常兼备、反应灵敏、作风过硬、本领高强的应急救援队伍。加快建立覆盖火灾防范治理、全灾种消防救援、火灾事故调查、消防救援综合保障的消防救援标准体系，分行业、分场所实行消防安全标准化管理。

九、提升标准化对外开放水平，形成全面开放新格局

（一）夯实"两区"建设标准化基础

高标准建设国家服务业扩大开放综合示范区与中国（北京）自由贸易试验区，推动进出口贸易与标准化工作有机结合。做好技术性贸易措施和海外标准信息的分析与应对。推动京津冀政务服务"同事同标"，鼓励三地共建共享境内外合作园区。

（二）培育具有国际影响力的团体标准组织

对接国家政策制度，聚焦北京优势领域、科技前沿和未来产业领域，按照"成熟一

个、发展一个"原则，培育若干具有国际影响力的团体标准组织，鼓励标准互认。支持已在京落户的国际性社会团体开展标准化活动。

（三）深化标准化对外交流合作

鼓励各单位积极参与国际性、区域性的标准化活动。支持领军企业、社会团体与共建"一带一路"国家和地区的标准组织开展合作，扩大"北京标准""北京智造""北京服务"的影响力。吸引国际性专业标准组织或其技术机构秘书处在京落地。承办重大国际标准化会议和论坛，在中关村论坛举办标准化领域的平行论坛、系列活动等，向国际社会分享首都标准化工作经验。结合实际支持编译标准外文版。依托友好城市，深化标准化合作，加强标准化人员往来和技术交流。

十、优化首都标准供给结构，强化实施应用

（一）持续完善政府颁布标准工作机制

充分发挥行业主管部门主导、标准化研究机构和标准化技术委员会支撑的作用，加快建设首都标准体系。完善地方标准全过程管理制度和信息平台建设，加强标准复审和维护更新。加强地方标准与国家标准、行业标准的协调配套和适时转化。探索建立地方标准采信高质量团体标准的工作机制。

（二）引导市场主体自主制定标准

实施团体标准培优计划，培育一批优秀的团体标准组织，打造"中关村标准"国际化品牌。引导组建标准制定联合体，探索建立多个社会团体共同制定标准的机制。开展团体标准评价，推动制定大批原创性、高质量团体标准。以"三城一区"建设为牵引，探索培育标准创新型企业，引导企业开展对标达标提升专项行动，争做企业标准领跑者。

（三）强化标准实施应用

建立完善法规引用标准、政策实施配套标准的机制。充分发挥行业主管部门的主导作用，以标准为依据开展产业推进、行业管理、市场准入和质量监管。实施团体标准、企业标准自我声明公开和监督制度。按照国家有关规定，分级分类推进标准化试点示范，开展全域标准化试点。

（四）加强标准评估监督

加强标准研制、实施和信息反馈的闭环管理，开展标准质量和标准实施情况第三方评估，强化标准监督检查。发挥行业自律和社会监督作用，健全标准举报投诉机制，鼓励社会公众对标准实施情况提出意见建议。

十一、夯实标准化发展基础，提升支撑能力

（一）提升标准化技术支撑水平

创建国家技术标准创新基地，试点创建质量标准实验室和标准验证点。充分发挥在京高校、科研院所资源优势，建设国际标准化研究中心。深化地方与国家研究机构的标准化合作。全面升级首都标准网，提升首都标准化信息资源共建共享能力和标准化大数据分析运用能力，推动标准化工作向数字化、网络化、智能化转型。大力发展标准化服务业，培育壮大标准化服务业市场主体。

（二）构建完备的标准化人才队伍

将标准化业务纳入党政领导干部培训内容，引导各级领导带头学标准、懂标准、用标准。加强标准化领军人才、专家人才和业务骨干队伍建设，建立标准化人才库。持续提升基层标准化管理人员业务水平。探索标准化领域人才职业激励机制，鼓励企业设立标准总监等岗位。开展专业与标准化教育融合试点，推动在职业教育和继续教育中开设标准化课程。

（三）营造良好的标准化社会环境

加大舆论宣传力度，大力培育发展标准化文化，充分利用世界标准日等主题活动，推动标准化理念和方法融入首都经济社会发展各领域。鼓励企业、消费者等相关方参与标准制定修订。各行业主管部门逐步建立重要标准新闻发布机制，加强多种形式的解读与宣传贯彻。

十二、保障措施

（一）强化组织领导

坚持党对标准化工作的全面领导，将标准化工作纳入市政府绩效考核。强化首都标准化委员会的议事协调职能，健全首都标准化重要政策和重点标准的跟踪管理、督促机制，协商解决跨区域跨领域的重大标准化问题。充实首都标准化委员会战略咨询专家队伍。各区根据工作需要建立健全标准化协调机制，统筹协调行政区域内标准化工作重大事项。

（二）加强经费保障

按照财政事权与支出责任相一致原则，将标准化经费纳入同级政府预算。加大政策、资金支持力度，逐步扩大标准化资金支持范围。拓宽标准化资金渠道，鼓励市场化、多元化经费投入。各区结合经济社会发展重点领域和标准化工作需求，制定标准化补助政策，共同推动首都标准化发展。

（三）健全激励措施

将达到国际先进水平、技术创新性明显，实施后取得显著的经济效益、社会效益或者生态效益，并符合提名条件的标准研究成果，纳入本市科学技术奖励评审范围。将社会团体开展本行业、本领域标准制定以及被采用情况纳入社会团体等级评估工作。鼓励企业和社会团体建立内部激励机制。在国有企业负责人经营业绩考核中加大对标准制定和发布的激励力度。

（四）推进纲要实施

各区各有关部门结合自身工作职能，细化工作措施，确保各项任务落到实处。建立本纲要实施评估机制，开展实施效果评价，把相关结果作为改进标准化工作的重要依据。探索建立首都标准化统计调查制度，将相关指标纳入国民经济和社会发展统计。

附录6

北京市标准化办法

（2022 年 7 月 11 日北京市人民政府第 305 号令发布　自 2022 年 9 月 1 日起施行）

第一章　总　　则

第一条　为了加强标准化工作，发挥标准化在推进治理体系和治理能力现代化中的基础性、引领性作用，促进首都经济社会高质量发展，根据《中华人民共和国标准化法》，结合本市实际情况，制定本办法。

第二条　本市行政区域内标准的制定、实施及其监督管理等活动，适用本办法。法律、法规和国务院决定另有规定的，从其规定。

第三条　本办法所称标准（含标准样品），是指农业、工业、服务业以及社会事业等领域需要统一的技术要求。

标准包括国家标准、行业标准、地方标准和团体标准、企业标准。国家标准分为强制性标准、推荐性标准。行业标准、地方标准是推荐性标准，但法律、行政法规和国务院决定对强制性标准的制定另有规定的除外。

第四条　本市构建以法律法规为依据，以国际标准为引领，国家标准、行业标准为基础，地方标准为特色，团体标准、企业标准为补充的标准体系；发挥标准化对科技创新的助力促进作用，对国际经贸合作、扩大开放、优化营商环境的保障提升作用，对高质量发展的提质增效作用，对京津冀区域协同发展的推动引领作用。

第五条　市、区人民政府应当加强对标准化工作的领导，实施首都标准化战略，将标准化工作纳入国民经济和社会发展规划和年度计划，将标准化工作经费纳入本级预算。

第六条　市、区标准化行政主管部门统一管理本行政区域内的标准化工作；有关行政主管部门（以下简称有关行业部门）分工管理本行业、本领域的标准化工作。

第七条　首都标准化委员会负责统筹贯彻国家、本市标准化方针、政策、措施；组织研究首都标准化战略、规划、政策及重大问题；协调推进本市参与国际、国内标准化交流合作和重大标准化项目；组织开展标准化工作督促检查和考核评价。区人民政府根据工作需要，建立健全本地区标准化协调机制，统筹协调标准化工作重大事项。

市标准化行政主管部门、有关行业部门与相邻省、市和自治区有关部门联合组织制定区域协同标准，提升区域标准化实施应用水平，推动区域协同发展。

第八条　制定和实施地方标准、团体标准、企业标准，应当符合法律法规规章的规定。

强制性标准必须执行，不符合强制性标准的产品、服务，不得生产、销售、进口或者提供；禁止利用标准，实施妨碍商品、服务自由流通等排除、限制市场竞争的行为。

第九条　本市鼓励企事业单位、社会团体等单位开展标准化工作，运用标准化方式组织生产、经营、管理和服务，将科技成果、先进技术和管理经验转化成为国际、国内的先进标准。

第二章　制定标准

第十条　制定地方标准、团体标准、企业标准，应当符合国家、本市产业政策，不得低于强制性标准的技术要求。

第十一条　制定地方标准、团体标准、企业标准，应当在科学研究成果和社会实践经验的基础上，深入调查论证，广泛征求意见，保证标准的科学性、规范性、时效性，提高标准质量。

第十二条　制定地方标准、团体标准、企业标准，应当遵循市场规律，满足创新需要，有利于科学合理利用资源，促进新技术、新产业、新业态和新模式发展，提高经济效益、社会效益、生态效益，做到技术上先进，经济上合理。

第十三条　为满足本市自然条件、风俗习惯等特殊技术要求，或者在城市治理、公共服务等领域需要统一技术要求的，可以制定地方标准。

第十四条　市标准化行政主管部门应当每年向社会公开征集地方标准项目建议。任何单位和个人均可以向市标准化行政主管部门或者市有关行业部门提出地方标准项目建议。

市有关行业部门根据本行业、本领域实际需求，认为需要制定地方标准的，应当向市标准化行政主管部门申请立项。

第十五条　地方标准立项申请由市标准化行政主管部门进行立项审查。立项审查可以采取评估、论证、征求意见等方式。

对保障首都减量发展、创新发展、协调发展、绿色发展、开放发展、共享发展急需的地方标准项目，应当优先立项并及时完成。

第十六条　市标准化行政主管部门根据立项审查情况，编制并向社会公布地方标准项目计划。项目计划应当明确地方标准的名称、市有关行业部门、主要起草单位、完成时限等内容。

地方标准项目计划在执行中可以根据实际情况进行调整。

第十七条　起草地方标准，应当对相关事项进行充分调查分析、研究论证、试验验证；与有关国家标准、行业标准、本市其他地方标准相协调；不得通过制定地方标准调整行政管理职权。

第十八条　起草地方标准，应当征求市有关行业部门、企事业单位、社会团体等相关方意见。

市有关行业部门应当征求其他部门意见，组织有关市级专业标准化技术委员会或者专家组进行初审，并就合法性、公平竞争等情况提出意见。

市有关行业部门和市标准化行政主管部门应当向社会公开征求意见，时间一般不少于30日。

第十九条　市有关行业部门应当将地方标准送审材料报送市标准化行政主管部门进行审查，并根据市标准化行政主管部门的审查意见进行修改，形成地方标准报批稿。

第二十条　地方标准由市标准化行政主管部门批准发布。其中，涉及环境质量、污染物排放，以及工程建设的规划设计、施工验收等地方标准的，由市标准化行政主管部门会同市有关行业部门联合发布。但依法需经市人民政府批准的，应当在发布前履行报批程序。

第二十一条 市标准化行政主管部门应当在官方网站上公布本市现行有效的地方标准文本；市有关行业部门应当在官方网站上公布本行业、本领域现行有效的地方标准文本，供社会公众免费查阅下载。

第二十二条 国家服务业扩大开放综合示范区、中国（北京）自由贸易试验区建设和管理等活动，暂不具备制定地方标准条件、又需要统一技术要求的，可以制定地方标准化指导性技术文件，满足新技术、新产业、新业态、新模式的发展需要，促进国际贸易等领域的技术发展。

地方标准化指导性技术文件的有效期一般不超过 3 年，对具备制定地方标准条件的，应当及时制定地方标准。

第二十三条 本市鼓励社会团体协调相关市场主体，共同制定满足市场和创新需求的团体标准，由团体成员约定采用或者按照本团体的规定供社会自愿采用。

第二十四条 社会团体应当建立健全团体标准管理制度，履行团体标准的制定、实施程序和要求，对制定的团体标准承担主体责任。

第二十五条 本市鼓励企业对标国际国内先进标准，单独或者联合制定满足提升产品和服务质量需求的企业标准，作为组织生产、销售产品和提供服务的依据。

第二十六条 企业应当建立健全标准化工作制度，在生产、经营和管理中推广应用标准化方法，参与标准化活动，提升标准化能力，并对制定的企业标准承担主体责任。

第二十七条 地方标准、团体标准、企业标准应当依照国家规定的标准编号规则进行编号。

第三章 实施标准

第二十八条 标准化行政主管部门、有关行业部门应当按照职责分工制定配套制度，组织实施及评估有关标准；在产业政策制定、城市治理、政府采购、招标投标等工作中，可以将地方标准、团体标准作为技术依据。

第二十九条 社会团体应当公开其制定的团体标准的名称和编号等信息，并对公开信息的合法性、真实性、准确性和有效性负责。

鼓励采用先进适用的团体标准，对团体标准化活动进行评价，提高团体标准的可信度和影响力；鼓励检验检测机构依据团体标准开展实验室能力建设，向社会提供检测技术服务。

第三十条 企业应当公开其执行的国家标准、行业标准、地方标准、团体标准、企业标准的编号和名称等信息；执行企业标准的，还应当公开产品、服务的功能指标和产品的性能指标等信息，并对公开信息的合法性、真实性、准确性和有效性负责。

企业应当按照公开的标准组织生产经营活动，其生产和销售的产品、提供的服务应当符合公开标准的技术要求。

第三十一条 本市鼓励通过电子商务平台销售商品、提供服务的企业，在商品、服务信息页面显著位置标注其执行的标准信息。

第三十二条　地方标准由市标准化行政主管部门组织复审，复审周期一般不超过 5 年。市有关行业部门应当向市标准化行政主管部门提出地方标准继续有效、修订或者废止的建议和理由。

市标准化行政主管部门根据复审建议，确定地方标准复审结果。对需要修订的，列入地方标准项目计划；需要废止的，发布废止公告。

第三十三条　社会团体、企业应当根据经济社会发展情况和技术进步要求，对其制定的团体标准、企业标准进行复审。经复审修订的标准，应当重新公开。

第四章　标准创新与国际化

第三十四条　本市将达到国际先进水平、技术创新性明显，实施后取得显著的经济效益、社会效益或者生态效益，并符合提名条件的标准研究成果，纳入本市科学技术奖励评审范围。

第三十五条　本市鼓励科技计划项目和科技成果转化项目同步开展标准制定工作。市科技行政部门可以将制定标准纳入科研项目评审指标体系；市人力资源和社会保障行政部门可以将制定标准纳入职称评价考核业绩。

第三十六条　本市对主导制定符合首都经济社会高质量发展需求的国际标准、国家标准、行业标准、地方标准、团体标准的单位给予支持。

第三十七条　本市支持在高新技术、城市治理、乡村振兴、现代服务业等领域，创建标准化试点示范项目，提升发展质量。

第三十八条　本市支持开展国际标准化交流合作，参与制定国际标准，承担国际标准组织技术机构的相关工作，推动有关国家和地区采用国内标准，提升标准国际化水平。

第三十九条　本市加强涉及国际贸易、国际交往等领域的地方标准外文版翻译；鼓励社会团体、企业开展团体标准、企业标准外文版翻译。

第五章　服务保障与监督管理

第四十条　本市设立统一的标准信息公共服务平台，免费向社会公开本市地方标准文本，为企事业单位、社会团体等单位和个人参与标准化活动提供指引和服务。

第四十一条　标准化行政主管部门会同有关行业部门加强标准化法律法规、标准化知识宣传普及，充分利用广播、报刊、互联网等媒体平台，传播标准化理念，推广标准化经验，提高全社会标准化意识。

第四十二条　本市充分利用首都人才资源优势，培养标准化基础知识扎实、专业水平高、熟悉国际标准化规则的人才；鼓励高等院校、职业技术学校等开设标准化专业、课程，普及标准化教育，培养标准化人才。

第四十三条　民政部门将社会团体开展团体标准制定和被采用情况，纳入社会团体等级评估工作，提升社会团体标准化水平。

第四十四条　国有资产监督管理部门应当建立健全国有企业标准化工作的考核评价机制，将国有企业参与制定国际标准、国家标准，建设标准化试点示范项目等情况，纳入企业管理者经营业绩考核范围。

第四十五条 本市鼓励标准化服务机构依法开展标准化宣传、培训、咨询、评价等活动，促进标准化服务业发展。

第四十六条 任何单位和个人均有权向标准化行政主管部门、有关行业部门举报违反标准化法律法规规章规定的行为，标准化行政主管部门、有关行业部门依据职责分工对举报事项进行调查处理。

第四十七条 社会团体或者企业有下列行为之一的，由标准化行政主管部门责令改正：

（一）企业未依法进行标准自我声明公开；

（二）制定的团体标准、企业标准的技术要求低于强制性标准的技术要求；

（三）团体标准、企业标准的标准化对象属于产业结构调整的淘汰类别；

（四）未按照标准编号规则对团体标准、企业标准进行编号。

第四十八条 标准化行政主管部门、有关行业部门依据法定职责，对标准的制定进行指导和监督，对标准的实施进行监督检查，对违反本办法规定的行为，依法予以处理。

第六章　附　则

第四十九条 本办法所称地方标准化指导性技术文件，是指参照地方标准制定程序制定，为仍处于技术发展过程中的标准化工作提供指南，供科研、设计、生产、使用和管理等人员参考使用的文件。

本办法所称市级专业标准化技术委员会，是指在一定专业领域内，为本市开展标准体系建设以及标准的研究、制定、实施和评价等工作提供技术支撑的非法人技术组织。

第五十条 本办法自 2022 年 9 月 1 日起施行。

附录 7

北京市现代农业全产业链标准化示范基地建设与验收规范（试行）

为规范我市现代农业全产业链标准化示范基地建设与管理，特制定本标准。

本标准规定了种植、畜牧、水产等行业全产业链标准化基地建设的主体条件、建设、验收标准等内容，用于指导各区全产业链标准化基地建设和验收。

一、创建目标

（一）组织机构合理

创建主体相关人员应具有农业标准化相关理念，基地负责人全面负责标准化生产管理工作，有专人负责基地标准化工作的组织实施，并设置产品质量管理、生产技术指导、产品质量检测等岗位，配备具有相应资质的人员，确保标准化生产落地。

（二）产业链条完整

农业生产的产前、产中和产后链条相对完整，服务一体化经营程度较高，具备一定的生产、加工、流通、品牌、体验、服务等能力，涵盖现代种业、种养殖、加工、储运、冷链物流等重点环节。

（三）标准体系健全

创建主体结合生产实际，以产品为主线，以全程质量控制为核心，按照"有标贯标、缺标补标、低标提标"的原则，参照《农业综合标准化工作指南》GB/T 31600 的工作步骤和程序建立特色鲜明、先进适用、协调配套、操作性强的全产业链标准综合体。

（四）标准实施高效

标准综合体实施硬件完善、人员分工合理、标准宣贯到位，标准实施高效，农业生产经营和质量管理人员 100％经过全产业链标准技术培训。实施过程中检查记录完整，信息反馈及时，标准综合体运行稳定。

（五）产品质量优良

实施网格化管理，加强基地日常巡查检查。食用农产品承诺达标合格证制度有效落实。农产品品牌建设良好，有自主品牌，且具有较高的市场影响力，生产的农产品获得绿色、有机、地理标志等农产品质量认证。

（六）综合效益显著

创建主体具有较高的经济效益、社会效益和生态效益，有较强的社会责任感，能够带动农民就业、脱贫致富，示范引领并辐射带动周边地区和其他生产经营主体开展全产业链标准化生产。

二、申报主体基本条件

（一）主体资格

创建主体由各区遴选，基本条件为：具有独立法人资格的农业企业、合作社或者市级示范家庭农场，且被评为北京市优级农业标准化基地，三年内未发生农产品质量安全事件。原则上，参与历年全程标准化基地建设的主体不应再次创建。

（二）生产规模

基地应具有一定的生产规模，符合首都农业发展要求，有集约化、产业化发展优势，产品商品化程度较高，具备较强的示范带动作用。

三、建设内容

（一）组织机构建设

基地相关人员应具有农业标准化相关理念，基地负责人全面负责标准化生产管理工作，明确专人负责基地农业标准化工作的组织实施，并设置产品质量管理、生产技术指导、产品质量检测等岗位，配备具有相应资质的人员，确保标准化生产落地。

（二）标准体系建设

基地应结合基地生产特色和生产实际，以产品为主线，以全程质量控制为核心，按照"有标贯标、缺标补标、低标提标"的原则，参照 GB/T 31600 的工作步骤和程序建立特色鲜明、先进适用、协调配套、操作性强的全产业链标准综合体。

1. 确定综合标准化对象和目标

综合标准化对象的选择应立足本地实际，突出特色，目标选择应符合全产业链标准化示范基地创建的基本原则，突出质量安全管控要求。

2. 建立标准综合体

基地应结合确定的对象及目标，将综合标准化对象的全产业链发展作为一个系统，充分分析其在农业研发、生产、加工、流通、品牌、体验、服务等环节与目标相关的要素，并对其进行规范，编制标准或标准综合体子系统，最终形成对象目标全产业链标准综合体的全部内容。

凡有现行标准且能满足总体目标要求的，可直接采用现行标准；现行标准不能满足总体目标要求时，应修订现行标准；没有相应现行标准时，应制定相应的标准。

——以种植业产品为对象的全产业链标准综合体，可包括产地环境、品种种质、投入品管控、田间管控、病虫害防控、采收、加工（涉及加工的）、储运保鲜、包装标识、质量安全限量、分等分级和检测方法、产品追溯等标准。

——以畜禽养殖业为对象的全产业链标准综合体，可包括养殖环境（牧场、畜舍）、品种选育、投入品管控、养殖管理、疫病防控、畜产品储存、运输标准、屠宰冷链、分等分级、废弃物（屠宰加工副产物）处理利用、质量安全限量、检测方法、产品追溯等标准。

——以水产养殖业为对象的全产业链标准综合体，可包括养殖模式（池塘、工厂等）、品种选育、投入品管控、养殖管理、疫病防控、加工冷链、废弃物处理、质量安全限量、检测方法、产品追溯等标准。

——涉及休闲采摘、自然科普、观光旅游等体验服务的基地，应采用国家相关标准或制定企业相应标准。

（三）标准实施要求

标准实施前应做好实施硬件、人员分工、标准宣贯、人员培训等准备工作，农业生产经营和质量管理人员应100％经过全产业链标准技术培训，确保每个员工都能理解并掌握所负责部分的标准技术内容。实施过程中应做好检查记录和信息反馈，保证标准综合体稳定运行。

1. 生产环节

要重点抓好产地环境标准、品种种质（包括种子、种畜、种禽、种苗）标准、种养殖标准的实施；强化农药、兽药、化肥等农业投入品合理使用和安全控制规范，以及动植物检疫防疫等标准的实施；规范生产记录填写，生产记录应一棚一册，有投入品采购、领用及使用记录，记录完整、真实、有效。实施网格化管理，加强基地日常巡查检查。食用农产品承诺达标合格证制度有效落实。

2. 加工环节

要重点抓好加工场地环境、加工操作规范、产品包装材料、兽禽屠宰安全卫生；严格实施加工全过程质量安全的标准，防止加工过程中发生污染，严禁使用非法添加物；有加工过程记录，记录完整、真实、有效。

3. 流通环节

要重点抓好运输器具、仓储管理、分等分级、包装、标签标识等标准的实施；有销售记录，通过农产品追溯制度的实施，能够实现农产品质量安全全程可追溯，保证流通安全和消费安全。

4. 品牌环节

创建基地应取得注册商标，有自有品牌，且具有较高的市场影响力，并且能够积极对接区域发展，参与所在区域品牌的创建，实现产品品牌化销售。

5. 体验环节

休闲体验等活动应按照"安全、生态、环保、绿色、健康"的原则开展。附属设施、服务项目应符合安全、消防、卫生、环保等法律法规和相关标准要求。**6. 服务环节**

服务内容及价格应予以公示说明，供游客自愿选择，服务前应做好服务准备工作，服务过程中严格落实服务内容及配套服务，建立服务监督及改进机制，促使服务水平不断改进。

（四）标准评价改进

基地在实施过程中应对标准综合体中核心要素进行验证优化，定期开展自评并反馈评价结果，不断优化和完善标准综合体内容，提高标准的适用性和可操作性，进一步提升全产业链标准化水平。

四、验收标准

基地的建设和验收由各区主管部门组织实施，根据附表7-1评分表进行评价。评分达到90分可评为"北京市农业全产业链标准化示范基地"。

附表7-1　北京市农业全产业链标准化示范基地评分表

序号	打分项	评分指标	分值	得分
1	主体资格	具有独立法人资格的农业企业、合作社或者市级示范家庭农场，且被评为北京市优级农业标准化基地，三年内未发生农产品质量安全事件	否决项	不赋分
2	组织机构建设	基地负责人全面负责标准化生产管理工作，得2分；有专人负责本基地标准化生产管理工作的组织实施，得2分；设置产品质量管理、生产技术指导、产品质量检测等岗位，并配备相应资质人员，酌情得1～6分	10	
3	标准综合体建设	综合标准化对象的选择立足区域发展，突出特色，符合全产业链标准化示范基地创建的基本原则，得3分；突出质量安全管控要求，得2分	5	
4		建立的标准综合体覆盖基地生产全产业链，全部直接采标的得20分，根据基地生产实际，自己制定企业标准的，制定一项可加2分，满分不超过30分。重点环节未覆盖全部，缺一个环节扣2分	30	
5	标准实施要求	生产环节：产地环境标准、种质（包括种子、种畜、种禽、种苗）标准、种养殖、动植物检疫防疫等标准落实到位，农药、兽药、化肥等农业投入品合理使用和安全控制规范，得8分；生产记录一棚一册，有投入品采购、领用及使用记录，根据记录完整、真实、有效情况酌情得1～3分；实施网格化管理，加强基地日常巡查检查，食用农产品承诺达标合格证制度有效落实得4分。建立的标准综合体中，该环节标准实施1项落实不到位，扣1分	15	
6		涉及加工环节的：加工场地环境、加工操作规范、产品包装材料、兽禽屠宰安全卫生要求落实到位酌情得1～5分；有加工过程记录，根据记录完整、真实、有效情况酌情得1～3分；加工过程中未发生污染，不使用非法添加物，得2分。建立的标准综合体中，该环节标准实施1项落实不到位，扣1分。若基地该环节不突出，酌情扣1～5分	10	

序号	打分项	评分指标	分值	得分
7	标准实施要求	流通环节：根据运输器具、仓储管理、分等分级、包装、标签标识等标准落实到位情况，酌情得1～5分；有销售记录，通过农产品追溯制度的实施，能够实现农产品质量安全全程可追溯的，酌情得1～5分。建立的标准综合体中，该环节标准实施1项落实不到位，扣1分。若基地该环节不突出，酌情扣1～5分	10	
8		品牌环节：创建基地取得注册商标，有自有品牌得3分；基地品牌具有较高的市场影响力，并且能够积极对接区域发展，参与所在区域品牌的创建，实现产品品牌化销售，得2分	5	
9		涉及体验环节的：休闲体验等活动符合"安全、生态、环保、绿色、健康"的原则，得2分；附属设施、服务项目应符合安全、消防、卫生、环保等法律法规和相关标准要求，得3分	5	
10		涉及服务环节的：服务内容及价格公示说明，供游客自愿选择的，得1分；服务前准备工作充分，服务过程中严格落实服务内容及配套服务的，得3分；有服务监督及改进机制，促使服务水平不断改进的，得1分	5	
11	标准评价改进	基地在实施过程中对标准综合体中核心要素进行验证优化，定期开展自评并反馈评价结果，有自评或检查记录的，得2分；基地不断优化和完善标准综合体内容，提高标准的适用性和可操作性，进一步提升全产业链标准化水平的，得3分	5	
12	总分			

附录 8

GB/T 31600—2015 农业综合标准化工作指南

1 范围

本标准规定了农业综合标准化的基本原则、程序、步骤与方法等。

本标准适用于农业、林业、畜牧业、渔业等（以下简称农业）领域内的农业生产、经营和服务的综合标准化工作。

2 规范性引用文件

下列文件对于本文件的应用是必不可少的。凡是注日期的引用文件，仅注日期的版本适用于本文件。凡是不注日期的引用文件，其最新版本（包括所有的修改单）适用于本文件。

GB/T 12366 综合标准化工作指南

3 术语和定义

GB/T 12366 确立的以及下列术语和定义适用于本文件。

3.1 农业综合标准化 (agricultural comprehensive standardization)

为了达到确定的目标，运用系统分析方法，建立农业标准综合体，并贯彻实施的农业标准化活动。

3.2 农业综合标准化相关要素 (related elements of agricultural comprehensive standardization)

影响农业综合标准化对象的功能要求或特定目标的因素。

3.3 农业标准综合体 (agricultural standard-comprehensive)

按农业综合标准化对象及其相关要素的内在联系和功能要求，运用系统理论和方法，以整体效益最佳为目标，所形成的相关指标协调优化、相互配合的成套标准。

4 基本原则

4.1 目标导向原则

应以目标为导向，针对目标来开展影响农业综合标准化及目标实现的相关要素分析、标准综合体规划、标准综合体建立与实施等一系列综合标准化活动，实现预期目标。

4.2 系统优化原则

应运用系统理论和方法，综合考虑和系统分析农业综合标准化各种相关要素，优化调整相关要素和具体指标参数，以系统整体效益最佳为目标，寻求解决农业综合标准化问题的最佳方案。

4.3　整体协调原则

应整体协调对象、要素、指标之间的相互关系，调整农业综合标准化对象及要素的相关内容和指标参数，确定最佳方案，保证标准综合体实施的整体效益大于各标准单个实施的累加效益。

4.4　因地制宜原则

应综合考虑农业的区域性、生物性、季节性等特性，依据农业资源条件、经济与技术发展水平、产业链长度等因素和条件，合理确定综合标准化的对象、目标和指标参数等。

5　工作程序与步骤

农业综合标准化的工作程序与步骤见附表8-1。

附表8-1　农业综合标准化工作程序与步骤

阶段	程序与步骤	方法
准备阶段	确定对象	6.1
	可行性分析	6.2
	建立协调机构	6.3
规划阶段	确定目标	7.1
	设计标准综合体	7.2
	编制标准综合体规划	7.3
制定标准阶段	制定标准制修订计划	8.1
	建立标准综合体	8.2
实施阶段	制定实施计划	9.1
	整体组织实施	9.2
评价阶段	评价方式	10.1
	评价内容	10.2
	评价方法及指标体系	10.3
总结改进阶段	总结分析	11.1
	改进提升	11.2

6　准备阶段

6.1　确定对象

6.1.1　提出问题

6.1.1.1　应针对市场、竞争、管理、生态环境等方面的需求开展调研和分析。调研内容主要应包括以下几个方面：

　　a)　当地农业生产、经营和服务的发展状况和基础条件，如人力、物力和财力等；

b) 国内外同类型的农业生产、经营或服务的技术、质量和管理水平等情况；

c) 国内外已有相关标准及其实施效果等标准化现状；

d) 国内外有关科研成果及试点验证情况。

6.1.1.2 在调研的基础上，发现和识别需要且能够通过农业综合标准化方法解决的问题。这类问题一般应具备以下几方面特征：

a) 具有重大技术、经济意义；

b) 涉及多行业、多部门或多学科，需要多方配合、通力协作、广泛协调才能解决；

c) 在一定工作范围和时间阶段内相关参数指标的协调与组合能够实现。

6.1.2 选择对象

6.1.2.1 针对提出的农业综合性问题，以经济性、社会性和生态性为重要准则，从国民经济和社会发展需要出发，结合当地农业产业发展规划，优先选择对国民经济建设和人民生活影响大的，具有重大技术意义和显著经济、社会及生态效益的农产品生产、农业经营活动和与农业直接相关的服务为综合标准化对象。

6.1.2.2 以农产品生产为对象的综合标准化，可优先选择国民经济建设和人民需要的大宗农产品；投资少、见效快、经济效益大或出口创汇价值高的农产品；自然资源丰富、具有优势特色的农产品；产业链条长、具有多功能性的农产品以及技术含量较高、集约化程度高的农产品。

6.1.2.3 以农业经营活动为对象的综合标准化，可重点选择农产品供应链管理、营销管理、农业企业规范化管理等。

6.1.2.4 以农业相关服务为对象的综合标准化，可重点选择农业技术推广服务、农业生产服务、农产品流通服务、农村金融服务、农村信息服务以及农产品质量安全监管服务等。

6.2 可行性分析

针对提出的综合标准化问题与初步选定的综合标准化对象，开展系统分析和综合论证。可行性分析内容可包括以下方面：

a) 技术的科学性与合理性；

b) 人力、物力和财力等客观条件；

c) 项目实施过程中可能存在的风险和困难；

d) 能否获得预期的经济、社会及生态效益等情况。

6.3 建立协调机构

6.3.1 人员组成与结构

6.3.1.1 根据确定的农业综合标准化对象的范围和特点，建立由管理部门、科研部门、标准化部门和企事业单位的专业技术人员与管理人员组成的、有权威性的协调机构。

6.3.1.2 协调机构应根据工作需要，成立领导小组和若干工作小组，如标准制定工作组、宣贯工作组等。

6.3.1.3 标准制修订和宣贯人员应有相应的资质，具备一定的专业技术能力和组织协调能力，人员组成结构合理。

6.3.1.4　协调机构应在农业综合标准化项目立项后正式成立。在选题立项时，可先成立一个筹备协调小组，开展立项的可行性论证等工作。

6.3.2　工作职责与分工

6.3.2.1　协调机构负责农业综合标准化的准备、规划、制定、实施、评价、总结改进等全部活动的协调工作，包括组织协调、计划协调和技术协调。

6.3.2.2　组织协调应根据工作需要，成立领导小组和标准制定工作组、宣贯工作组等若干工作小组。

6.3.2.3　计划协调应针对农业综合标准化项目制定严格的工作计划，并监督计划按时完成。

6.3.2.4　技术协调应主要考虑农业产前、产中、产后全产业链的整体最佳效益，进行相关技术协调。

6.3.2.5　协调机构应具备办公室和技术总责任人，建立明确的目标责任制和严格的工作制度，明确各相关方职责和分工。

6.3.2.6　领导小组应负责组织项目的整体运行和监管，包括计划制定、人员安排、工作督导、实施保障提供以及项目实施后效果评价等工作。

6.3.2.7　工作小组应负责总体计划的落实工作，包括标准化宣传和培训、标准制修订、标准整体实施等工作。

6.3.2.8　协调机构应根据农业综合标准化对象的特点和工作要求，建立有效的监督、激励和反馈等机制。

7　规划阶段

7.1　确定目标

7.1.1　确定总目标

7.1.1.1　针对拟解决的农业综合标准化问题，以经济、社会和生态发展需求为导向，充分考虑农业的区域性、生物性、季节性等特点，选择一定时期和一定区域内的综合标准化对象应达到的总目标。

7.1.1.2　总目标项的提出可以是单项目标或综合目标，可优先从以下几个方面加以考虑：
　　a)　农业生产基础条件水平；
　　b)　产品的质量和产量水平；
　　c)　产品的成本值下降百分率；
　　d)　企业管理水平和市场占有率；
　　e)　品牌知名度和产品认证情况；
　　f)　服务质量和顾客满意度水平；
　　g)　经济、社会和生态效益等。

7.1.2　确定目标水平

7.1.2.1　系统收集国内外有关资料及科研成果，通过调研、分析与对比，准确掌握和全面分析国内外现有的技术水平和资源状况，预测一定时期内农业技术和经济发展的未来趋势。

7.1.2.2 基于现状分析与趋势预测，以技术、经济和社会发展的整体效益最佳为原则，充分考虑项目目标实现过程中可能遇到的技术难题以及项目实施后的短期与长期效益，确定农业综合标准化对象应达到的总目标水平。

7.1.2.3 总目标水平应显著高于项目实施前的水平状况，并同时高于全国同类项目目标的平均水平。

7.1.2.4 在系统分析的基础上确定几个总目标备选方案，经过分析论证和比较，从中选出最佳的对象系统总目标。必要时建立数学模型，运用最佳化的方法和技术，进行各种目标的量化比较研究。

7.2 设计标准综合体

7.2.1 标准综合体设计思路

根据确定的农业综合标准化对象与总体目标，系统分析相关要素、分解目标、确定标准项目，系统设计农业标准综合体框架，合理构成标准综合体。

7.2.2 相关要素分析

7.2.2.1 找出相关要素

采用系统分析的方法和工具，如协同论、规划论、决策论、优化技术、预测技术、模拟技术、技术经济分析评价等方法，对已明确的综合标准化对象进行系统分析。

根据总目标需求和实际状况，依据农业资源条件、经济与技术发展水平、产业链长度等因素和条件，找出影响总目标的各种因素，列出综合标准化对象的直接相关要素和间接相关要素。

7.2.2.2 理清相关要素关系

根据农业综合标准化对象系统内相关要素的内在联系及功能要求，按农业生产、经营或服务过程链，以一定的逻辑主线来分析和梳理相关要素的作用、功能与层次，整体性地考虑和合理确定综合标准化对象及其相关要素的综合范围与综合深度，明确相关要素之间的层次关系和依存关系。

相关要素的选择应把握好对总目标起决定性作用的重复性和关键性要素，确保相关要素不发生重大遗漏并保证其数量适中。必要时可对影响要素进行重要程度评价和排序。

7.2.2.3 绘制相关要素图

按各相关要素的性质、类别及其相互关系，确定综合标准化相关要素图的框架结构，绘制范围明确、结构合理、功能完善、层次清晰的农业综合标准化相关要素图，并给出文字说明。必要时邀请相关技术专家对相关要素图进行分析和论证，调整优化和修改完善相关要素图。

7.2.3 目标分解

7.2.3.1 确定分目标值

应根据综合标准化对象及其相关要素的内在联系和功能要求，考虑农业发展的实际需求和农业特性，结合当地技术和资源条件，对总目标进行分解，确定各相关要素应达到的具体分目标值。分目标值的确定应考虑以下几个方面：

a) 应考虑农业生产、经营或服务活动工作流程的继承性特点和要求，保证分目标各指标之间相互协调；

b) 一般可从定性和定量两方面描述，应尽量予以量化，保证具体分目标可测量、可检查与可操作；

c) 应考虑一定时期内农业科学技术的实际需求与发展趋势，保证分目标值具有一定的时效；

d) 应考虑农业生产、经营或服务活动的复杂性和不可控性，允许分目标值有一定幅度的变化范围。

7.2.3.2 优化目标分解方案

应对各种可能的目标分解方案进行充分论证，从中选择和确定目标分解的最佳方案。可通过科研项目、试验、技术措施等加以验证，根据验证结果，不断优化目标分解方案。

7.2.4 选择整体最佳方案

7.2.4.1 根据综合标准化对象的需要和可行性，基于农业综合标准化对象选择、目标确定、相关要素分析，综合考虑与合理确定"对象—目标—要素"系统的范围和深度，确定"对象—目标—要素"系统的整体方案。根据需要，可适当调整优化目标和要素内容及相关指标，必要时也可调整农业综合标准化对象，以保证整体方案最佳。

7.2.4.2 系统综合分析和评价"对象—目标—要素"系统各种可能方案的科学性、合理性与适用性以及预期综合效益，选择系统的整体最佳方案。

7.2.5 确定标准项目

7.2.5.1 遵循目标导向、系统分析、整体协调和因地制宜的原则，根据所选定的"对象—目标—要素"系统的整体最佳方案，针对相关要素图和确定的要素具体目标，系统成套地列出所需要的全部相关标准。

7.2.5.2 运用标准化的原理和方法，遵循统一、简化、优化、协调原则，协调优化标准指标，提炼整合共性标准，尽量减少标准层次。

7.2.5.3 根据每项标准担负的特定功能和作用，合理确定适当的标准数量，保证标准综合体中仅包含必需的标准。

7.2.5.4 充分考虑农业发展的实际需求和农业特性，结合当地技术和资源条件，合理设置标准的相关指标，保证每项标准均能得到实施。

7.2.5.5 对纳入到标准综合体中的全部标准逐项进行适用性和有效性分析，根据分析结果，提出继续有效、需要修订及需要新制定的标准项目清单。凡有现行标准且能满足总体要求的，应直接采用现行标准；现行标准不能满足要求时，应修订现行标准；没有相应现行标准时，应制定相应的标准。

7.2.6 构成标准综合体

7.2.6.1 依据选定的农业综合标准化相关要素图和"对象—目标—要素"系统整体最佳方案，系统设计农业标准综合体结构框架。

7.2.6.2 依据所确定的标准项目清单，按各项标准的性质、范围、内在联系及功能要求进行适当分类；对照农业标准综合体结构框架，成套配置相关标准，包括整个农业产业链及相关领域所需的全部现行标准和拟制修订标准，最终构成一个标准之间相互配套、相互协调、层次分明、功能完备的农业标准综合体。

7.2.6.3　以农产品生产为对象的农业标准综合体，可包括产地环境标准；农业投入品标准，如农药、兽药、化肥等使用要求；种子标准，如品种要求、繁育规程等；田间管理标准，如播种、灌溉、施肥、中耕除草、收获要求等；农产品加工、贮藏及运输要求与控制规程；农产品质量安全检测方法标准和农产品质量安全追溯标准等。

7.2.6.4　以农业经营活动为对象的标准综合体，可包括农产品供应链管理标准，如信息流、物流和资金流控制标准等；营销管理标准，如仓储、配送和售后服务标准等；农业企业规范化管理标准，如设施管理、财务管理和人员管理标准等。

7.2.6.5　以农业相关服务为对象的标准综合体，可包括农业技术推广服务、农业生产服务、农产品流通服务、农村金融服务或农村信息服务以及农产品质量安全监管服务等活动中的服务基础标准、服务资质标准、服务设施与环境标准、服务提供与管理标准、服务质量与评价标准等。

7.3　编制标准综合体规划

7.3.1　编制规划草案

7.3.1.1　应由协调机构组织编制标准综合体规划，作为协调解决跨部门综合标准化工作的依据，为编制标准制修订计划、建立标准综合体和确定相关科研项目等活动提供指南。

7.3.1.2　标准综合体规划的编制内容应包括综合标准化对象及其相关要素、最终目标值和相关要素的技术要求、需要制修订的全部相关标准、科研项目、各项工作的组织和完成期限、预算计划及物资经费等保证措施。

7.3.1.3　编制规划草案时应按性质和级别对标准综合体、相关的科研项目、各项工作项目进行汇总分类，理顺其关系，从而形成规划草案。

7.3.1.4　标准综合体规划应由各有关部门共同参加编制，编制分工应与各部门的具体工作和计划任务相结合，并考虑编制工作所需的人力、物力和经费条件。

7.3.2　审定标准综合体规划

协调机构应组织有关专家对标准综合体规划草案进行审议、认定，形成正式的标准综合体规划。评审内容应包括目标能否保证、构成是否合理、标准是否配套、总体是否协调等。

8　制定标准阶段

8.1　制定标准制修订计划

应由协调机构根据标准综合体中各项标准的相互关系和轻重缓急，制定统一的标准制修订工作计划，确定标准制定、修订时间的最佳顺序和工作进度。

标准制修订计划应包括标准名称、适用范围、主要技术及要求、与其他标准的关系、项目承担单位与负责人、参加单位与参加人员、起止时间等内容，并确定标准制修订的组织及保障措施。

8.2 建立标准综合体

8.2.1 整体组织制修订标准

8.2.1.1 应根据标准制修订工作计划要求，由协调机构统一组织需要制修订的全部具体标准的起草和审定工作，签订计划任务书，整体开展标准制修订活动，建立标准综合体。

8.2.1.2 协调机构应组织各方面的标准化人员与专业技术人员参加有关标准的制修订工作，合理分工，减少不必要的重复劳动。

8.2.1.3 标准制修订过程中应深入调查研究、搜集与分析有关资料，包括国内外的有关标准、现有科研成果、历史资料、生产现状及有关方面的意见等资料。

8.2.1.4 在标准综合体的建立过程中应注意以下方面问题：

   a) 制定工作守则，指导参加综合标准化工作的有关人员的活动；
   b) 从全局出发，有关方面要密切配合，协调行动；
   c) 有关标准的技术内容和技术指标应相互协调，实施日期应相互配合；
   d) 分解的目标值均应在相应标准的有关指标中得到保证；
   e) 标准内容尽量简化，文字通俗易懂，易于农民等用户接受，保证每项标准能得到实施。

8.2.2 整体验证与试用标准

8.2.2.1 根据标准制修订工作的进展情况，通过试验、试用或示范工作进行标准整体验证。必要时，对一些技术难点开展技术攻关活动。整体验证周期太长者可以进行局部验证。

8.2.2.2 通过试验验证取得相关数据，适当调整原工作计划和某些标准中不适应的内容。

8.2.2.3 标准综合体中的标准制修订工作全部完成后，协调机构应对标准制修订全部工作情况进行总结，不断改进标准制修订工作，提高标准文本的适用性和可操作性，充实和完善标准综合体。

9 实施阶段

9.1 制定实施计划

应制定标准综合体的整体实施方案和实施计划，提出标准整体实施要求，科学合理地明确实施进度，落实标准综合体实施所需的各项条件。实施计划应包括但不限于以下几方面内容：

   a) 人员安排，包括监督人员和实施人员等；
   b) 实施过程管理控制，包括监督控制、宣传与培训活动等；
   c) 实施服务保障，包括专业服务体系、投入品统一供应等。

9.2 整体组织实施

9.2.1 标准化宣传与培训

9.2.1.1 协调机构应结合当地经济发展水平和农户的受教育程度，利用广播、电视、报纸、网络等各类媒介形式，采用娱乐节目、知识竞赛、专题报道、墙体标语、宣传画、

VCD 等方式，组织开展相关标准化的宣传活动，提高农业综合标准化意识。

9.2.1.2　协调机构应组织和推动相关标准的培训工作。应配备充足的培训师资，师资人员结构应合理，并具备必要的专业资质；培训材料应紧密围绕拟实施的标准，并及时发放至相关人员；可通过现场培训、网络培训等多种方式进行，并做好培训过程记录，进行培训质量和培训效果的后期调查。

9.2.1.3　协调机构可选择有代表性的试点，通过示范、品牌创建和认证等方式推进农业综合标准化项目实施工作。

9.2.2　实施过程控制

9.2.2.1　协调机构应按照实施方案和实施计划中规定的进度安排，及时有效贯彻和整体实施标准综合体中全部相关标准，并指定专人监督检查实施计划的落实情况。

9.2.2.2　协调机构应明确标准综合体实施过程的关键控制点，制定配套的监管制度、监管方案和监管措施，做好关键控制点的实施与监督工作。

9.2.2.3　项目实施的监督主体与实施主体应相互分离。监督人员应具备一定的资质，有明确的工作职责和相关制度；实施人员应做好与项目相关的农业生产、经营或服务全过程的信息记录。

9.2.3　实施跟踪与反馈

9.2.3.1　协调机构应安排专人实时跟踪检查项目的实施情况，并详细做好实施过程的检查记录。

9.2.3.2　若发现项目实施过程中出现各类问题，应及时反馈给协调机构。

9.2.3.3　协调机构应及时处理反馈信息，采取相应措施，及时解决相关问题，并做好反馈处理记录。

9.2.4　实施保障与服务

9.2.4.1　协调机构应做好专项资金和配套资金的落实工作，定期检查资金使用情况，严格做到专款专用，提高资金使用效率。

9.2.4.2　协调机构应结合相关政策制定配套制度，保障和推动项目的顺利实施。

9.2.4.3　协调机构应加强与行业协会、涉农企业、农业社会化服务组织等机构的联系，建立专业服务体系，提高农民的组织化程度。

9.2.4.4　协调机构应结合相关标准和技术，做好有关农产品质量安全认证与品牌创建等工作，建立长效发展机制。

10　评价阶段

10.1　评价方式

10.1.1　项目评价宜采取自我评价和外部评价两种方式结合进行。自我评价可由协调机构组织各有关单位和人员进行项目内部评价。外部评价应由项目组织部门指定有资质的技术机构的专家评审组进行材料审查与现场考核。

10.1.2　材料审查可由专家评审组对项目涉及的各类相关技术文件和管理文件进行逐项审

查和评价。

10.1.3　现场考核可由专家评审组随机调查项目实施区域内若干用户和相关人员，了解项目开展情况及实施效果并予以评价。

10.2　评价内容

10.2.1　一般应包括农业综合标准化过程评价和农业综合标准化效果评价。

10.2.2　农业综合标准化的过程评价可重点从标准综合体规划、标准制修订与整体实施、组织管理与保障等方面进行。各方面的主要评价内容如下：

　　a)　标准综合体规划的评价可包括问题与对象、总目标与分目标、相关要素图、标准综合体等方面；

　　b)　标准制修订与整体实施的评价可包括标准制修订人员、标准综合体建立、标准的实用性、公众媒体利用、直接的宣传活动、培训师资、培训材料、培训实施情况、关键控制点的监管、实施过程跟踪与反馈、标准整体实施率等方面；

　　c)　组织管理与保障的评价可包括协调机构与人员结构、方案与计划、部门分工协作与工作机制、服务体系、政策保障、资金保障、企业发展现状、品牌与认证、农民组织化程度、投入品记录、操作过程记录等方面。

10.2.3　农业综合标准化的实施效果评价可重点从社会效果、经济效果和生态效果等方面进行。各方面的主要评价内容如下：

　　a)　社会效果的评价可包括项目实施范围内农业综合标准化意识、农业综合标准化人才队伍和农产品安全性等方面；

　　b)　经济效果的评价可包括项目实施范围内农民增收、市场效益和整体增长等方面；

　　c)　生态效果的评价可包括农药年用量减少幅度和对生态环境改善作用等方面。

10.3　评价方法及指标体系

可采用定量分析与定性判断相结合的方法评价农业综合标准化项目。评价指标体系可采用层次分析法根据评价内容进行合理设置。具体指标设置及评价方法说明可参照附件A。

11　总结改进阶段

11.1　总结分析

农业综合标准化项目实施完成后由协调机构组织项目总结和后评估。根据项目考核评价结果，分析和总结项目实施活动过程中存在的问题与成功经验，进一步完善和提高农业综合标准化水平。重点分析和总结以下几个方面：

　　a)　农业综合标准化问题提出、对象选择及目标确定是否合理；

　　b)　农业标准综合体规划是否系统整体最佳；

　　c)　农业标准制修订是否整体协调、可行；

　　d)　农业标准综合体的整体实施过程控制与记录是否规范；

　　e)　农业综合标准化项目评价是否合理规范；

　　f)　项目实施效果是否令相关方满意，项目效益是否达到预期目标；

g) 项目实施的组织管理与保障措施是否有效等。

11.2 改进提升

11.2.1 原因分析

协调机构应在项目评价和总结的基础上，充分调查项目实施过程各环节中存在的主要问题和不足，分析和找出问题产生的主要原因。可重点分析采用的综合标准化方法是否正确、项目调研是否充分、技术水平是否适当、组织管理是否到位、基础条件是否完备、保障条件是否充足等几方面。

11.2.2 制定改进措施

协调机构应根据原因分析情况，有针对性地提出解决方法和改进措施，如提高农业综合标准化意识与管理水平，加强综合标准化理论和方法的培训，加强技术水平和基础条件的调研，加强实施过程控制和跟踪与反馈，增加人、财、物等保障条件的投入，加强组织开展相关技术创新与攻关等措施。

附件 8 - A
（资料性附件）
农业综合标准化项目目标考核评价表

8 - A.1 本表由一级指标、二级指标、考核点、打分档级细则和评价方法说明共 5 部分构成。具体内容见表 A.1。

8 - A.2 本表设计为百分制，最终得分以"实得分＋创新分＋否决情况"格式表达，出现否决情况即为不及格。前 3 栏括弧内数字为各自权重值。总分保持小数点后 2 位。

8 - A.3 创新点属于附加项，由评估组根据整体考核，与同类项目横向比较确有突出创新时才给分，并填写打分理由。

8 - A.4 每考核点要求按 100 分制打分。考核依据为 A、C 两项说明，实际定位为 A、B、C、D 四级。本表只对 A 和 C 等级说明，介于 A、C 之间为 B 级，低于 C 者为 D。考核打分分值确定区为：A 取值 90 以上，B 取值 76～89，C 取值 60～75，D 取值 60 以下。

8 - A.5 考虑到不同经济区的项目实施条件与发展的不平衡性，打分时应区别对待不同经济区的情况。评价结果的整体定位应在同类经济区内比较得出。

8 - A.6 项目最终评价结果可以根据总分和比较结果来综合判断，分为优秀、良好、合格、不合格。

8 - A.7 在使用本表前，使用人员需进行统一培训。

8 - A.8 本表可设计为带有自动计算功能的电子表格。

附表 8-A.1 农业综合标准化项目目标考核评价表

一级指标	二级指标	考核点	打分	打分档级细则		评价方法说明
				A	C	
1 标准综合体规划 (0.2)	1.1 对象与目标 (0.3)	1.1.1 问题与对象 (0.5)		项目拟解决的问题属于跨行业、跨部门或跨学科的综合性，意义重大；对象清晰明确；项目实施可行性强	项目拟解决的问题涉及部门、行业或学科较为单一，综合性、重要意义、复杂性特征不明显；对象不够清晰明确；项目实施可行性不够强	a) 查看项目需求调研分析报告，判断项目拟解决的问题是否明确，是否属于需综合标准化解决的问题，具体要求参见 6.1.1； b) 判断是否优先选择了具有重大技术意义和显著经济、社会及生态效益的农产品生产、农业经营或农业相关服务作为综合标准化对象，具体要求参见 6.1.2； c) 查看农产品的相关发展规划或关于主导产业、特色产业的相关政策性文件，判断项目目对象选择是否与当地的主导产业或特色产业相符合； d) 查看项目可行性论证材料，判断项目行性分析是否充分，具体要求参见 6.2
		1.1.2 总目标与分目标 (0.5)		目标分析全面，与问题和对象之间的关联性强；目标定位准确，针对性强；目标水平设置合理，量化可考核	目标分析不够全面，与问题和对象之间的关联性不够强；目标定位不够准确；水平设置不够合理，可考核性不够强	a) 查看项目申报书和任务书，判断目标项是否具体、有针对性、定位是否准确，分析过程是否全面，具体要求参见 7.1.1； b) 查看当地经济或产业化发展状况，判断项目目标及水平的设置是否充分体现了经济、社会和生态整体效益最佳，具体要求参见 7.1.2

附表8-A.1（续）

一级指标	二级指标	考核点	打分档级细则			评价方法说明
			打分	A	C	
1 标准综合体规划 (0.2)	1.2 标准综合体设计 (0.7)	1.2.1 相关要素图 (0.5)		相关要素分析全面、具体，对总目标的实现具有可操作性；相关要素数量适中，涵盖所有对象要素；相关要素的综合范围和综合深度界定合理，并绘制了相关要素图	绘制了相关要素图，但相关要素分析不够全面，对总目标的实现可操作性不够强，未涵盖所有关键性要素；相关要素的数量及其综合范围和综合深度的界定不够合理	查看材料，判断农业综合标准化相关要素图及文字说明等材料，判断了相关要素图或文字说明是否合层次清晰，结构合理，范围明确。具体要求参见7.2.2
		1.2.2 标准综合体 (0.5)		标准综合体中标准类型、数量、层次、指标要求搭配合理；有相应的标准综合体框架结构图和标准项目清单	标准综合体中标准类型、数量、层次、指标要求搭配不够合理；标准综合体框架结构图和标准项目清单不够完善	a) 查看标准综合体是否按其性质、范围、内在联系与功能适当分类，优化协调相关指标，成套配置。具体要求参见7.2.6；b) 查看标准综合体中标准项目清单，判断每项标准的特定功能是否与相关要素图对应。具体要求参见7.2.3、7.2.4、7.2.5

附表 8 - A.1（续）

一级指标	二级指标	考核点	打分	打分档级细则		评价方法说明
				A	C	
2 标准制修订与实施（0.3）	2.1 标准整体制修订（0.3）	2.1.1 标准制修订人员（0.3）		标准制修订人员结构合理、具备良好资质	人员结构基本合理，具备一定资质	查看人员结构是否符合农业标准制修订工作的人员要求，参加人员是否具备相应资质；具体要求参见 8.1、8.2
		2.1.2 标准综合体建立（0.4）		整体组织标准综合体中的各项标准制修订工作；各项标准之间的关键指标要求系统优化和协调性强、能够保证项目目标实现和整体效益最佳；四类标准制定齐全，各项标准现行有效	单个、零散地制修订标准综合体中的各项标准；有相关指标，但各标准之间的关键指标要求协调性不够强；四类标准有配套雏形	a）查看标准制修订工作计划、标准组织编制说明等材料，判断是否整体组织标准修订工作、各项标准的关键指标是否协调并能够保证实现项目的总目标； b）查看标准综合体中的全部标准是否正式发布备案、各项标准版本是否现行有效； c）审查技术标准、工作标准、管理标准操作标准的配套情况；如果全部采标，该项指标结零分。 具体要求参见 8.1、8.2
		2.1.3 标准的实用性（0.3）		应用满意率 ≥85%	应用满意率 50%～70%	a）随机调查使用用标准的人员，统计其满意度； b）走访对标准在生产适用性和市场适用性方面的评价。 具体要求参见 8.2.2

附表 8 - A.1（续）

一级指标	二级指标	考核点	打分档级细则			评价方法说明
			打分	A	C	
2 标准制修订与整体实施 (0.3)	2.2 标准化宣传 (0.2)	2.2.1 公众媒体利用 (0.3)		年利用省级以上媒体 1 次以上	年利用县级媒体 3 次以上	a) 查看相关记录，包括发表的稿件、广播录音带，以及电视录像带等； a) 可利用的媒体包括广播、电视、报纸、网络等方式。 具体要求参见 9.2.1
		2.2.2 直接的宣传活动 (0.7)		年现场宣传组织活动 3 次以上，效果良好、相关材料齐备	年现场宣传组织活动 1 次，宣传材料不够齐备	了解在现场开展的宣传活动。如与农业综合标准化有关的娱乐节目、知识竞赛、专题报道、墙体标语、自制宣传画、自制 VCD 等。 具体要求参见 9.2.1
	2.3 标准化培训 (0.2)	2.3.1 培训师资 (0.2)		有培训教师资源调查表和培训师资相关证明文件；受聘文件和老师签字的材料；培训师资队伍结构合理	培训教师资源调查表、培训师资相关证明文件、受聘等签字文件等材料不够规范；培训师资队伍结构不够合理	a) 查看培训教师资源调查表、包括教师的姓名、性别、年龄、住址、工作单位、联系方式和身份证号； b) 根据项目内容和所聘全部教师信息，判断培训师资队伍结构的合理性。 具体要求参见 9.2.1
		2.3.2 培训材料 (0.3)		培训材料内容紧密围绕相关标准；针对性强；材料配套齐全、适用性强以上	培训材料能反映项目相关标准；材料基本配套、有适用性	查看培训教材内容与相关标准内容符合程度、对标准的解读水平、材料的配套情况。 具体要求参见 9.2.1
		2.3.3 培训实施情况 (0.5)		有完整的培训计划并按期实施，平均培训率 90% 以上；有完整培训记录，平均满意度 80% 以上	有培训计划并能够执行，平均培训率 60%～70%	a) 培训率指被培训人数占总人数的百分率；满意度指每一次培训中，对本次培训感到满意的人数占参加总人数的百分率； b) 查看标准培训的相关记录。主要记载培训效果、教师的培训水平和存在的不足。主要包括培训师资、培训教材、签到记录、培训图片、培训效果及满意度等，一次一记。 具体要求参见 9.2.1

附表 8 - A. 1（续）

一级指标	二级指标	考核点	打分档级细则			评价方法说明
			打分	A	C	
2 标准制修订与实施体实施（0.3）	2.4 实施过程控制（0.3）	2.4.1 关键控制点的监管（0.3）		过程关键控制点明晰、完整，有系统的监管方案和监管措施；有详细的关键控制监管实施记录；监督与实施主体分离，监督、监管主体具备的资质资质要求、有明确的工作职责和相关制度具备、有明确的工作职责和相关制度；监管制度、人员可操作性强、被监管人员自律性高、被监管人员对监管的反映良好	关键控制点确定比较完整，有监督方案和监督措施；有监督主体；监督、监管主体一定的资质；有监管制度、有可操作性的监管制度，能够实施监管	a) 判断关键控制点的确定及科学性评价，由项目协调机构提交文撑材料。通过考核现场观察、掌握操作层对标准综合体及关键控制点的熟悉程度； b) 查看项目实施管理制度、监管方案等文件，评价监督主体的独立性和工作能力； c) 判断过程关键控制点监管制度及其适用有效性、调查相应监管机构、人员配备和素质情况；调查项目实施人员对监管的有效性评价。 具体要求参见 9.2.2。
		2.4.2 实施过程跟踪与反馈（0.3）		有专人负责实施跟踪和反馈信息记录；记录的相关数数据规范、真实可靠	有专人负责实施跟踪和反馈工作，跟踪记录和反馈记录记录的相关数数据不够规范	查看跟踪与反馈记录、包括收集的相关数据等文件，判断跟踪与反馈是否真实有效。 具体要求参见 9.2.3。
		2.4.3 标准整体实施率（0.4）		标准综合体的全部标准整体实施率达到 100%	标准综合体的全部标准整体实施率达到 60%～80%	随机调查项目标准综合体的全部标准整体实施率。统计标准整体实施率指项目目标综合体中全部标准执行的标准占项目目标综合体中全部标准的比例。 具体要求参见 9.2.3。

附表 8－A.1（续）

一级指标	二级指标	考核点	打分	打分档级细则		评价方法说明
				A	C	
3 组织管理与保障（0.2）	3.1 组织管理（0.3）	3.1.1 协调机构与人员结构（0.4）		成立了农业综合标准化协调机构；领导小组和领导小组办公室、人员结构合理，工作小组有相关技术总责任人、技术运行能力强	有领导小组和工作小组，但领导小组、工作结构不够合理，人员结构合理，技术小组小组运行能力一般	a）查看协调机构正式成立的文件或材料，判断协调机构是否包含了领导小组、贯彻工作组等； b）查看领导小组是否由当地政府分管领导或企业主要负责人任组长；是否有农业、卫生、工商、技术监督等相关部门参加；是否有办公室和专职人员；人员结构是否合理； c）查看工作小组是否由各单位参与、人员结构是否合理、技术人员是否有资质证明材料。 具体要求参见 6.3
		3.1.2 方案与计划（0.3）		实施方案和年度计划科学合理，便于实施控制；有工作总结和完善的持续改进方案	实施方案和年度计划较科学合理，能按照计划组织实施；工作总结和持续改进方案较完整	查看管理实施方案、标准制定实施计划、年度考核管理工作记录，判断方案和计划的完整性、落实的可靠性。 具体要求参见 8.1、9.1
		3.1.3 部门分工协作与工作机制（0.3）		部门分工明确，沟通协调机制健全，效果好；有明确的激励制度	部门分工较明确；有较好的沟通协调机制	a）查看部门职责分工、沟通制度、活动情况（工作例会、联席会等）等材料； b）调查各部门对职责分工的掌握或了解情况，根据调查效果做出综合判断。 具体要求参见 6.3

附表 8 - A.1（续）

一级指标	二级指标	考核点	打分档级细则			评价方法说明
			打分	A	C	
3 组织与管理与保障（0.2）	3.2 保障与服务体系（0.3）	3.2.1 服务体系（0.4）		建立了能够实施规模化服务的专门体系，形成了"统、分"结合的服务机制；组织化程度高，服务效率高，统一服务率80%以上	建立了服务机构，形成了"统、分"结合的专业服务机制，统防统治的组织化程度较高，统一服务率50%~65%	考查项目实施过程中对农业投入品进行统一管理供应情况，对灾害性因素的预防反应能力，通过具体多个事例的分析进行确定。具体要求参见9.2.4
		3.2.2 政策保障（0.3）		出台了推动项目实施的相关政策、作用力度大、作用显著	有相关政策保障	了解营造氛围和实际支持的政策体系是否具备，政策贯彻机制是否健全，对项目实施推动的作用。注意项目实施对农民/农工的影响力。具体要求参见9.2.4
		3.2.3 资金保障（0.3）		严格落实到专款专用，并有足额实际配套资金，资金使用效率高且显著；与当地争取的其他多个项目充分结合，综合效果显著	能够做到专款专用，资金使用效率较好，有导向作用；有实际配套资金；有促进效果，与其他项目有结合	a) 了解专款使用情况，有无违规行为，以及在标准的制（修）订，宣传和实施方面的使用力度与合理性，技术，管理层对资金使用反映；b) 查看要求配套资金的符合率及有关文件；c) 考查实施范围内是否有其他项目执行，项目的联动性和效益情况（需要支撑材料）。具体要求参见9.2.4

附表 8 - A.1（续）

一级指标	二级指标	考核点	打分	打分档级细则		评价方法说明
				A	C	
3 组织管理与保障（0.2）	3.3 长效机制的建立（0.2）	3.3.1 企业发展现状（0.3）		项目范围内有多家企业、有明显龙头企业，并带动形成了当地的支柱产业；产业群基本形成，经济增长显著，形成产业链并可完全"消化"区内原产品，或短链产业在国内形成了较大市场规模	项目范围内有龙头企业，有一定的规模、有发展势头；具有一定的初加工能力并能够加工销售 2/3 以上产品	a) 调查企业的数量、规模、级别、总产值、龙头企业及其带动作用、同类型的产业是否集聚、企业的发展势头； b) 调查原产品、初加工、深加工水平、产业链延伸情况、短链产品是否形成较大规模从判断其发展势头和潜力及相关数字说明。 具体要求参见 9.2.4
		3.3.2 品牌与认证（0.3）		项目范围内有国家级商标1个以上；有1个以上产品通过认证，至少符合绿色级产品要求	项目范围内有自己的注册品牌商标，有明确主导产品并可证明已经取得地方初步认证	a) 查看品牌商标的数量、影响力、级别； b) 查看是否有完整的认证类型、名称、级别认证的证明实材料。 具体要求参见 9.2.4
		3.3.3 农民组织化程度（0.4）		项目实施范围内形成了行业协会和专业化服务组织，组织运行规制较好，容纳农户规模占项目实施范围内总农户数 90% 以上	项目实施范围内有专业化协会，容纳农户规模占项目实施范围内总农户数 40%～60%	a) 调查促进行业协会的提升情况、行业协会的规模、发展情况及其日常活动、查看材料（章程、制度）、记录（培训、宣传）等文件，以及协会开拓市场的举措和效果； b) 查看协会与企业之间有无协议（培训/收购/农资供应等）；协会直接面对市场的能力；与技术、教育、金融、政府等部门的合作活动或条约（要有支撑材料）。 具体要求参见 9.2.4

附表 8－A.1（续）

一级指标	二级指标	考核点	打分档级细则			评价方法说明
			打分	A	C	
3 组织管理与保障（0.2）	3.4 生产、经营或服务档案记录（0.2）	3.4.1 投入品记录（0.3）		记录完备、票证齐全	有记录，但较零散	查看购置凭证和记录（采购人、时间、地点、数量），检验合格证明。具体要求参见9.2.2
		3.4.2 操作过程记录（0.7）		记录完整、真实，能明显体现关键控制点；记录顺序明确、过程完整，定期检验；检验结果记录齐全，并有相关检验报告；产品的储运、加工与销售去向记录明了，过程中的转换记录清晰	有记录，但不连续；部分体现关键控制点；有质量检测记录和检验报告，但不够完整；有产品移动过程记录，去向不十分明确	a) 查看农业生产、经营或服务过程实施体的完整记录，不可抗拒的灾害发生情况、交易记录，判断与标准综合实施过程中的关键控制点是否对应，并考查其操作记录的系统性有效性； b) 查看产品加工记录、判断总量、包装过程记录的认真、清晰程度，是否符合有关规定、记录的真实性； c) 查看质量安全检验记录，判断质量安全检验报告的有效性、有效期、检验范围、委托单位是否明确； d) 查看产品去向，储运等记录及质量检报告，判断直接提供企业、超市/出口的批次数量，占生产总量情况等记录是否清楚。具体要求参见9.2.4

附表 8 - A.1（续）

| 一级指标 | 二级指标 | 考核点 | 打分档级细则 | | | 评价方法说明 |
			打分	A	C	
4　实施效果（0.3）	4.1　社会效果（0.3）	4.1.1　农业综合标准化意识（0.3）		农民标准意识明显提高；综合标准化意识已经形成；有农业综合标准化推动的成功经验	农民的综合标准化意识有提高；项目实施范围内综合标准化标准化氛围基本形成	用随机调查法，对领导层、管理层、技术层和农民/农工在农业综合标准化意识程度方面进行调查，而后综合分析评价。具体要求参见 10.2.3
		4.1.2　农业综合标准化人才队伍（0.4）		形成了一支精干的农业综合标准化人才队伍，从事农业标准化 10 年以上的人带队	基本形成一支农业综合标准化人才队伍，并能够胜任工作	培训农业综合标准化人才数量、获得资质人数、各层面涌现的农业综合标准化热心人、专业人数。特别是多年从事该项工作并取得成绩。具体要求参见 10.2.3
		4.1.3　农产品安全性（0.3）		安全性有保障，社会声誉良好，无不安全事件	安全性提高，有一定的社会声誉	质量安全的认证计划和落实情况、查看相关检测是否按期进行、检测报告的合格率；通过对材料、汇报和个人感受评价社会反映。具体要求参见 10.2.3
	4.2　经济效果（0.4）	4.2.1　农民增收（0.4）		项目实施范围内农民人均收入平均年增幅 10% 以上	项目实施范围内农民人均收入平均年增幅 5%	a) 先计算农民人均收入，再与指定周期内的年平均收入进行比较；b) 农民人均增收水平等于参与农业综合标准化的农户人均收入水平与未实施农业综合标准化的农户的农户人均收入水平差值。具体要求参见 10.2.3

附表 8 - A. 1 （续）

一级指标	二级指标	考核点	打分档级细则			评价方法说明
			打分	A	C	
4 实施效果 (0.3)	4.2 经济效果 (0.4)	4.2.2 市场效益 (0.3)		项目实施范围内产品商品化率100%、产业化增值率高、投资收益率显著	商品化率50%～70%，产业化增值率较好、投资收益率较好	a) 产品商品化率等于合格的卖出产品产量与对应产品总量的比值； b) 产业化增值率等于农业综合标准化项目全过程链（生产、加工、贮藏、运销等）的增加值与项目实施前某项产业（产品）全过程链（生产、加工、贮藏、运销等）的增加值的比值。 具体要求参见10.2.3
		4.2.3 整体增长 (0.3)		项目实施范围内农业标准化覆盖率90%以上、且产品质量合格率95%以上	农业标准化覆盖率60%～70%、且农产品质量合格率75%以上	a) 根据项目实施范围内分年统计的单产产量结合实地考察，也可用综合效益计算方法衡量整体增长情况； b) 农业标准化覆盖率等于参与农业综合标准化的农户数与项目实施范围内农户总人数之间的比值； c) 产品质量合格率等于标准综合体实施后抽检合格的产品与产品总量的比值。 具体要求参见10.2.3
	4.3 生态效果 (0.3)	4.3.1 农药年用量减少幅度 (0.6)		能够严格执行有关规定、杜绝禁用药品流入；年农药用量较3年前平均下降30%以上	能够执行有关规定、杜绝禁用药品流入、年农药用量较3年前平均下降10%	根据国家和地方有关农药管理规定考查项目实施范围内用药的科学性和总量的变化。主要通过生产记录、管理记录和生产资料的出入记录得出。 具体要求参见10.2.3
		4.3.2 对生态环境改善作用 (0.4)		有项目实施期的产地环境验收期和产地环境质量检测报告、比较结果明显向良性化发展	有其他证明本项目实施对区域内环境质量的间接资料，能看出品质改善作用	用前后两个或者多个时期的环境质量检测报告进行比较说明。 具体要求参见10.2.3

附表 8 – A.1（续）

一级指标	二级指标	考核点	打分档级细则			评价方法说明
			打分	A 创新显著、特点明显，效果突出（非必打分项）	C 打分理由：	
*创新点	显著创新性	特别突出的创新性性点				
否决情况		项目目标的实现未达到70%以上，或	不及格			查看项目任务书，判断项目目标实现程度
		未建立标准综合体，或	不及格			查看标准综合体规划
		政府监管部门抽查产品合格率未达到97%，或	不及格			查看相关产品抽查检测报告
		出现重大质量安全事故	不及格			查看重大安全事故记录或媒体报道

附录 9

NY/T 4164—2022 现代农业全产业链标准化技术导则

1 范围

本文件确立了现代农业全产业链标准化的基本原则和程序步骤，规定了标准化项目选择、标准综合体构建、标准综合体实施、标准综合体评价与提升的相关要求。

本文件适用于现代农业全产业链标准化活动。

2 规范性引用文件

下列文件中的内容通过文中的规范性引用而构成本文件必不可少的条款。其中，注日期的引用文件，仅该日期对应的版本适用于本文件；不注日期的引用文件，其最新版本（包括所有的修改单）适用于本文件。

GB/T 13016 标准体系构建原则和要求

3 术语和定义

下列术语和定义适用于本文件。

3.1 全产业链（whole industry chain）

研发、生产、加工、储运、销售、品牌、体验、消费、服务等环节和主体紧密关联、有效衔接、耦合配套、协同发展的有机整体。

3.2 标准综合体（standard-complex）

综合标准化对象及其相关要素按其内在联系或功能要求以整体效益最佳为目标形成的相关指标协调优化、相互配合的成套标准。

［来源：GB/T 12366—2009，2.2］

4 基本原则

4.1 先进引领

以资源节约、绿色生态、产出高效、产品高质为导向构建现代农业全产业链标准综合体，注重先进技术、模式、经验的转化应用，充分发挥标准引领作用，促进提升农业质量效益和竞争力。

4.2 系统全面

以产品为主线，系统考虑全产业链标准化相关要素，以整体效益最佳为目标确定各要素的内容与指标，形成涵盖标准研究、制定、应用的协同实施机制，促进提升现代农业全产业链标准综合体实施的整体效益。

4.3 因地制宜

综合考虑区域特色、产业水平、发展需求和基础条件，合理确定现代农业全产业链标准化的预期成效和适用措施，保持标准综合体动态跟踪评价，确保标准的适用性和可操作性。

5 程序步骤

现代农业全产业链标准化的程序步骤见附表9-1。

附表9-1 现代农业全产业链标准化的程序步骤

阶段	程序	方法
标准化项目选择	标准化项目提出	见6.1
	标准化项目确定	见6.2
标准综合体构建	提出关键要素清单	见7.1
	制定标准体系表	见7.2
	组织标准制修订	见7.3
	集成标准综合体	见7.4
	评审标准综合体	见7.5
	发布标准综合体	见7.6
标准综合体实施	标准宣贯	见8.1
	组织实施	见8.2
标准综合体评价与提升	跟踪评价	见9.1
	改进提升	见9.2

6 标准化项目选择

6.1 标准化项目提出
6.1.1 实施产品选择

优先选择影响力大、带动力强、产业基础好的农产品。选择条件可着重考虑以下方面：

a) 影响国计民生的粮食和重要农产品；
b) 满足人民多样需要的优势特色农产品；
c) 区域产业链条完整的农产品；
d) 具有多功能性的农产品；
e) 标准化基础好、集约化程度高的农产品。

6.1.2 实施区域选择

结合产业特色、区域主推品种和生产模式，优先选择主导产业地位突出、生态环境良好、技术创新能力强、基础设施完善的代表性和典型性区域。

6.1.3 实施目标确定

结合相关产业国内外发展状况、技术发展趋势、产业发展需求和实施区域产业基础条件及创新能力，合理确定全产业链标准化应达到的总体目标。总体目标可包括但不限于以下方面：

a) 产业链发展水平优化提升；

b) 产品产量和质量安全水平提升；

c) 产业标准化实施能力提升；

d) 产品认证数量和品牌影响力提升；

e) 经济、社会和生态效益提升。

6.2 标准化项目确定

对提出的标准化项目的内容与目标，所需的人力、物力、财力等条件，以及实施过程中可能存在的风险和困难等进行分析评估。通过可行性论证后，确定项目任务。

7 标准综合体构建

7.1 提出关键要素清单

围绕实施产品全产业链条的各环节和相关主体，系统分析影响全产业链标准化实施目标的相关要素及其内在联系，明确相关要素的作用、功能与层次，提出关键要素清单。

7.2 制定标准体系表

7.2.1 按照 GB/T 13016 的要求制定标准体系表，包括编制标准体系结构图、标准明细表、标准统计表和标准体系表编制说明。应综合考虑产业特点、发展状况、技术条件和资源条件，以各关键要素协同实现全产业链标准化实施目标的整体最佳方案为基础确立标准体系表。整体最佳方案的选择方法见 GB/T 12366 和 GB/T 31600。

7.2.2 以全产业链各环节为主要维度构建标准体系框架，编制标准体系结构图，合理设置标准体系的各子体系。

7.2.3 广泛收集相关领域的国际标准、国家标准、行业标准、地方标准、团体标准、企业标准，对相关标准逐项进行适用性和有效性分析，提出拟采用的现行标准、需要制定或修订的标准，编制标准明细表。

7.3 组织标准制修订

根据标准体系表中列出的标准制修订需求，制定标准预研和制修订计划，整体推进标准制修订工作。已有现行标准且能满足实施目标要求的，应直接采用现行标准；现行标准不能满足实施目标要求或没有相应现行标准时，应修订或制定相应的标准。针对标准制修订的技术难点，应设立科研攻关项目，确保标准研制的实效和质量水平。

7.4 集成标准综合体

7.4.1 标准制修订工作完成后，根据标准体系表成套配置相关标准，建立全产业链标准综合体。

7.4.2 以种植业产品为对象的全产业链标准综合体，可包括产地环境、品种选育、投入品使用、田间管理、病虫害防治、产品采收、采后商品化处理、储运保鲜、生产加工、包装标识、废弃物资源化利用、产品质量、检测方法、品牌建设、休闲农业、社会化服务等标准。

7.4.3 以畜禽养殖业产品为对象的全产业链标准综合体，可包括养殖环境、品种选育、投入品管控、养殖管理、疫病防治、生产加工、包装标识、储存运输、废弃物资源化利用、产品质量、检测方法、品牌建设、休闲农业、社会化服务等标准。

7.4.4 以水产养殖业产品为对象的全产业链标准综合体，可包括养殖环境、品种选育、投入品管控、养殖管理、疫病防治、捕捞、生产加工、包装标识、储存运输、废弃物资源化利用、产品质量、检测方法、品牌建设、休闲农业、社会化服务等标准。

7.5 评审标准综合体

全产业链标准综合体建立后，应组织专家对全产业链标准综合体的科学性、协调性、先进性、适用性等进行评审。

7.6 发布标准综合体

鼓励以地方标准、团体标准或企业标准等形式发布全产业链标准综合体。

8 标准综合体实施

8.1 标准宣贯

应将全产业链标准综合体转化为简明易懂的生产模式图、操作明白纸和风险管控手册等宣贯材料，通过多种形式开展全产业链标准化宣贯培训，鼓励结合农业社会化服务开展标准宣贯和推广指导。

8.2 组织实施

选择标准化基础好、技术引领性高、产业带动力强的新型农业经营主体，作为全产业链标准综合体的实施示范主体，开展全产业链标准化示范基地创建，带动实施区域内其他新型农业经营主体开展全产业链标准化。

9 标准综合体评价与提升

9.1 跟踪评价

9.1.1 全产业链标准综合体实施过程中，实施主体应实时跟踪验证标准综合体的适用性和可操作性，收集记录问题及意见建议。

9.1.2 全产业链标准综合体实施 2 年后，应组织对实施目标完成情况、经济效益、社会效益和生态效益等方面进行整体评价。经济效益评价的原则和方法见 GB/T 3533.1，社会效益评价的原则和方法见 GB/T 3533.2。

9.2 改进提升

根据全产业链标准综合体实施过程中的跟踪反馈情况与实施后的评价结果，分析和总结存在的问题与成功经验，不断优化完善全产业链标准综合体，改进全产业链标准综合体实施措施，持续提升现代农业全产业链标准化水平。

参 考 文 献

［1］　GB/T 3533.1　标准化效益评价　第 1 部分：经济效益评价通则
［2］　GB/T 3533.2　标准化效益评价　第 2 部分：社会效益评价通则
［3］　GB/T 12366　综合标准化工作指南
［4］　GB/T 31600　农业综合标准化工作指南

附录 10

DB11/T 1188—2022 农业标准化基地等级划分与评定规范

1 范围

本文件规定了农业标准化基地等级划分的必备条件、评定内容和评定管理的要求。本文件适用于农业标准化基地的等级划分与评定。

注：农业标准化基地主要包含粮经、蔬菜、草莓、西甜瓜、畜牧、水产及特种种养殖食用农产品生产基地，不包含林果、蜂、蚕、花等林产品生产基地。

2 规范性引用文件

下列文件中的内容通过文中的规范性引用而构成本文件必不可少的条款。其中，注日期的引用文件，仅该日期对应的版本适用于本文件；不注日期的引用文件，其最新版本（包括所有的修改单）适用于本文件。

GB 3095　环境空气质量标准

GB 5084　农田灌溉水质标准

GB 11607　渔业水质标准

GB 15618　土壤环境质量　农用地土壤污染风险管控标准（试行）

GB 18596　畜禽养殖业污染物排放标准

NY/T 388　畜禽场环境质量标准

3 术语和定义

本文件没有需要界定的术语和定义。

4 必备条件

申报农业标准化基地应满足以下全部条件：

——相关资质齐全；

——不同产业类型基地规模应达到附件 10－A 的相关要求；

——近 2 年内无安全生产事故、生态环保事故、食品安全事故；

——近 2 年内无农产品质量安全抽检不合格记录。

5 评定内容及要求

5.1 申报主体

应为食用农产品生产企业、农民专业合作社、家庭农场等。

5.2 产地环境

5.2.1 基地应远离污染源。

5.2.2 基地功能区布局合理。

5.2.3 基地环境应干净、整洁、有序。

5.2.4 不同产业类型的产地环境应符合以下要求：

——种植基地的灌溉用水应符合 GB 5084 的相关要求，土壤应符合 GB 15618 的相关要求，空气应符合 GB 3095 二级浓度限值的相关要求；

——畜禽养殖基地畜禽饮用水、空气环境应符合 NY/T 388 的相关要求，污染物排放应符合 GB 18596 的相关要求；

——水产养殖基地水质应符合 GB 11607 的相关要求，底泥应无工业废弃物和生活垃圾，无大型植物碎屑和动物尸体。

5.3 设施设备

设施设备应满足以下要求：

——具有农业生产所必需的基础设施设备；

——具有与农产品质量安全管控相适应的设施设备；

——具有病虫害绿色防控或动物疫病防控所需的设施设备；

——具有农业废弃物及无害化处置的相关设施设备。

5.4 组织管理

应建立健全组织机构，建立相应的农产品质量安全管理制度，应配备具有标准化理念、掌握标准化知识的专门人员，负责组织实施基地标准化及质量安全生产管理工作。

5.5 生产技术水平

在绿色防控、生态环保、机械化、数字化以及承担科研项目等方面具有较高的生产技术水平。

5.6 标准体系建设与应用

5.6.1 应对相关产业现行有效的国家标准、行业标准、地方标准进行梳理。

5.6.2 应对照相关国家标准、行业标准或地方标准，按照"有标贯标、缺标补标、低标提标"的原则，完善补充制定企业标准，建立符合企业生产实际的标准体系。

5.6.3 可针对主要生产品种建立覆盖产前、产中、产后全产业链的专项标准体系。

5.6.4 根据建立的标准体系，结合企业主导品种、生产者水平等实际生产需求，对重要环节标准进行转化应用。

5.7 生产过程管理

应按照建立的标准体系进行管理生产，重点应做好以下工作：

——建立投入品采购、制作、出入库、使用台账，规范投入品采购、制作、存放、使用等环节的管理；

——建立规范、详实的农业生产与销售记录，开展阶段性农产品质量安全检测，对农产品进行分级、包装；

——开展农产品质量安全追溯，农产品上市前规范开具"承诺达标合格证"等相关证明；

——定期组织生产技术和管理培训，开展标准宣贯。

5.8 成效

5.8.1 在育种、生产、加工、储运等方面具有标准化生产和管理实效。

5.8.2 能够实现资源循环利用，节能环保效果显著。

5.8.3 生产的农产品有较高的竞争力及附加值，经济效益良好。

5.8.4 获得优质产品认证或是管理体系认证。

5.8.5 有较高的品牌影响力与社会知名度。

6 等级划分

6.1 等级划分为三个等级，从高到低依次为优级、良好级和达标级。

6.2 分值在 90 分（含）以上的评定为优级，分值在 90 分至 80 分（含）的评定为良好级，分值在 80 分至 70 分（含）的评定为达标级。

7 评定与管理

7.1 评定程序

7.1.1 基地申请

凡符合第 4 章必备条件要求的建设主体，满足 5.1、5.2 具体要求，且按照 5.3～5.8 要求进行建设的，方可申请基地评定。

7.1.2 现场评定

建设主体提出申请，评定机构对照第 4 章要求进行核查，在满足必备条件情况下，按照附件 B 中附表 10 - B.1 组织现场评定打分。

7.2 管理

7.2.1 检查

评定机构针对已经评定等级的基地对照附件 B 中附表 10 - B.1 的内容不定期进行检查。

7.2.2 复核

已评定的基地每 5 年复核一次，复核办法由评定机构制定。

7.2.3 退出

7.2.3.1 基地评定实行退出机制，出现下列情况之一时，直接取消等级：

——终止营业或破产的；

——发生质量安全事故的；

——抽查过程中发现问题拒不整改的；

——发生违法违规经营事件，被立案查实处理的；

——引发负面舆情的；

——发生重大有效投诉的。

7.2.3.2 取消等级的基地，自取消之日起满 5 年后方可申请重新评定等级。

附件 10 - A
（规范性）
农业标准化基地各产业类型生产规模要求

10 - A.1 根据北京市农业区域生产特点，划分为近郊区（包括朝阳区、海淀区、丰台区）与远郊区（包括门头沟区、房山区、通州区、顺义区、昌平区、大兴区、怀柔区、平谷区、密云区、延庆区）。

10 - A.2 不同产业类型应集中、连片生产，规模满足以下要求：

——粮食、饲料饲草作物：近郊区占地面积 10 hm² （150 亩）以上，远郊区占地面积 20 hm² （300 亩）以上；

——经济作物（药用作物、油料作物）：近郊区占地面积 4 hm² （60 亩）以上，远郊区占地面积 8 hm² （120 亩）以上；

——蔬菜、西甜瓜、草莓：占地面积 4 hm² （60 亩）以上；

——食用菌：土壤栽培占地面积 2 hm² （30 亩）以上；基质栽培 30 万袋以上；

——生猪：生猪年出栏 2 000 头以上；

——牛：肉牛年出栏育肥牛 300 头以上，奶牛存栏 200 头以上；

——肉羊：年出栏 1 000 只以上；

——肉禽：存栏 5 000 只以上；

——蛋鸡：存栏 1 万只以上；

——水产：池塘养殖 2 hm² （30 亩）以上，工厂化养殖场养殖水面 0.33 hm² （5 亩）以上；

——特殊种养殖业可根据实际酌情确定。

附件 10 - B

(规范性)

农业标准化基地等级划分与评定评分表

10 - B.1 计分说明

10 - B.1.1 共分为 8 个大项，每个分项打分不应超过分项计分，共计 100 分。

10 - B.1.2 打分项分值为：建设主体 2 分；产地环境 8 分；设施设备 12 分；组织管理 9 分；生产技术水平 10 分；标准体系建设与应用 19 分；生产过程管理 27 分；成效 13 分。评定分值为整数。

10 - B.1.3 通过对农业标准化基地各项评定项目评分值加和计算获得基地综合得分。

10 - B.2 评分标准

农业标准化基地等级划分与评定评分表见附表 10 - B.1。

附表 10 - B.1 农业标准化基地评定评分表

序号	评定内容	本项满分	分项计分	评定得分	备注
1	建设主体	**2**			
1.1	主体信息已录入北京市农产品质量安全监管信息平台的，得 1 分；并及时在平台进行动态更新的，得 2 分；最高不超过 2 分		2		
2	产地环境	**8**			
2.1	基地周围没有对生产产生污染的污染源，得 1 分		1		
2.2	基地功能区布局合理，得 2 分		2		
2.3	基地环境干净、整齐、有序，酌情得 1～2 分		2		
2.4	各产业类型的产地环境符合 5.2.4 的要求，得 3 分		3		
3	设施设备（分行业）	**12**			
3.1	设施设备（种植业）	12			
3.1.1	基础生产设施设备。具有土壤耕作设备、节水灌溉设备、水肥一体化设备、环境调控设备及专用投入品贮存库、产品储存库、排水等设施，根据设施设备配备情况酌情得 1～4 分		4		适用于种植业
3.1.2	质量安全管控设施设备。具有检测室及配套检测设备、具有产品质量追溯的合格证出具设备等，根据设施设备配备情况酌情得 1～3 分		3		
3.1.3	病虫害防控设施设备。具有病虫害监测设备、杀虫灯、诱捕器、药物喷洒设备等，根据设施设备配备情况酌情得 1～3 分		3		
3.1.4	废弃物处理设施设备。具有垃圾分类、植株残体处理设施或措施，如秸秆还田等，根据设施设备配备情况酌情得 1～2 分		2		

附表 10‐B. 1（续）

序号	评定内容	本项满分	分项计分	评定得分	备注
3.2	设施设备（畜牧）	12			
3.2.1	基础生产设施设备。具有饲喂设备、饮水设备、环境调控设备及专用投入品贮存库、鸡蛋、生鲜乳等产品专用储存库（罐）等设施，根据设施设备配备情况酌情得 1～4 分		4		
3.2.2	质量安全管控设施设备。具有检测室及禽蛋、生鲜乳等质量安全检测设备，具有产品质量追溯的合格证开具设备等，根据设施设备配备情况酌情得 1～3 分		3		适用于畜牧业
3.2.3	疫病防控设施设备。具有消毒、畜禽免疫、检测等防疫设施设备，根据设施设备配备情况酌情得 1～3 分		3		
3.2.4	无害化处理设施设备。具有与基地养殖规模相配套的粪污无害化处理设施或措施，如集粪池、发酵池、沉淀池等，及对不合格禽蛋、生鲜乳或是病死体进行暂存的设施设备，根据设施设备配备情况酌情得 1～2 分		2		
3.3	设施设备（渔业）	12			
3.3.1	基础生产设施设备。具有投饵机、排灌设备、清塘设备、增氧机，及专门投入品贮存库等设施，根据设施设备配备情况酌情得 1～4 分		4		
3.3.2	质量安全管控设施设备。具有水质检测设备，具有产品质量追溯的合格证出具设备等，根据设施设备配备情况酌情得 1～3 分		3		适用于渔业
3.3.3	病害防控设施设备。具有消毒、病害检测设备等，根据设施设备配备情况酌情得 1～3 分		3		
3.3.4	无害化处理设施设备。具有尾水处理及检测设施设备、病死体处理设备或是措施等，根据设施设备配备情况酌情得 1～2 分		2		
4	组织管理	**9**			
4.1	设置标准化机构，得 1 分		1		
4.2	建立农产品质量安全管理制度与措施，得 2 分		2		
4.3	有专门标准化管理人员，管理和专业技术人员应经过相应的岗前工作培训，且具备标准化管理理念及标准化管理知识，酌情得 1～3 分		3		
4.4	按照制定的农产品质量安全管理制度组织实施的，得 2 分		2		
4.5	针对实施情况进行工作检查，并有检查记录，对相关部门检查过程中发现问题进行认真整改的，得 1 分		1		
5	生产技术水平	**10**			
5.1	采用绿色防控技术或是绿色生态养殖技术的，酌情得 1～2 分		2		
5.2	能够实现机械化、数字化生产，根据数字化、智能化、农机农艺融合标准化水平酌情得 1～4 分		4		
5.3	根据基地项目参与程度，承担或参与区级项目的，得 1 分；承担或参与市级以上项目的，得 2 分；最高不超过 2 分		2		
5.4	基地、科研项目或产品获得有关表彰和奖励的，得 2 分		2		
6	标准体系建设与应用	**19**			

附表 10－B.1（续）

序号	评定内容	本项满分	分项计分	评定得分	备注
6.1	对相关产业现行有效的国家标准、行业标准、地方标准进行梳理的，得2分		2		
6.2	应对照相关国家标准、行业标准或地方标准，按照"有标贯标、缺标补标、低标提标"的原则，完善补充制定企业标准，建立符合企业生产实际标准体系的，得2分		2		
6.3	根据主要生产品类建立涵盖产前、产中、产后的全产业链的专项标准体系，得2分		2		
6.4	产前标准应包含产地环境、品种管理/畜禽引种/苗种采购、投入品管理等控制要素的标准内容，有标准未覆盖产前环节所有控制要素的酌情得1～2分；有标准，完全覆盖产前环节所有控制要素且与生产实际相结合的得3分		3		
6.5	产中标准应包含田间管理/饲养管理、病虫害防控/疫病防控、投入品使用、生产过程检查/养殖过程检查等控制要素的标准内容，有标准未覆盖产中环节所有控制要素的酌情得1～2分；有标准，完全覆盖产中环节所有控制要素且与生产实际相结合的得3分		3		
6.6	产后标准应包含产品采收/产品收集、筛选分级、包装储运、产品质量安全检测、溯源管理等控制要素的标准内容，有标准未覆盖产后环节所有控制要素的酌情得1～2分；有标准，完全覆盖产后环节所有控制要素且与生产实际相结合的得3分		3		
6.7	相关标准均现行有效，符合有关法律法规和强制性标准规定，得1分		1		
6.8	根据建立的标准体系，结合企业主导品种、生产者水平等实际生产需求，对重要环节标准转化为明白纸、流程图等，根据转化应用情况酌情得1～3分		3		
7	生产过程管理	**27**			
7.1	投入品采购、制作、出入库、存放、使用等环节管理规范，根据规范情况得1～3分；并填写相关记录，根据填写详实程度，酌情得1～3分		6		
7.2	有生产、销售记录，根据记录详实、规范情况，酌情得1～3分		3		
7.3	进行自行定性检测的，得1分；进行定量检测的，得2分；最高不超过2分		2		
7.4	配合相关部门进行农产品的检验检测，并保留检测证明，得2分		2		
7.5	对生产的农产品进行了分级、包装的，酌情得1～2分		2		
7.6	实现主体追溯的，得1分；实现履历追溯的，得2分；实现全程追溯的，得3分。最高不超过3分		3		

附表 10－B. 1（续）

序号	评定内容	本项满分	分项计分	评定得分	备注
7.7	农产品上市前规范开具"承诺达标合格证"等相关证明的，得 1 分；合格证覆盖率达到 80％以上的，得 2 分；合格证全覆盖的，得 3 分		3		
7.8	组织标准化生产技术和管理培训，并保留培训记录。每年组织培训 1～2 次的，得 1 分；培训 3 次及以上的，得 2 分		2		
7.9	开展标准宣贯活动的，得 2 分		2		
7.10	有标准宣传栏的，得 1 分；宣传栏完整清晰的，得 2 分		2		
8	成效	13			
8.1	在育种（繁育）、生产、加工、储运等某一方面具有标准化生产和管理实效，得 1 分		1		
8.2	发展循环农业，实现资源的循环与利用，能够节水、节地、节能、减排的，酌情得 1～3 分		3		
8.3	生产的农产品质量安全水平较高，竞争力较强，附加值较高，得 1 分		1		
8.4	获得优质产品认证（如绿色、有机等）有效认证证书的或获得管理体系认证（如 GAP、ISO9001、HACCP 等）有效认证证书的，得 4 分		4		
8.5	有注册品牌的得 1 分；获得品牌称号或是荣誉的，得 2 分；最高不超过 2 分		2		
8.6	区级媒体宣传的，得 1 分；市级及以上媒体宣传的，得 2 分；最高不超过 2 分		2		
合计		100			
评定人员签字	组长： 评价组成员：				年　　月　　日

参 考 文 献

别之龙，2018. 长江流域设施蔬菜产业发展现状与思考［J］. 长江蔬菜（8）：24-29.

邓铭庭，2018. 标准化工作实用手册［M］. 北京：中国建筑工业出版社.

丁检，周佳燕，李志坤，等，2023. 浙江省设施蔬菜现状及高质量发展对策建议［J］. 长江蔬菜（14）：81-84.

胡莹莹，夏海波，胡永军，等，2022. 设施蔬菜全产业链标准体系研究［J］. 中国标准化（17）：105-109.

李鑫，刘光哲，2016. 农业标准化导论［M］. 北京：科学出版社.

卢志权，姜爽，包妍妍，等，2023. 我国设施蔬菜产业发展现状与改进对策探析［J］. 新农业（11）：19.

麦绿波，2017. 标准化学——标准化的科学理论［M］. 北京：科学出版社.

沈雪峰，舒迎花，2016. 农业标准化体系［M］. 广州：华南理工大学出版社.

田世宏，2023. 标准化理论与实践［M］. 北京：中国标准出版社.

魏静，张钟毓，2021. 国内外设施蔬菜机械化现状及发展趋势［J］. 农机质量与监督（5）：9，18-19.

于明，2020. 标准化 从头谈起［M］. 北京：中国电力出版社.

左绪金，2019. 我国设施蔬菜产业发展现状及其未来发展路径探析［J］. 现代农业研究（5）：47-48.

图书在版编目（CIP）数据

现代农业全产业链标准化的理论与实践 / 北京市农产品质量安全中心组编 . -- 北京：中国农业出版社，2024. 7. -- ISBN 978-7-109-32228-8

Ⅰ. F323-65

中国国家版本馆 CIP 数据核字第 2024EJ8152 号

现代农业全产业链标准化的理论与实践

XIANDAI NONGYE QUANCHANYELIAN BIAOZHUNHUA DE LILUN YU SHIJIAN

中国农业出版社出版

地址：北京市朝阳区麦子店街 18 号楼
邮编：100125
责任编辑：谢志新　郭晨茜
版式设计：杨　婧　　责任校对：张雯婷
印刷：中农印务有限公司
版次：2024 年 7 月第 1 版
印次：2024 年 7 月北京第 1 次印刷
发行：新华书店北京发行所
开本：787mm×1092mm　1/16
印张：15.75　　插页：4
字数：376 千字
定价：168.00 元